W0257970

Informatik-Fachberichte

Herausgegeben von W. Brauer
im Auftrag der Gesellschaft für Informatik (GI)

34

CAD-Fachgespräch

GI – 10. Jahrestagung

Saarbrücken 30. September – 2. Oktober 1980

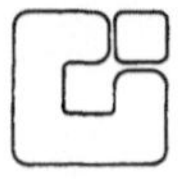

Herausgegeben von R. Wilhelm

Springer-Verlag
Berlin Heidelberg New York 1980

Herausgeber

R. Wilhelm

Fachbereich 10 – Angewandte Mathematik und Informatik

Universität des Saarlandes

6600 Saarbrücken

AMS Subject Classifications (1979): 68-02

CR Subject Classifications (1974): 3.2, 8.2

CIP-Kurztitelaufnahme der Deutschen Bibliothek

CAD-Fachgespräch (1980, Saarbrücken):

CAD-Fachgespräch: GI, 10. Jahrestagung, Saarbrücken,
30. September – 2. Oktober 1980 / hrsg. von R. Wilhelm. –
Berlin, Heidelberg, New York: Springer, 1980.
(Informatik-Fachberichte; 34)

ISBN-13: 978-3-540-10389-9   e-ISBN-13: 978-3-642-67839-4

DOI: 10.1007/978-3-642-67839-4

NE: Wilhelm, Reinhard [Hrsg.]; Gesellschaft für Informatik

This work is subject to copyright. All rights are reserved, whether the whole or part of the material is concerned, specifically those of translation, reprinting, re-use of illustrations, broadcasting, reproduction by photocopying machine or similar means, and storage in data banks.

Further, storage or utilization of the described programms on date processing installations is forbidden without the written permission of the author.

Under § 54 of the German Copyright Law where copies are made for other than private use, a fee is payable to the publisher, the amount of the fee to be determined by agreement with the publisher.

© by Springer-Verlag Berlin · Heidelberg 1980

2145/3140 - 5 4 3 2 1 0

V o r w o r t

Auf der 10. Jahrestagung der Gesellschaft für Informatik stellte das
Fachgespräch "Rechnerunterstütztes Entwerfen und Konstruieren (CAD)"
mit einem eingeladenen Hauptvortrag, 21 eingereichten und 12 akzeptierten Fachgesprächsvorträgen und einem Kurzvortrag das stärkste Einzel-
kontingent. Weil außerdem ein großer Interessentenkreis für das Thema
CAD außerhalb der Kerninformatik existiert, wurden alle Beiträge zu
diesem Thema zu einem gesonderten Band zusammengefaßt. Wir hoffen, damit beiden Bänden eine größere Verbreiterung zu ermöglichen.

Dem Programmausschuß für das CAD-Fachgespräch gilt mein Dank für die
gute Kooperation und den großen Einsatz.

Saarbrücken, im Juli 1980

                              Reinhard WILHELM

PROGRAMMKOMITEE

G. Hotz, Saarbrücken   P.L. Reichertz, Hannover
C.H.A. Koster, Nijmegen   H. Schecher, München
D. Krönig, Konstanz   A.-W. Scheer, Saarbrücken
K. Lagally, Stuttgart   P.P. Spies, Bonn
J. Loeckx, Saarbrücken   W.G. Spruth, Böblingen
D. Morgenstern, München   W. Stucky, Karlsruhe
H.-H. Nagel, Hamburg   W. Ulshöfer, Ludwigshafen

Aus dem GI-Präsidium: P. Mertens, Nürnberg
Vorsitzender: R. Wilhelm, Saarbrücken

PROGRAMMAUSSCHUSS

Fachgespräch Rechnerunterstütztes Entwerfen und Konstruieren (CAD)

Vorsitzender: D. Krönig, Konstanz

H. Baldauf, Mannheim   W. Lincke, Wolfsburg
J. Chirila, Hamburg   G. Pahl, Darmstadt
J. Encarnacao, Darmstadt   K. Samelson, München
R. Gnatz, München   W. Schmidt, Friedrichshafen
D. Krönig, Konstanz

Kurzvortrag

Peter Dietz
Mülheim/Ruhr

CAD : Eine unternehmerische Herausforderung

Es ist mir angetragen worden, vor Ihnen das Thema CAD von einem unternehmerischen Standpunkt aus zu explizieren. Diejenigen, welche die Liebenswürdigkeit hatten, mich um dieses Referat zu bitten, waren der Auffassung, es interessiere Sie zu hören, warum ein deutscher Computer-Hersteller sich auf die Entwicklung und den Vertrieb von CAD-Systemen einläßt, und was er sich davon verspricht. Ich will versuchen, diese Fragen so ehrlich und umfassend wie möglich zu beantworten und die Überschrift zu rechtfertigen, derzufolge in CAD eine unternehmerische Herausforderung steckt.

Neue Märkte, insbesondere solche mit vermutetem hohen Wachstum, sind für Unternehmer das, was Wissenschaftlern ein weitgehend unerforschtes, aber erkenntnisträchtiges Gebiet bedeutet: Eine Quelle hoher Erwartung, manchmal allerdings auch der Euphorie. Kein Zweifel, daß das Computer-unterstützte Entwerfen und Konstruieren alle Merkmale eines solchen Marktes aufweist. Zwar sind wir noch ganz am Anfang der Entwicklung, denn CAD steht heute etwa dort, wo die kommerzielle Datenverarbeitung zu Beginn der 60er Jahre war, das heißt im Stadium der Pilotanwendungen. Alle Experten sind sich aber einig, daß sich CAD wie ein Feuer verbreiten wird; Dissens besteht allenfalls darüber, ob Ende der 80er Jahre die Zahl der interaktiven CAD-Arbeitsplätze eine Eins mit 5 oder 6 Nullen sein wird. Die potentiellen CAD-Anwender allein in der gewerblichen Wirtschaft sind Legion: Maschinen und Geräte, Häuser und Straßen, Fahrzeuge und Konsumgüter werden künftig kaum noch ohne die Hilfe des Computers entworfen werden.

Einige Zahlen mögen die zunehmende Bedeutung des CAD-Marktes illustrieren. Dabei beschränke ich mich auf die sogenannten schlüsselfertigen, interaktiven CAD-Systeme auf der Basis von Minicomputern, die allerdings – in Zukunft noch mehr als heute – diesen Markt dominieren werden.

Aus einer amerikanischen Studie (1) geht hervor, daß im Jahre 1978 insgesamt 135 Mio US-Dollar mit solchen Systemen umgesetzt wurden. 1983 erwartet man 600 Mio US-Dollar, also das Viereinhalbfache, was einer jährlichen Steigerung von 35 % entspricht. Bezogen auf die Anzahl heißt dies, daß 1983 etwa 2000 bis 3000 Systeme dieses Types in den Markt gebracht werden, gegenüber rund 600 in 1978. Das bedeutet etwa 10.000 installierte Systeme bis Ende 1983. Das gleiche Marktwachstum weiterhin vorausgesetzt (das ist natürlich nur eine Hypothese) heißt, daß bis zum Ende dieses Jahrzehnts in der Größenordnung von 60.000 Systeme im Einsatz wären. Nimmt man an, daß jedes von ihnen im Durchschnitt 5 Arbeitsplätze umfaßt, und rechnet man noch die Arbeitsplätze, die von Großrechnern mit CAD-Software bedient werden und diejenigen auf der Basis künftiger Mikrocomputer mit CAD-Eigenschaften, so errechnet sich eine Gesamtzahl von 500.000. Wie groß der Wahrheitsgehalt dieser Zahl ist, vermag allerdings wohl niemand zu sagen.

Für unser Unternehmen stellte sich angesichts dieser Erwartungen die Frage, wie seine Produkte am besten, das heißt so schnell, reibungslos und zahlreich wie möglich, in den CAD-Markt einfließen könnten. Am liebsten wären wir denselben Weg gegangen wie vergleichbare Firmen in den Vereinigten Staaten: Das Geschäft der Entwicklung schlüsselfertiger CAD-Systeme und ihre Vermarktung spezialisierten Unternehmen zu überlassen und dafür zu sorgen, daß dies auf Basis der eigenen Produkte geschieht. Leider war unsere Suche nach einem geeigneten Systemhaus erfolglos, und so gründeten wir ein solches als Tochterunternehmen. Zwar wußten wir nicht präzise, worauf wir uns in technischer, personeller und finanzieller Hinsicht einließen, aber wir ahnten immerhin, daß hier die Herausforderung Nummer Eins liegen würde. Heute ist uns klar, warum es sinnlos ist, mit einem interaktiven CAD-System auf den Markt zu gehen, bevor man nicht wenigstens 20 bis 30 Mannjahre in die Software investiert und dabei auch den einen oder anderen Irrweg beschritten hat.

---

(1) Creative Strategies International: Computer Graphics Industry. San José, December 1978

Dies hat seine Ursache unter anderem darin, daß CAD-Software weit mehr umfaßt als nur Computer-Graphics   - und dies ist ja schon ein komplexes Gebiet. Ein brauchbares CAD-System erfordert die Konzeption und Implementierung einer Fülle von Strukturen und Funktionen, zum Beispiel im Bereich der Geometrie und Topologie, der numerischen Berechnung, der Verwaltung und des Zugriffs zu einer Menge von Daten, die in komplizierten Abhängigkeiten zueinander stehen, der interaktiven Bedienung und der Schnittstellen zu anderen Aufgabengebieten. Berücksichtigt man ferner die relativ hohen Anforderungen bezüglich kurzer Reaktionszeiten und geringen Speicherbedarfs, so wird deutlich, daß es sich hier um kein triviales Problem der Software-Technologie handelt.

Zum quantitativen Aspekt - vom Aufwand ernüchternd, im Marktpotential jedoch faszinierend - kommt ein qualitatives Element: CAD-Anwendungen machen umso mehr Sinn, je mehr sie vor Ort, das heißt am Arbeitsplatz, stattfinden, und je intensiver sie den Mensch-Maschinen-Dialog unterstützen. Diese - auch in anderen Bereichen des Computer-Einsatzes zu beobachtende - Tendenz zur Dezentralisierung und Interaktivität liegt einem Unternehmen besonders, dessen Produktangebot - Computer-Systeme mittlerer Leistung - ohnehin hier seinen Platz hat, und dessen Erfahrungsschatz auf diesem Gebiet liegt. Inwieweit sich das auf anderen Gebieten dialogorientierten, dezentralen Computer-Einsatzes gesammelte Wissen würde verwerten lassen, war nicht klar. Rückblickend möchte ich jedoch behaupten, daß wir davon profitiert und diese zweite Herausforderung ganz gut bestanden haben.

Ein ganz anderes Problem, das aber den entscheidenden Anstoß für unseren damaligen Entschluß gab, möchte ich mit dem Begriff "Wertschöpfung" umschreiben. Sie erinnern sich bestimmt der Zeit, da mehr oder weniger nackte Minicomputer - wenn sie modern konzipiert, preiswert und mit einem gewissen Quantum an Systemsoftware ausgestattet waren - den Herstellern aus der Hand gerissen wurden. Diese Ära, sie begann um das Jahr 1970, geht ihrem Ende entgegen. Neue technologische Entwicklungen, die Vielzahl der Anbieter und eine Veränderung des Käuferverhaltens sind dafür verantwortlich, daß dieses Geschäft auf die Dauer nicht profitabel sein wird. Insbesondere für europäische Hersteller, die - aus welchen Gründen immer - nicht auf dem Weltmarkt operieren, ergibt sich die Notwendigkeit, ihre Computer-Systeme zu veredeln und ihnen einen Mehrwert mitzugeben, der vom Markt durch angemessene Erträge honoriert wird.

Kaum ein neues Einsatzgebiet für Computer eignet sich dafür so wie CAD,   wenn die richtige Konsequenz gezogen wird, nämlich "passende" schlüsselfertige Systeme zu entwickeln und zu vermarkten, die wenigstens im Kern eine Vielzahl von Anwendungsproblemen in gleicher Weise zu lösen vermögen. Dieser added-value-Aspekt war für uns entscheidend, diese dritte Herausforderung anzunehmen: Das "richtige" Konzept zu finden, denn CAD ist, wie Sie wissen, so vielgestaltig und voller Möglichkeiten, realer und scheinbarer, daß darin wohl die Entscheidung über Erfolg oder Mißlingen begründet ist. Ich bin zwar sicher, daß wir ein sehr gutes Konzept verwirklicht haben, aber letztlich wird der Markterfolg der 80er Jahre darüber befinden.

Dazu einige Anmerkungen: Wer ein neues Produkt für einen mehr oder minder jungfräulichen Markt entwirft, kann sich kaum an Leitbildern, an Erfahrungen anderer, an Standards und Normen orientieren. Er läuft Gefahr, entweder den schnellen Erfolg mit einem zu schlichten Erzeugnis zu suchen, das den Anwender unbefriedigt läßt, oder das eierlegende Wollmilchschwein anzustreben, das nie Realität wird. Bezogen auf unsere CAD-Geschichte haben wir da Vieles neu definieren müssen, insbesondere was die (wünschenswerte, aber rechenintensive) Behandlung dreidimensionaler Strukturen angeht, aber auch die benutzergerechte Verwaltung von Objekten, um nur zwei Beispiele zu nennen.

Hier möchte ich gerne eine Bemerkung machen, die mit dem Design von CAD-Systemen zu tun hat, eine vor Ihnen zugegeben etwas provokante Bemerkung. Bei allem Respekt vor der Disziplin, die Sie hier vertreten und der ich mich selbst kraft Gewöhnung verbunden fühle: CAD-Software sollte nicht in erster Linie von Informatikern entworfen werden. Wo es dennoch geschieht, entstehen Systeme, vor deren Gebrauch Konstrukteure zu Dreiviertel-Programmierern umgeschult werden müssen. CAD soll aber ein Hilfsmittel sein, das sich der Denkkategorien und Methodiken von Ingenieuren, Konstrukteuren und technischen Zeichnern bedient. Das betrifft vor allem, aber nicht nur, das Mensch-Maschine-Interface. Was unsere eigenen Erfahrungen auf diesem Gebiet angeht, so hatten wir das Glück, daß Bauingenieure und Maschinenbauer den Systementwurf maßgeblich bestimmten. Was natürlich nicht heißt, daß eine softwaretechnologisch saubere Implementierung überflüssig wäre, — auch diese Erfahrung haben wir machen müssen.

Ein weiteres wichtiges Motiv für die Auseinandersetzung mit CAD lag in einer Besonderheit unseres Unternehmens begründet, der Tatsache nämlich, daß wir uns in den letzten Jahren in starkem Maße und mit nicht geringem Erfolg darum bemüht haben, mittelständischen Unternehmen der Fertigungsindustrie und der Bauwirtschaft Computer-gestützte Organisationslösungen für die verschiedensten Betriebsbereiche zu liefern, beispielsweise für kommerziell-administrative Aufgaben, für Fertigungssteuerung und Materialwirtschaft, für die Fertigungstechnik, die Qualitätskontrolle und das Prüfwesen. Was lag näher als dieses Angebot um Systeme auf derselben Basis zu erweitern, welche auch die Bereiche Konstruktion und Entwicklung abdecken und — darin liegt wohl der wichtigste Aspekt — sie mit den übrigen Unternehmensfunktionen organisatorisch und datentechnisch zu integrieren? Insbesondere in letztgenannter Aufgabe liegt die vierte Herausforderung; wir haben sie angenommen im Hinblick darauf, ein attraktiver Anbieter zu sein; ich hoffe, wir sind auf dem Wege, auch sie zu bestehen.

Wenn ich bis hierher den Eindruck erweckt haben sollte, es bedürfe lediglich eines Entschlusses und einer konsequent durchgeführten Produktkonzeption, um schlüsselfertige interaktive CAD-Systeme in den Markt zu bringen, so wäre daran zweierlei nicht richtig. Erstens gilt, daß der CAD-Mensch in seinem dunklen Drange sich des rechten Weges offensichtlich nicht immer bewußt ist, und zweitens liegen auf diesem Wege allerlei Hindernisse, auf die ich später zu sprechen komme.

Was zunächst den rechten Weg angeht: Zwar ist die konzeptionelle Richtung wohl immer klar; aber die einzelnen Schritte der Realisierung stellen sich manchmal eher erratisch dar. CAD-Software ist sehr komplex, hat mit Interaktivität und den Tücken von graphischen Geräten und Routinen zu tun, bedarf eines tiefen Verständnisses von Geometrie und Topologie, beinhaltet langwierige Rechenprozesse und soll dennoch interaktiv sein, bedient sich ziemlich komplizierter Datenstrukturen, verlangt die Einhaltung von Normen der jeweiligen Benutzer-Disziplin, soll dennoch möglichst interdisziplinär sein und dazu im Gebrauch sehr einfach und anwenderfreundlich. Alle diese Dinge unter den Hut eines vernünftigen Kompromisses zu bringen und eine geradlinige Entwicklung sicherzustellen, bedeutet gewiß kein leichtes Unterfangen.

In diesem Zusammenhang wäre eine Frage an diejenigen unter Ihnen zu stellen, die hierzulande für Ausbildung sorgen: Wo sollen eigentlich die Leute herkommen, die ein solches System entwerfen und konzipieren, die von Konstruktionslehre und Datenverarbeitung, von Geometrie und Software-Technologie hinreichend viel wissen, um die Brücken zu schlagen, derer ein CAD-System bedarf, soll es denn benutzergerecht sein? Vorläufig, und das erinnert mich an die Anfänge der konventionellen Computer-Technik, werden sie nur in der Industrie selbst herangezüchtet, von wenigen Ausnahmen an deutschen Hochschulen abgesehen.

Dies leitet zu den Problemen über, die dem Einsatz von CAD in der Praxis, und damit meine ich dessen wirtschaftliche Anwendung in gewerblichen Unternehmen, vielfach entgegenstehen. Das Interesse potentieller Anwender an CAD ist immens groß; wer auf diesem Gebiet als Anbieter tätig ist, kann ein Lied davon singen; aber die Nachfrage scheint mir umgekehrt proportional zum tatsächlichen Wissensstand über Funktionsweisen, Möglichkeiten und wirtschaftliche Einsatzformen von CAD zu sein. In einer vernünftigen, praxisbezogenen Aufklärung, Ausbildung und Beratung potentieller CAD-Anwender sehe ich eine weitere Herausforderung, der sich ausnahmsweise einmal nicht die Unternehmen, sondern die Beratungs- und Weiterbildungs-Institutionen stellen sollten, über die unser Land in so reicher Zahl verfügt.

Ein weiteres Problem betrifft die technische und organisatorische Einbettung eines CAD-Systems in das Gesamtunternehmen des Anwenders. Damit meine ich nicht nur die vielzitierte und gelegentlich auch praktizierte Verknüpfung mit CAM, also mit der Computer-gestützten Fertigung, sondern alle übrigen Querbezüge zu technischen und betrieblichen Funktionen, mögen sie nun Materialwirtschaft, Arbeitsvorbereitung, Bestellwesen, Angebotserstellung, Qualitätssicherung, Kalkulation, technische Berechnung oder wie immer heißen, - ganz zu schweigen von den unternehmensübergreifenden Aspekten, die CAD einmal haben wird. Ohne ein Minimum von technisch-organisatorischer Integration, die jedoch bereits erhebliche Einführungsprobleme aufwirft, ist CAD kaum wirtschaftlich einsetzbar, und langfristige Perspektiven für eine möglichst vollständige und tiefe Einbettung in das Gesamtgeschehen eines Betriebes sind hier wohl mindestens so notwendig wie bei jeder anderen Anwendung von Computern. Auch dies ist eine Herausforderung, der sich neben Herstellern und Anwendern auch Softwarehäuser, Beratungsunternehmen, Ingenieurwissenschaften und Betriebswirtschaftslehre stellen sollten. Solange insbesondere dem mittelständischen Unternehmen, das CAD-Systeme einsetzen will, hierbei nicht umfassende Hilfe zuteil wird, bleiben die vielfältigen Möglichkeiten ungenutzt, die in der Anwendung dieser Technologie stecken.

Lassen Sie mich zum Schluß auf eine Fragestellung kommen, die damit eng zusammenhängt, deren Beantwortung durch die Gesellschaft aber auch darüber entscheiden wird, ob CAD-Systeme eine Chance haben, sich auf breiter Front durchzusetzen. Wir alle, die wir uns in Hochschule oder Industrie mit Computer-unterstütztem Entwerfen und Konstruieren auseinandersetzen, betreiben dieses schöne und technisch faszinierende Geschäft ja nicht um seiner selbst willen, sondern um den Prozeß des Entwurfs technischer Güter rationeller, das heißt kostengünstiger, schneller und sicherer zu machen. Das aber wirft die Frage auf, ob nicht dadurch viele Arbeitsplätze in Konstruktion, Entwicklung und Produktion vernichtet und die verbleibenden auf die Bedienung seelenloser Apparaturen reduziert werden.

In Festreden von Organisationen, denen Leute wie ich angehören, werden diese Fragen gerne zum Nicht-Problem erklärt. Von anderen Interessengruppen, denen ich qua definitionem nicht angehöre, steht zu befürchten, daß sie das Thema CAD - wie das der Mikroelektronik - demnächst zur Frage des Jahrhunderts erheben und die Folgen dieser Technologie auf Arbeitsmarkt und Arbeitsbedingungen in der gewohnten Farbe malen werden, in tiefschwarz nämlich. Und vielleicht gehört es auch nicht zum guten Ton, auf einem wissenschaftlich motivierten Kongreß wie diesem dazu Stellung zu beziehen. Ich will es dennoch tun, weil dieses Thema zu einer umfassenden Situationsanalyse gehört und außerdem zu den vielzitierten Herausforderungen zählt, diesmal allerdings in volkswirtschaftlicher, intellektueller und auch moralischer Hinsicht (ich bemühe dieses Wort nicht gern, aber der Terminus "sozial" ist mir noch suspekter).

Vorab bitte ich Sie, in Betracht zu ziehen, daß die folgende Beurteilung auf einigen Überzeugungen beruht, so zum Beispiel, daß unsere Gesellschaft - unter Einschluß der allermeisten Erwerbstätigen - noch relativ anpassungsfähig ist, daß wir in einer marktwirtschaftlichen Ordnung unter gewissen Zwängen stehen, die der Preis für deren Benefizien sind, und daß ein hochindustrialisiertes Land wie das unsere seine Rolle im weltwirtschaftlichen Kontext definieren und finden muß. Wer immer diese Überzeugung nicht teilt, der sollte vom Folgenden die gebührenden Abstriche machen.

Was also werden die gesellschaftlichen Folgen der Anwendung von CAD sein ?
Dazu einige Thesen:

1.   Es bedarf keiner Diskussion: Der Einsatz Computer-gestützten Entwerfens und Konstruierens einschließlich seiner Randfunktionen muß bewirken, daß dieselbe Arbeit von weniger Menschen getan wird, oder mehr Arbeit von derselben Zahl. Dies ist ein Zweck der Übung. Ob hierdurch tatsächlich Arbeitskräfte in nennenswertem Umfang freigesetzt werden, ist - global, allerdings nicht bezogen auf den Einzelfall - die Frage nach dem Stattfinden von wirtschaftlichem Wachstum (oder nach der Kompensation anderwärtig

abnehmender Wirtschaftstätigkeit).

2. Wenn bestimmte Berufsgruppen davon betroffen sind, dann eher unqualifizierte; mit
Sicherheit gehört dazu die der technischen Zeichner: Hier sind die Tarifpartner gefordert,
nötigenfalls das ihre zu tun, um die Folgen des Anpassungsprozesses zu mildern.

3. Diese Anpassungsprozesse werden vermöge der Unzulänglichkeit der CAD-Systeme, der
Probleme bei ihrem Einsatz und der natürlichen Trägheit der Wirtschaft eher langsam verlaufen. Was natürlich auch eine Gefahr in sich birgt, denn:

4. Die breite und relativ schnelle Einführung von CAD zumindest in den produzierenden
Unternehmen auch und gerade unseres Landes ist dringend erforderlich, weil sie weltweit
in Aussicht steht, weil wir keinen Zaun um uns bauen können und weil diese Innovation
notwendig ist, wollen wir unsere Rolle als Industrienation weiterhin spielen. Auf eine
etwas dialektische Formel gebracht: Der Verlust einiger Arbeitsplätze muß im Interesse
der Erhaltung sehr vieler anderer in Kauf genommen werden.

5. Was die Qualität des künftigen Arbeitsplatzes eines Konstrukteurs angeht: Ich halte ein
CAD-System, bei dem man sich nicht mit trivialen Dingen herumschlagen muß, für
humaner und intellektuell anregender als den Stehplatz vor dem Reißbrett und neben dem
Zeichnungsschrank. Aber vielleicht ist das Geschmackssache.

Ich gebe zu, daß in diesen Thesen eine gewisse Unausweichlichkeit zum Ausdruck kommt, die
aus dem technologischen Fortschritt resultiert, an dem wir alle arbeiten. Aber es ist besser, den
voraussichtlichen Gang der Dinge zu analysieren und ihm rational zu begegnen, als mit Palmström
anzunehmen, daß nicht sein kann, was nicht sein darf.

Gestatten Sie mir, als Tribut an eines meiner Steckenpferde noch zwei kleine, aber wichtige Thesen anzufügen:

6.	Die Entwicklung von CAD sollte auch deshalb auf breiter Front vorangetrieben werden, damit immer mehr, das heißt vor allem kleinere und mittlere Unternehmen daraus Nutzen ziehen und keine Wettbewerbsnachteile gegenüber den großen in Kauf nehmen müssen.

7.	Es gibt noch immer Leute, auch in der Bundesrepublik, die glauben, man könne den technologischen Fortschritt steuern. Mag sein, daß man es kann, aber ich bezweifle, daß man es in wohlverstandenem Sinne aller Betroffenen soll. Noch so viele Gremien, mit den wohlmeinendsten Persönlichkeiten und den klügsten Köpfen besetzt, können die rationalen Entscheidungsprozesse einer vitalen und adaptionsfähigen industriellen Gesellschaft nicht ersetzen. Für diese Behauptung habe ich allerdings nichts weiter auf meiner Seite als gewisse kybernetische Einsichten und die Erfahrungen der jüngeren Wirtschaftsgeschichte.

Ich bitte mir nachzusehen, daß dieses Referat über die unternehmerische Herausforderung des Computer-Aided-Design zum Schluß etwas herausfordernd geraten ist. Wenn es Stoff für eine sich anschließende Diskussion geliefert hat, die über die technisch-wissenschaftlichen Aspekte von CAD hinausgeht, würde ich mich glücklich schätzen.

Programmkonzept und Dialogführung für einen Konstruktionsarbeitsplatz mit Menüsteuerung und aktivem Zeichenbrett

G. Pahl, G. Engelken, J. Lorey, W.-H. Menke, E. Schmidt, Darmstadt

0. Einleitung

Der Konstrukteur wird heute schon vielfach beim Anfertigen von Zeichnungen, Durchführen von Berechnungen und Aufstellen von Fertigungsan-
gaben durch die elektronische Datenverarbeitung (EDV) unterstützt.
Diese Unterstützung ist mit bekannten Systemen um so leichter möglich,
wenn der Ablauf im Sinne einer Variantenkonstruktion algorithmierbar
ist. Dialogsysteme helfen, Routinearbeiten vom Rechner durchführen zu
lassen und Entscheidungen, die nicht vorprogrammiert werden können, dem
Konstrukteur zuzuordnen, der diese auf Grund seiner Kenntnis und Übersicht schneller und vor allem besser treffen kann. Eine spürbare Lücke
in der Rechnerunterstützung besteht noch für die Konzept- und Entwurfs-
phase, weil ein umfassendes und flexibles Programmsystem hierfür noch
nicht besteht und auch die bisherigen Ein- und Ausgabegeräte, im
wesentlichen der interaktive Bildschirm gemeinsam mit einem Plotter,
nicht allen Anforderungen der Arbeitsweise beim Konstruieren genügen.

Die bisher bekannten Systeme benutzen meist den interaktiven Bildschirm
zur graphischen Eingabe, Überprüfung und Variation und den Plotter zur
Ausgabe der Ergebnisse. Der Konstrukteur arbeitet damit am Bildschirm.
Die damit verbundenen Nachteile sind bekannt: Zu kleine Arbeitsfläche
bei größeren Objekten, Probleme der ungenügenden Auflösung und des
Maßstabs, bei höheren Anforderungen an die Genauigkeit umständliche
Koordinateneingabe, rasche Ermüdung des Bearbeiters und getrennte Ein-
und Ausgabestationen.

Mit der nachfolgend beschriebenen Konfiguration für einen Konstruktionsarbeitsplatz soll durch ein Forschungsvorhaben* ein Weg gewiesen
und erprobt werden, bei dem der Konstrukteur nach seiner Wahl soweit
nötig konventionell und soweit möglich rechnerunterstützt arbeiten
kann. Die Grenze zwischen manueller und rechnerunterstützter Arbeitsweise kann dabei je nach dem vorliegenden technischen Problem, der zur
Verfügung stehenden Software und der Komplexität der Teile fliessend
sein. Die Gestaltung des Arbeitsplatzes geht auf einen Hinweis von

---

*Forschungsvorhaben am Institut für Maschinenelemente und Konstruk-
tionslehre, gefördert von der Deutschen Forschungsgemeinschaft.

Baatz /1/ zurück, der bereits 1973 eine Kombination von Handzeichenmaschine, Digitalisierer und Plotter in seiner Dissertation vorschlug.
Die Realisierung ließ sich aber wegen fehlender Hardware, besonders
wegen eines genügend großen und genauen Digitalisierers, erst seit
wenigen Jahren durchführen.

1. Zielsetzung des Vorhabens

Dem hier vorgestellten System liegt der Gedanke zugrunde, das konventionelle Zeichengerät mit der EDV-Anlage so zu kombinieren, daß der
Konstrukteur an der Zeichenanlage in mehr oder weniger konventioneller
Weise arbeitet und eine Unterstützung graphischer, berechnender und in-
formatorischer Art für wiederkehrende Aufgaben erhält.

Das unterstützende Programmsystem soll dabei alle zeitraubenden Routinearbeiten im Entwurfsprozeß übernehmen und es dem Konstrukteur
gleichzeitig gestatten, den Entwurf im Zugriff auf nur _eine_ Arbeitsfläche (Eingabe und Ausgabe) bearbeiten zu können. Ziel ist hierbei,
daß der Konstrukteur seine bisherige Arbeits- und Denkweise bei der
Entwicklung eines Entwurfs weitgehend beibehalten kann und komplexere
geometrische Zusammenhänge dem Rechner im Dialog mitteilt. Ein passiver
Bildschirm dient dabei als unterstützender Informationsvermittler.

Das Unterstützungssystem ist so angelegt, daß sein Einsatz auch in
mittleren und kleineren Betrieben auf längere Sicht wirtschaftlich
möglich erscheint.

Schließlich wird mit der Entwicklung des Arbeitsplatzes als Schwerpunkt
der Untersuchungen verfolgt, welche Änderungen im Vorgehen des Konstrukteurs beim Entwerfen notwendig oder zweckmäßig erscheinen, um
solche EDV-Unterstützungen optimal nützen zu können.

2. Beschreibung des Arbeitsplatzes

Die Arbeitsfläche für den Konstrukteur bildet eine Digitalisiererfläche
von etwa der Größe DIN A0. Auf dieser ist ein Flachbettplotter und eine
Handzeichenmaschine aufgebaut (vgl. Bild 1). Letztere ist so konstru-
iert, daß sie bei Nichtbenutzung automatisch so weit von der Arbeitsfläche (Zeichenfläche) abhebt, daß der Plotter ungehindert arbeiten
kann. Digitalisierer und Plotter arbeiten mit einem Prozeßrechner zusammen; ein passiver graphischer Bildschirm gestattet es, Informationen
und Zwischenergebnisse jederzeit abzurufen.

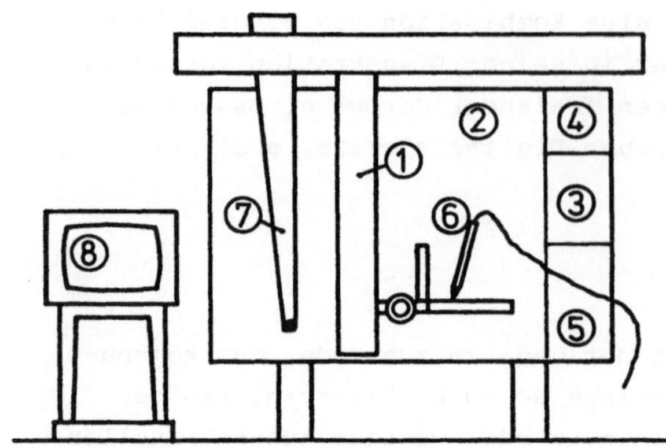

Bild 1 : Aufbau des Arbeitsplatzes

Die Digitalisiererfläche ist in die eigentliche Zeichenfläche und einen
Menübereich unterteilt. Der Menübereich besteht aus einem Steuer- und
zwei. Datenbereichen. Der Steuerbereich dient zur Eingabe von Kommandos
zur

- Steuerung des Systems selbst, z.B. Abruf von Informationen über
  Bildschirm, Fehlerbeseitigung, Anforderung besonderer Protokoll-
  funktionen.

- Geometrieeingabe sowie zur zeichentechnischen Steuerung, z. B. Fest-
  setzen von Maßstab, Darstellungsart, Anordnung und Verschiebung,
  Schraffur, Schnittbildung.

Als Datenbereiche sind im Menü enthalten :

- ein Grundkörperbereich, der es gestattet, in 3D-Verarbeitung Grundkörper wie Zylinder, Quader, Torus, Pyramide usw. abzurufen, zu plazieren und damit die meist "vorgedachten" Teile aufzubauen, sowie

- ein Norm- und Wiederholteilbereich, der es gestattet, Norm- und
  Wiederholteile in unterschiedlicher Darstellungsform abzurufen und
  im Entwurf zu plazieren.

Ein Schreibstift, mit dem der Konstrukteur gleichzeitig digitalisieren
kann, dient als Zeichen- und Befehlsstift. Mit ihm werden die Hand-
zeichnungen ausgeführt und die Eingabebefehle im Menü und auf der
Zeichenfläche gegeben.

Die Komponenten des Konstruktionsarbeitsplatzes werden ohne direkte
Verbindung untereinander an den Rechner angeschlossen. Sämtliche Geräte
arbeiten hardwaremäßig mit seriellen asynchronen Schnittstellen gemäß
DIN 66020 bzw. CCITT- Empfehlungen V.24 und V.28, Plotter und Digitalisierer in der amerikanischen Version RS 232 C. Dies bedingt rechnersei-
tig den Anschluß an Schnittstellen für dialogfähige Datenperipherie,
zum Beispiel Sichtgeräte- oder Fernschreiberschnittstellen. Damit ist
zugleich sichergestellt, daß hardwaremäßig der Anschluß an beliebige
andere Rechner problemlos erfolgen kann.

3. Anforderungen an das unterstützende Programmsystem

3.1 Datenarten

Während des Entwurfsprozesses fallen grundsätzlich verschiedene Arten
von Daten an. Es sind dies die geometrischen Daten, die zur Beschrei-
bung der Bauteilgeometrie notwendig werden, sowie nicht-geometrische
Daten, die Informationen über Werkstoffe, Bearbeitungsgenauigkeit,
Oberflächenbeschaffenheit, Herstellkosten und Kalkulationsunterlagen
usw. enthalten. Die Kombination dieser beiden Datenarten tritt bei
Norm- und Wiederholteildaten auf, die auf Grund ihrer festen Verklam-
merung von geometrischen und nicht-geometrischen Informationen eine
Sonderstellung in der Behandlung einnehmen. Um den Besonderheiten der
Datenarten Rechnung tragen zu können, ist es erforderlich, für jede
Datenart einen eigenen Verarbeitungsprozessor vorzusehen, wobei für
Norm- und Wiederholteile beide Prozessoren mitbenutzt werden.

Die beim Entwurfsprozess anfallenden Datenmengen können bei Baugruppen
oder ganzen Anlagen beträchtlich sein. Es ist sicher nicht möglich,
alle zum aktuellen Entwurf gehörigen Daten im Arbeitsspeicher des Rechners zu halten. Die Daten müssen daher in einer externen Datenbank, z.
B. auf Plattenspeichern oder Magnetband ausgelagert werden.

3.2 Eingabe der geometrischen Daten

Um den vielfältigen Anforderungen des Konstruktionsprozesses in allen
Bereichen des Maschinenbaus zu genügen, wurde eine echte 3D-Verarbei-
tung der Geometriedaten realisiert. Für die Eingabe der Bauteilgeometrie zwecks Aufbau einer rechnerinternen Darstellung sind 2 Formen
zweckmässig :

<u>Flächenorientierte Eingabe</u> : Das Bauteil wird durch die Summe seiner

durch eine beliebige Folge von Konturelementen berandeten Begrenzungs-
flächen eingegeben. Randkonturelemente können dabei Geraden, Ellipsen-
oder Kreisbögen, Hyperbel- und Parabelstücke sein. Als Erweiterung dieses Spektrums sind durch Spline-Funktionen beschriebene Konturelemente
denkbar.

Grundkörperorientierte Eingabe : Das Bauteil wird durch Aneinanderset-
zen mathematisch definierter Grundkörper eingegeben. Die erforderlichen
Grundkörper lassen sich in die Gruppen der durch ebene Flächen begrenzten (EF-Körper) und der durch gekrümmte Flächen begrenzten (GF-Körper)
einteilen, die später einer unterschiedlichen Verarbeitung unterliegen.
Als Grundkörper wurden in dem hier vorgestellten System die Formen Quader, rechteckige Pyramide, dreieckige Pyramide, dreiseitiges Prisma,
sechsseitiges Prisma, Kegelstumpf, Kreistorus, ein Torus mit trapez-
förmigem Querschnitt sowie Ellipsoid und Hyperboloid realisiert. Zusätzlich steht ein Gewindekörper zur Verfügung. Als weitere Hilfsmittel
können über eine grundkörperähnliche Darstellung direkt räumliche Loch-
kreise und Mittellinien erzeugt werden.

3.3 Verarbeitung der geometrischen Daten

Die beiden Formen der Geometrieeingabe und -abspeicherung sind bezogen
auf den Informationsgehalt gleichwertig. Es hat sich gezeigt, daß es
zweckmäßig ist, in der weiteren Verarbeitung z. B. zu Schnitten und Ansichten rechnerintern einheitlich die flächenorientierte Darstellung zu
benutzen (Bild 2). Die grundkörperorientierte Darstellung wird daher
vor Beginn der Weiterverarbeitung in die flächenorientierte Darstellung
überführt. Dabei werden alle aneinanderstoßenden Flächen vereinigt und
überflüssig gewordene Berührflächen der Grundkörper untereinander be-
seitigt. Dieser Vorgang wird nach Altjohann /2/ als Verschmelzung bezeichnet. Für beide Darstellungsarten von Bauteilgeometrien sind aus
der Literatur ausgeführte Beispiele bekannt, die als Anregung gedient
haben/2/4/6/.

Der Geometrieprozessor muß in der Lage sein, beide Eingabeformen aufzu-
nehmen, die Geometriedaten abzuspeichern und aus der verschmolzenen
Form Schnitte und Ansichten zu ermitteln und dabei auf Wunsch unsichtbare Kanten zu unterdrücken. Bedingt durch die Arbeitsweise am Konstruktionsarbeitsplatz müssen auch diese Darstellungen Bestandteil der
Datenstruktur sein, da das Identifizieren von Bauteilen zwecks Veränderung und Erweiterung nur auf dem Umweg über die 2D-Darstellung
möglich ist. In diesem Sinne ist die 2D-Darstellung eine rechnerinterne

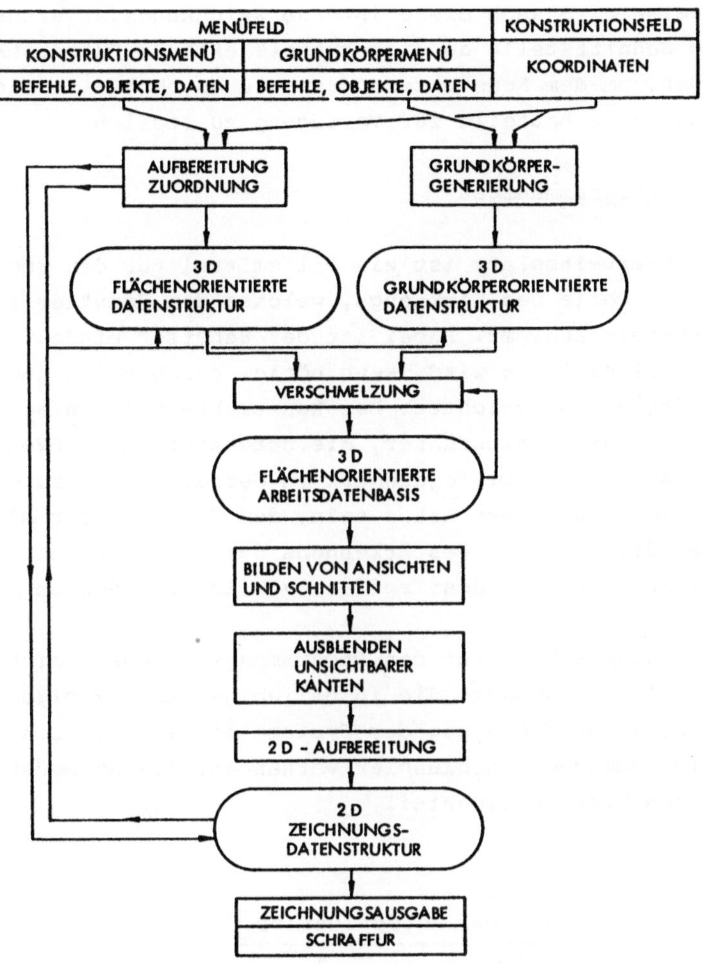

Bild 2 :   Datenfluss im Geometrieprozessor

Abspeicherung der dem Benutzer zur Verfügung stehenden Informationen.

Der Konstrukteur wird in der Regel in mehreren Schnitten und Ansichten gleichzeitig den Entwurf bearbeiten. Daher wird eine interne Zeichnungs- verwaltung nötig, welche die jeweils richtigen Rückgriffe auf das rech- nerinterne 3D-Abbild der Bauteilgeometrie ermöglicht. Dazu kann das Kon- struktionsfeld mehrere Zeichnungen aufnehmen, die ihre jeweils zugehöri- gen Ansichten oder Schnitte enthalten können. Diese Zeichnungen können auf der gleichen Fläche liegen, d.h. sie können sich gegenseitig ver- drängen. In diesem Fall muß der Benutzer dem Programm mitteilen, welche der Zeichnungen auf der Digitalisiererfläche gültig sein sollen.

Zweckmässigerweise wird auch diese interne Zeichnungsverwaltung über eine geeignete Schnittstelle an die erwähnte externe Datenbank angeschlossen werden, um dem Konstukteur dann wie gewohnt alle bisher im Betrieb verarbeiteten Bauteile zur Verfügung zu stellen.

3.4 Dialog und Programmaufbau

Der Konstruktionsarbeitsplatz ist ein Hilfsmittel für den Konstrukteur und übernimmt die Rolle des Werkzeugs, welches dem Benutzer zeitintensive Routinearbeiten abnimmt. Dabei ist der Benutzer eindeutig der Auftraggeber der Tätigkeit, er wird, wenn nötig, durch Meldungen über den Vollzug des Auftrags unterrichtet. Der Konstrukteur ist also im Sinne von Oberquelle /3/ der Dialogführer, die unterstützende EDV-Anlage Dialognehmer. Der Anteil des Dialognehmers an der Gesamtleistung des Systems kann nur algorithmischer Natur sein, dem Konstrukteur als Dialogführer obliegen die Aufgaben des Erkennens der Problemstruktur, der Auswahl von Algorithmen und des Treffens von Entscheidungen /3/.

Der Dialogform entsprechend ist das Programmsystem aus gleichwertigen Verarbeitungsteilen aufgebaut, die in beliebiger Reihenfolge durchlaufen werden können. Zur Steuerung des Systems mittels einer Kommandosprache ist ein Kommandoentschlüssler vorhanden. Die Ablaufsteuerung erfolgt durch den Koordinationsteil.

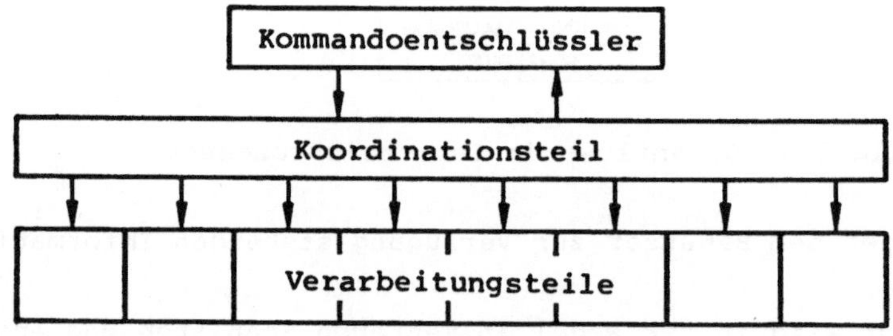

Bild 3 : Aufbau des Programmsystems

Eine derartige Struktur ist ausreichend flexibel. Die Fähigkeiten des Gesamtsystems lassen sich zum einen leicht durch den Anschluß weiterer Verarbeitungsteile erweitern. Zum andern können im Koordinationsteil zu Kommandos zugeordnete Sequenzen von Aufrufen von Verarbeitungsteilen gebildet werden, so daß sich die Abarbeitung komplexer Aufträge leicht realisieren läßt.

3.5 Eingabeformen und Kommandosprache

Zentrales Eingabegerät des Konstruktionsarbeitsplatzes ist der Digitalisierer. Auf der Digitalisiererfläche befindet sich ein Gesamtmenü, welches alle für die aktuelle Arbeit benötigten Elemente der Kommandosprache enthält. Die freie, nicht vom Gesamtmenü belegte Fläche steht als Konstruktionsfeld für das Bearbeiten des Entwurfs zur Verfügung. Unter dem Begriff Gesamtmenü wird hier verstanden eine Gruppe von selbstständigen Bereichen, die durch rechtwinklige, für jeden Bereich beliebig wählbare Rasterung in Felder (vgl. Bild 6) untergliedert wird. Alle Felder eines Bereichs sind wiederum durch nach Bereichen einheitliche Rasterung in Mikrofelder unterteilt. Jedem Feld oder Mikrofeld kann ein Kommandoelement zugeordnet werden, also ein Befehl, ein Objekt, ein Parameter oder ein Parameterwert. Aus dem Ort, der auf der Digitalisiererfläche angetastet wurde, werden zunächst die Bereichs-, Feld- und Mikrofeldkennungen ermittelt, mit denen dann anhand einer Tabelle das Kommandoelement identifiziert wird. Die Größen von Bereich, Feld und Mikrofeld sind beliebig wählbar, die Festlegung dieser Abmessungen sowie die Anordnung und Gestaltung der Felder muß nach dem Gesichtspunkt der Erkennbarkeit der Feldsymbole und der leichten Identifizierbarkeit des Inhalts erfolgen.

Der Übersicht wegen kann es ratsam sein, nicht den gesamten Umfang aller realisierten Kommandoelemente in einem Gesamtmenü unterbringen zu wollen. Um aber bei einem eingeschränkten, überschaubar gehaltenen Menüumfang noch alle Kommandoelemente ansprechen zu können, sind mehrere Möglichkeiten vorgesehen :

Menüwechsel : Der Benutzer kann mitten in der Arbeit das Gesamtmenü gegen ein anderes austauschen und nahtlos in der Arbeit fortfahren. Um dies zu ermöglichen, werden alle jemals von allen Benutzern erzeugten Gesamtmenüs zentral in einer Datei mit den erforderlichen Informationen über geometrische Aufteilung und Zuordnung der Kommandoelemente zu den Feldern abgespeichert. Es ist so möglich, den insgesamt benötigten Umfang von Kommandoelementen auf mehrere kleine, überschaubare Gesamtmenüs zu verteilen.

Bereichswechsel : Als zweite Möglichkeit kann der Benutzer mehrere Bereiche eines Gesamtmenüs übereinander belegen. Dies erfordert lediglich die Mitteilung an die Menüverwaltung, welcher der übereinanderliegenden Bereiche gültig sein soll. Alle anderen, auf dem gleichen Ort liegenden Bereiche gelten dann als verdrängt. Der Benutzer kann so z. B. sein

Steuerfeld mit den Befehlen unverändert beibehalten und die Datenfelder
für Normteile, Grundkörper usw. nach Bedarf wechseln.

<u>Tastaturersatz</u> : Es besteht drittens eine Eingabemöglichkeit über eine
normale Rechnerkonsole (Sichtgerät). Parallel dazu ist in jedem Gesamtmenü ein Tastaturersatz vorgesehen, mit dem eine Rechnerkonsole simu-
liert wird. Beide sind gleichwertig und die Eingaben werden auf die
gleiche Art verarbeitet, in dem die Kommandoelemente durch ihren Namen
identifiziert werden. Eine echte Rechnerkonsole muß immer vorhanden
sein, um Meldungen des EDV-Systems an den Benutzer des Konstruktionsarbeitsplatzes zu ermöglichen. Diese Funktion wird über den graphischen
Bildschirm realisiert.

Die Kommandosprache selbst ist der menschlichen Sprache so weit als
möglich nachempfunden. Ein Kommando besteht aus Kommandoelementen, unter denen sich ein Befehl (Verb) und bis zu zwei Objekten mit den zugehörigen Parametern und Parameterwerten befinden. Der Befehl beinhaltet
die auszuführende Tätigkeit, er wird bei Bedarf von beschreibenden Parametern begleitet, die den Umfang der Tätigkeit festlegen. Der Befehl
kann allein stehen, wenn sich aus der bezeichneten Tätigkeit die betroffenen Objekte von selbst ergeben (Beispiel a). Ist dies nicht der
Fall, so enthält das Kommando Objekte, die bei Bedarf ebenfalls durch
begleitende Parameter beschrieben oder identifiziert werden (Beispiele
b und c). Aus der Kombination von Befehl und Objekten können weitere
Parameter nötig werden oder entfallen, da ihre Größe im Kontext entweder zusätzlich benötigt wird oder ohne Bedeutung ist. Da es zu jedem
Befehl mehrere zulässige Objekte geben kann, entsteht das Kommando erst
während der Eingabe. Die als gültig akzeptierten Kommandoelemente kön-

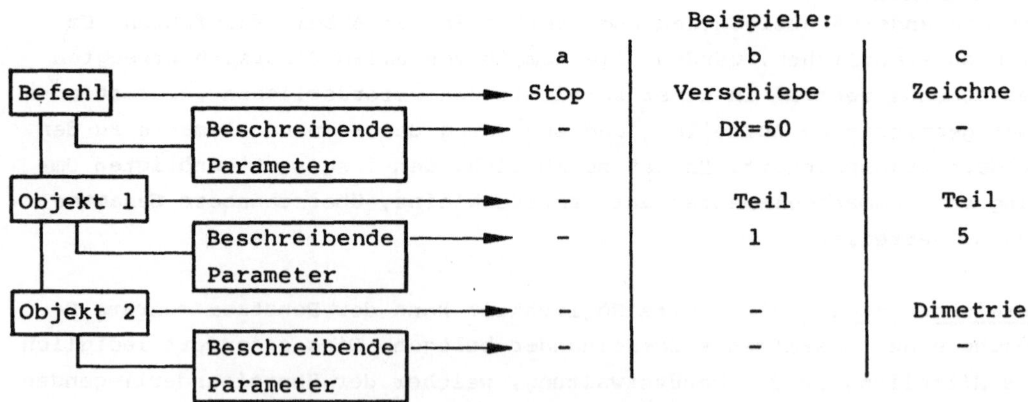

Bild 4 : Kommandoaufbau

nen auf Wunsch fortlaufend auf dem Bildschirm protokolliert werden.

Gleichartige Objekte sind zu Objektklassen zusamengefaßt und können so
in ihrer Gesamtheit durch einen die Objektklasse identifizierenden
Oberbegriff angesprochen werden. Einem Befehl kann so wahlweise über
den Oberbegriff die Gesamtheit der Objekte der Objektklasse, jedes beliebige Objekt der Objektklasse oder aber ein bestimmtes Objekt als zulässig zugeordnet werden. (Bild 5)

Grundkörper	Normteile	Ansichten	...
Quader	Sechskantschraube	Vorderansicht	...
Prisma	Passfeder	Draufsicht	...
Torus	Sicherungsring	Dimetrie	...
...	...	...	...

Bild 5 : Beispiele für Objektklassen

Parameter können in einem gegebenen Kommando mit Werten vorbelegt sein.
Es werden die Parametertypen gebrochene Zahl, ganze Zahl, Text, Koordinaten und Schalter unterschieden. Schalter sind Parameter, die vom Benutzer mit den Werten JA oder NEIN eingegeben, intern als Wert 1 oder 0
an den ausführenden Programmteil übergeben werden. Mit ihnen können
Sonderleistungen angefordert oder besondere Ausführungsmodi gesetzt
werden.

4. <u>Norm- und Wiederholteile</u>

4.1 <u>Allgemeines</u>

Durch die Verwendung von Norm- und Wiederholteilen wird der Konstruk-
tionsprozeß vereinfacht und beschleunigt. Aus diesem Grund ist die Ein-
beziehung von Norm- und Wiederholteilen in ein interaktives CAD-Unter-
stützungssystem unumgänglich notwendig. Eine Untersuchung der Bereiche
Allgemeiner Maschinenbau, Apparatebau (Ventile), und Turbinenbau (Tur-
binenwellen) liess unterschiedliche Typen von Norm- und Wiederholteilen
erkennen, so dass deren Besonderheiten bei der rechnerinternen Darstellung und Verarbeitung berücksichtigt werden konnten.

Die Norm- und Wiederholteile unterscheiden sich hauptsächlich durch Art
und Grössenfestlegung. Normteilarten können sein

- selbständiges Teil oder Abschnitt eines Teiles (z. B. Schraube
  oder Wellenende)
- positives Formelement oder negatives Formelement
  (z. B. Wellenbund oder Freistich)

Die Größe kann sich aus einer Tabelle nach Norm oder einem Wachstums-
gesetz nach Ähnlichkeitsbeziehungen bestimmen.

4.2 Aufbau und Struktur des Menübereichs

Die Anordnung der Menuefelder (Teile, Formelemente) innerhalb des Menü-
bereichs ist aus Gründen der Benutzerfreundlichkeit zum schnellen und
sicheren Auffinden durch funktionale Zusammenhänge, Anordnungsbezüge
innerhalb der Baugruppe und logische Zusammenhänge festgelegt.

Für den Benutzer ist es notwendig, die zur Bestimmung und Bearbeitung
eines Teils erforderlichen Informationen einfach und eindeutig abarbei-
ten zu können. Aus diesem Grund ist im Menueeinzelfeld eine Hierarchie
angelegt worden, die diese Einfachheit und Eindeutigkeit erzwingt. Dabei wird bei der Teilebestimmung vom Qualitativen zum Quantitativen gegangen. In dieser Hierarchisierung sind ebenfalls die Merkmale erfaßt,
die ein Teil, d. h. einen Funktionsträger, nach Art und Grösse eindeutig festlegen. Dies soll am Beispiel einer Schraube dargestellt werden.(Bild 6)

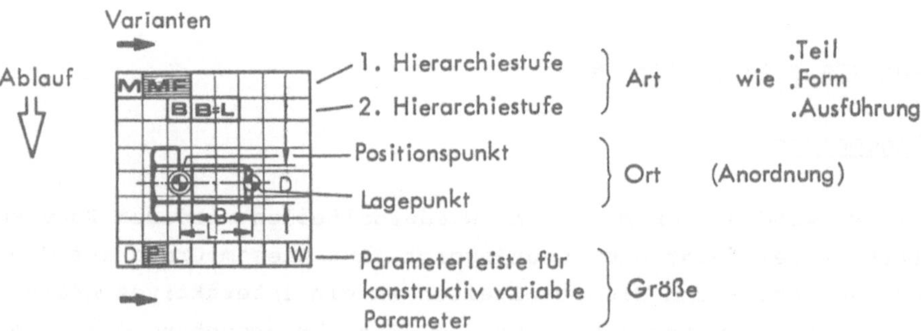

Bild 6 : Menüeinzelfeld für Schrauben DIN 931,933,960,und 961

Die Teile werden innerhalb des Menüfeldes in der Regel in Gebrauchslage
entweder normmäßig oder symbolhaft dargestellt. Dies gewährleistet bei
einer Feldgröße von minimal 32mm x 32mm eine leichte und schnelle Erkennbarkeit. Das Teil, die Form oder die Ausführung wird durch entsprechende Mikrofelder gekennzeichnet und bestimmt. Vereinfacht wird

die Behandlung der Norm- und Wiederholteile noch durch Definitionen,
die eine Zuordnung von Teilen bzw. Formen oder Ausführungen zu entsprechenden Parametern und deren mögliche Vorbelegungen kenntlich machen.
So wird im gezeigten Beispiel der Parameter P (Steigung) nur bei Ge-
windeart MF (Feingewinde) nötig.

4.3 Rechnerinterne Verarbeitung

Bei der rechnerinternen Verarbeitung sind nicht nur geometrische Daten,
sondern auch nicht-geometrischen Informationen zu berücksichtigen. Alle
teilespezifischen Angaben werden in Sachmerkmalleisten zusammengefaßt.
Dabei musste die Sachmerkmalleiste nach DIN 4000 den Erfordernissen
entsprechend ergänzt und verändert werden.

Die Teilegenerierung (3D) erfolgt vollständig mit Grundkörpern oder mit
aus Grundkörpern gebildeten Makros. Um den Verarbeitungs- und Speicheraufwand zu reduzieren, werden die Teile, wenn zulässig, vereinfacht
generiert und verarbeitet. Aus Gründen der Erkennbarkeit können Maß-
stabsforderungen vereinfachte oder symbolhafte Bilder erzwingen. Der
Kommandovovrrat bezüglich der Norm- und Wiederholteil-Verarbeitung deckt
sich bis auf wenige Ausnahmen mit dem der allgemeinen Teilebehandlung.

5. Einbindung des Konstruktionsarbeitsplatzes in den innerbetrieb-
lichen Gesamtablauf

Ein echter Rationalisierungserfolg stellt sich erst dann ein, wenn der
mit dem Unterstützungssystem erarbeitete Datenbestand in möglichst vielen Betriebsbereichen weiterverarbeitet oder ausgewertet wird /5/7/.
Dies bedingt, daß die von dem Unterstützungssystem angebotenen Dienste
über die Phase des Entwerfens hinaus auf die Phase des Ausarbeitens und
den Bereich der Fertigungsplanung ausgeweitet werden. Es treten neben
die Erzeugung einer rechnerinternen Darstellung der Geometrie und die
mit der graphischen Ausgabe verbundenen Aufgaben das Erstellen von
werkstattgerechten Zeichnungen, von Stücklisten, Arbeitsplänen und von
Steuerlochstreifen für die NC-Bearbeitung. Dabei werden nicht nur Angaben über die Geometrie des behandelten Objektes benötigt, sondern es
müssen darüberhinaus aufgabenbezogene Daten hinzugefügt werden/7/. Dies
hat zur Folge, daß die Struktur der Daten der rechnerinternen Darstellung flexibel und erweiterbar sein muß. Um eine möglichst uneinge-
schränkte Erweiterbarkeit und Übertragbarkeit des Programmsystems zu
ermöglichen, werden die Programme nach dem Konzept der "Zwei-Komponen-
ten-Software" ausgeführt. Die einzelnen Anwenderprogramme greifen nicht

direkt auf die Daten zu, sondern der Zugriff erfolgt ausschließlich über die Modellprogramme. /8/9/ (Benutzerinterface, vgl. Bild 7).

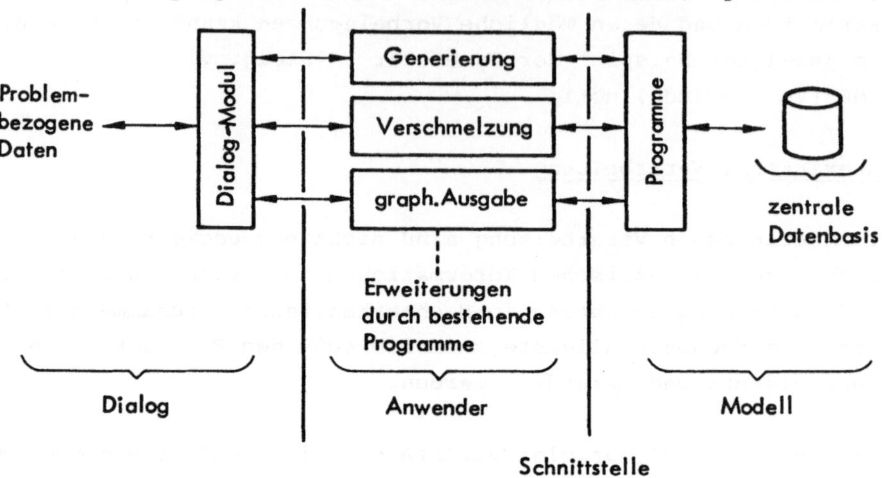

Bild 7 :   Schnittstellenkonzept des Unterstützungssystems

Dieses Schnittstellenkonzept gewährleistet: /7/

- die Datenunabhängigkeit der Anwenderprogramme (d. h. Änderungen der Datenstruktur lassen die Anwenderprogramme unberührt)

- die beliebige Erweiterbarkeit des Unterstützungssystems um problembezogene Anwenderprogramme

- die Möglichkeit der Kopplung des Unterstützungssystems mit anderen Programmsystemen, denen das gleiche Schnittstellenkonzept zugrunde liegt (z. B. COMPAC, OLYKON).

Literaturangaben :

/ 1/   Baatz, Udo: Bildschirmunterstütztes Konstruieren, VDI-Taschenbuch T39, VDI-Verlag, Düsseldorf 1973

/ 2/   Altjohann, Harald: Ein Beitrag zum Problem der graphischen Datenverarbeitung im Rahmen der Neu- und Anpassungskonstruktion. Dissertation,Bochum 1975

/ 3/   Oberquelle, Horst: Grundbegriffe zur Beschreibung von Dialogen und dialogfähigen Systemen. Bericht Nr.28, Institut für Informatik, Universität Hamburg 1976

/ 4/ Kurth, J.: Rechnerorientierte Werkstückbeschreibung.
Dissertation. Berlin 1971.

/ 5/ Spur, G. und F. Gausemeier: Eine Leitlinie zur Entwicklung von
CAD-Systemen. ZwF 73 (1978), S. 413 ff.

/ 6/ Borgmann, Jan-Dierk: 3D-Geometrie für die rehnerunterstützte Konstruktion von mechanischen Bauteilen und Werkzeugen.
VDI-Z 119 (1977) S. 17 ff.

/ 7/ Gausemeier, J.: Eine Methode zur rechnerorientierten Darstellung
technischer Objekte im Maschinenbau. Dissertation. Berlin 1977.

/ 8/ Krause, F. L.: Ein Beitrag zur Behandlung rechnerinterner
Darstellungen in CAD-Prozessen. ZwF 69 (1974) S. 228 ff.

/ 9/ Grabowski, Hans und Helmut Maier: Interaktive Berechnung von
Bauteilen in datenbezogenen CAD-Systemen. VDI-Z 121 (1979) S.
745 ff.

STEUERUNG DER KOMMUNIKATION ZWISCHEN BENUTZER UND RECHNER
BEI INTERAKTIVEN PROGRAMMSYSTEMEN

Volkmar Droßmann
Elektronisches Rechnen Technik
Bilfinger + Berger Bauaktiengesellschaft, 6800 Mannheim 1

Zusammenfassung

Geschildert wird ein allgemeines Schema zur Programmierung bzw.
Generierung von Eingabeprozessoren und eines Steuerteils für einen
freien, d.h. vom Anwender geführten, hierarchisch gegliederten Dialog. Diese Teile können in Form von maschinenunabhängigen Unterpro-
grammen in einer problemorientierten Sprache, z.B. Fortran erstellt
und in das Anwendungsprogramm eingefügt werden.

Für eine dialogspezifische Ablauforganisation wird ein Schema vorgegeben. Die anwendungsabhängigen, variablen Teile werden für jedes
Problem beschrieben und in dieses Schema eingefügt. Als Grundlage
dieser Beschreibung dient die Präzedenzstruktur des Dialogs.

Die peripheren Ein- und/oder Ausgabegeräte werden auf einer logischen Ebene behandelt, somit ist dieses Verfahren auf alle üblichen
CAD-Geräte anwendbar. Die hardwarespezifische Informationswandlung
wird in austauschbaren Eingabemodulen (Front-Endprozessoren) vorgenommen. An Informationsarten werden Befehle, Entscheidungen und Daten
unterschieden. Die Befehle können sprachlich oder symbolhaft (Kommandosprache, Menüfeld, Funktionstasten) ausgedrückt werden. Unter
der Gruppierung Daten können Zahlen, Texte und Koordinatenwertpaare
verarbeitet werden.

Entwickelt wurde dieses Verfahren, um bei gegebener Maschinenkonfi-
guration ohne Compileränderung eine für den praktischen Einsatz von
CAD-Systemen notwendige Dialogform bedienungssicher und kosten-
günstig realisieren zu können.

Aufbauend auf [1] wird im folgenden ein einheitlicher Lösungsalgorith-
mus beschrieben, der abweichend von [2] ohne Precompiler erstellt werden
kann.

Formale Beschreibung des Dialogs

Darstellung des Anwendungsprogramm-Entwurfes

Zur Übersicht und Dokumentation wird der entworfene Dialog grafisch
dargestellt. Die gewählte Darstellungsform ist eine Abwandlung der
in [3] beschriebenen Präzedenzstruktur. (Abb. 1)
Die Funktionsbausteine der Präzedenzstruktur werden in einen Reak-
tions- und Zustandsteil getrennt. Somit ist rein formal das Funkti-
onendiagramm in ein Zustandsdiagramm überführt. (Abb. 2)

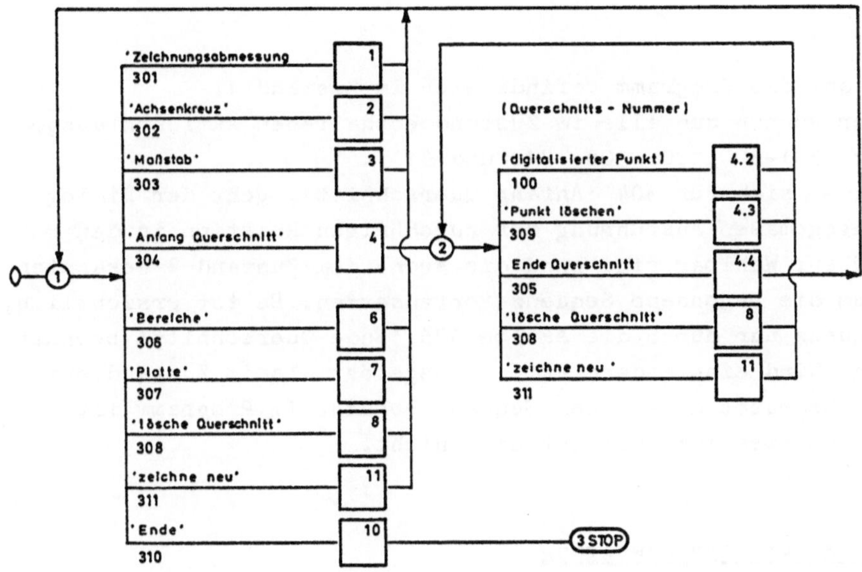

Abb. 1   Präzedenzstruktur Programm QUDI

Ablauf des Dialogs aus Benutzersicht

Abb. 1 zeigt eine Dialogstruktur in einer Ebene mit singulären bzw.
kurzen Sequenzen, die teils Schleifen enthalten.

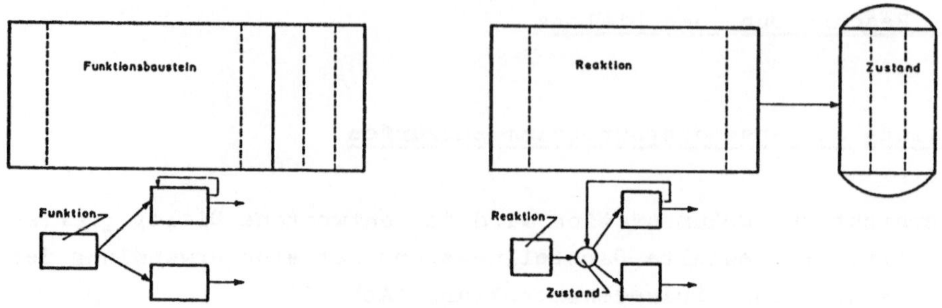

Abb. 2   Trennung des Funktionsbausteines in Reaktions- und Zustands-
         teil

Nehmen wir an, das Programm befinde sich im Zustand 1.
Vom Anwender können nun alle im Zustand enthaltenen Aktionen ausgelöst werden   301-304, 306-308, 310 und 311.
Entscheidet er sich für 304 'Anfang Querschnitt', geht der Dialog
nach ordnungsgemäßer Ausführung der zugehörigen Reaktion in den
Zustand 2 über. Wählbar sind nund die sechs dem Zustand 2 bekannten
Aktionen, um die begonnene Sequenz fortzusetzen. Es ist ersichtlich,
daß die Sequenz nur durch die Aktion 305 'Ende Querschnitt' beendet
werden kann. Wird eine andere Aktion ausgelöst als im Zustand enthalten ist, bedeutet dies einen Sequenzabbruch. Im Programm ist
festgelegt, ob dies zulässig ist oder nicht.

Strukturen der Dialogverzweigung

Innerhalb einer Dialogstruktur sind typische Formen von Dialogver-
zweigungen erkennbar, die in der Beschreibung Berücksichtigung finden.

Sequenzen

Eine Sequenz entsteht durch Aneinanderreihung von Reaktionen und
Folgezuständen. (Abb. 3) Der Beginn einer Sequenz ist immer der
Anfangszustand in einer Dialogebene. Eine Sequenz ist abgeschlossen,
wenn der Ausgangszustand oder der Endezustand der Sequenz erreicht
ist.

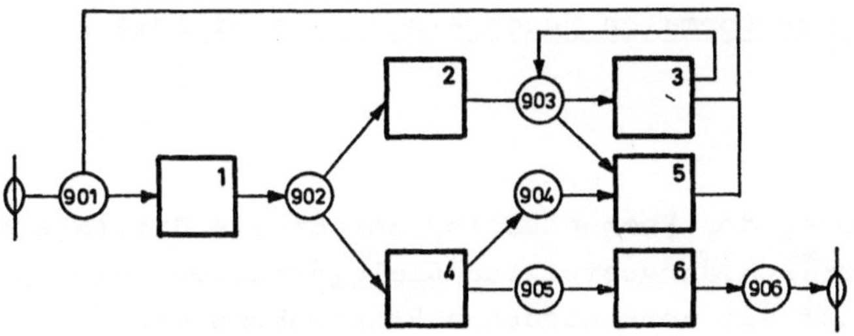

Abb. 3   Beispiel für Dialogsequenzen

Beschreibung der Sequenzen:
Zustände und Reaktionen werden numeriert. Zur Unterscheidung von
den Reaktionen werden die Zustände von 900 an aufwärts numeriert.
Nun können die Sequenzen beschrieben werden.

In der oben dargestellten Struktur sind 5 Sequenzen enthalten:

```
901 1   902 2   903 3   903
901 1   902 2   903 3   901
901 1   902 2   903 5   901
901 1   902 4   904 5   901
901 1   902 4   905 6   906
```

Singuläre Sequenzen

Die Sequenz besteht nur aus einer Reaktion. Die Reaktion hat nur
einen Ausgang. Folgezustand ist der Anfangszustand.

Weitere Formen seien hier nur noch aufgezählt:
    - Schleifen
    - Übergeordnete Reaktionen
    - Ebenen
    - Ebenenwechsel mit unbedingtem Sprung
    - Ebenenwechsel ohne unbedingten Sprung

Vorgehensweise bei der formalen Beschreibung des Dialogs

Die Gesamtbeschreibung der Kommunikation umfaßt die digitale Erfassung der zeichnerisch dargestellten Dialogstruktur, die Zuordnung der Aktionen auf die verschiedenen Eingabebereiche (Tastatur,
Menüfeld, Fadenkreuz, Bereich der Zeichenvorlage auf dem Digitalisierer) sowie die Kennzeichnung der verschiedenen Informationsarten, die in das System hineingehen sollen. Über eine Cross-Refe-
renzliste wird die Verbindung zwischen Aktion (Befehl) und Reaktion
(Programmodul) hergestellt.

Die Schritte im Einzelnen:

1.   Aktionen bezeichnen

2.   Bereichs-Beschreibung
2.1 Anzahl der Bereiche angeben
2.2 Beschreibung, welche Aktionen zu jedem Bereich gehören

3.   Zustände je Dialogebene numerieren

4.   Reaktionen je Dialogebene numerieren

5.   Sequenz-Beschreibung

6.   Zuordnung der 'Übergeordneten Aktionen' zu den Zuständen

7.   In einer Liste angeben, welche Aktionen welche Reaktionen
     anstoßen.

8.   Welche Aktionsarten kennt eine Reaktion.

Beispiel einer Dialog-Beschreibung

```
ANBE   2
MEAK
301   302   303   304   305   306   307   308
001   002   003   004   005   311   000   309
006   007   008   009   010   011   000   310
MEND
ZEAK
100
ZEND
EBENE 1
SEQU   901   301   901
         =   302    =
         =   303    =
         =   304   902   100   902
         =    =     =    309    =
         =    =     =    308    =
         =    =     =    305   901
         =   306   901
         =   308    =
         =   310   903
SEND
AKUB   311   901   902
RNAM   'QAC'
AKRE   301   1
302   2
303   3
304   4
306   6
307   7
308   8
310   10
311   11
AEND
AKIN   1   100
2   100
3   000
4   305   309   100   000
REND
```

Aufbau des interaktiven Programm-Systems

Durch eine klare Trennung der Funktionen Steuerung und Verarbeitung wird eine Programmstruktur nach Abb. 4 erzielt. Die kommunika-
tionsabhängigen Teile, Lesen und Steuern, werden ausgelagert und vorgeschaltet. Die anwendungsabhängigen Verarbeitungsmodule konzentrieren
sich auf den jeweiligen Algorithmus der Problemstellung und sind weit-
gehenst unabhängig von der Kommunikationsform.

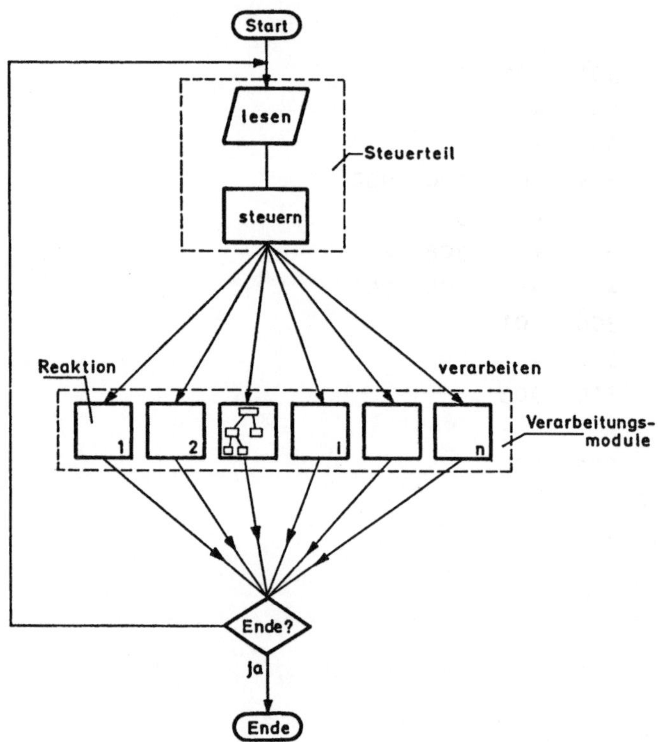

Abb. 4 Aufbau eines interaktiven Programmsystems aus der Sicht
        der Ablaufsteuerung.

Aufgaben des Steuerungsteils

Der Steuerungsteil für den Dialog-Verkehr übernimmt folgende
Aufgaben:

- Syntax-Prüfung der Benutzereingabe, ggf. Fehlermeldung
- Prüfen, ob die Eingabe für den aktuellen Dialog-Zustand inner-
  halb der vorliegenden Dialogstruktur zulässig ist.
- Feststellen für welchen anwendungsabhängigen Modul die Eingabe
  bestimmt ist.
- Erforderliche Reaktion feststellen und diese den zuständigen
  Verarbeitungs-Modulen mitteilen.

Aufgaben der Reaktionen

- Prüfung der Verarbeitungsvoraussetzungen
- Semantische Prüfung
- Bearbeiten der Anwendungsaufgabe
- Prüfung der Abschlußvoraussetzungen und ggf. Abschlußarbeiten
  ausführen
- Bei Sequenzabbrüchen ggf. Verarbeitungsschritte rückgängig machen.

Verständigung zwischen Steuerteil und Reaktionen (Prg-Module)

Die digitale Beschreibung der Dialogstruktur wird in Vektoren und
mehrdimensionalen Feldern abgelegt und vom Steuerungsteil verarbeitet.
Der Steuerungsteil erteilt Aufträge (Jobs) an die Reaktionen und
erhält von den Reaktionen Meldungen. Die Reaktionen können sich
in verschiedenen Zuständen befinden. Der Steuerungsteil kann nun mit
der ihm bekannten Dialogstruktur, anhand der Zustände der Reaktionen
und ihren Meldungen die Zulässigkeit der Eingabe des Benutzers überprüfen und die von der Aktion betroffenen Prg-Module anstoßen
(Call-Aufrufe).
Die Zustände in denen sich die Reaktionen befinden können:

1. NOUSE = Reaktion wurde bisher nicht angestoßen
2. OPEN   = Die Reaktion ist geöffnet, die Bedingungen zum Bear-
           beiten wurden geprüft, die Verarbeitung aber noch
           nicht begonnen.
3. BUSY   = Reaktion befindet sich in der Verarbeitung
4. CLOSED = Reaktion ist abgeschlossen
5. WAIT   = Reaktion befindet sich im Wartezustand, während
           andere Reaktionen bearbeitet werden.

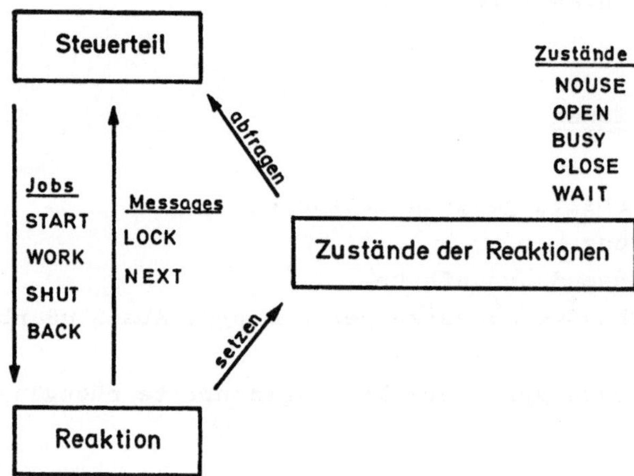

Abb. 5   Informationsaustausch zwischen Steuerteil und Reaktion

Der Zustand 1 wird beim Programmstart und nach Abschluß einer Bearbeitungsfolge für alle Reaktionen gesetzt. Das Schalten der Zustände 2 bis 5 nehmen die Reaktionen selbst vor.

Die Aufträge (Jobs) des Steuerteils an die Reaktionen sind:
    START = Öffne Reaktion
    WORK   = Verarbeite
    SHUT   = Schließe Reaktion
    BACK   = Mache bisherige Verarbeitungsschritte rückgängig.

Die Mitteilungen der Reaktionen an den Steuerungsteil:
Reaktionen können ihrerseits Mitteilungen an den Steuerteil geben:

LOCK = Der Auftrag 'SHUT' oder 'BACK' wird von der Reaktion
         abgelehnt. Der Anwender wird darauf hingewiesen, daß
         die Aktion durch restliche Daten oder Antworten zu
         Ende geführt werden muß.
NEXT = Setze den Sequenzverfolgungsvektor auf den Folgezustand

Aufbau und Arbeitsweise des Steuerteils

Aus der formalen Beschreibung der Dialogstruktur kann ein problem-
abhängiger Dialog-Steuerungsteil per Programm generiert oder direkt
nach folgendem Schema erstellt werden:
Die Dialogstruktur wird in Vektoren und Matrizen abgebildet, der
Programmteil übernimmt die Organisation für den Ablauf.

Der Steuerteil ruft Einlese-Routinen auf, die je nach Eingabemedium
und Sprachform verschieden sein können.
Die Einlese-Routine
   - liest die Benutzer-Eingabe
   - prüft auf formale Fehler
   - stellt fest, aus welchem Bereich die Eingabe herrührt
   - gibt Fehlermeldungen aus, wenn bei den Prüfungen Fehler
     festgestellt wurden
   - ermittelt die Aktionsart
   - ermittelt die Kennzeichnung
   - übergibt diese Kennzeichnung dem Steuerteil
   - stellt die Eingabe den Reaktionen zur Verfügung

Der Steuerteil erhält von der Einlese-Routine nur die Kennzeichnung
der Eingabe, in der die Aktionsart verschlüsselt ist.

Der Steuerteil führt u.a. einen Sequenzverfolgungsvektor, aus dem
die Dialogentwicklung und der momentane Zustand des Dialogs ent-
nommen werden kann.

Aus der Beschreibung der Dialogstruktur kann er feststellen, ob die
Aktion zulässig ist, welche Reaktion für die Verarbeitung zuständig

ist und ob eine Sequenzfortsetzung, -abbruch oder -einsprung vorliegt. Sequenz-Einsprünge sind unzulässig und die Aktion wird bereits vom Steuerteil abgelehnt. Ist der Dialogschritt zulässig,
erteilt der Steuerungsteil der oder den betroffenen Reaktionen einen
Auftrag.

Aufbau und Arbeitsweise der Reaktions-Module

Jede Reaktion wird durch einen oder mehrere Programmodule repräsentiert. Ein Eingangsmodul steht in Kontakt mit dem Steuerteil. In
diesem Eingangsmodul sind die dialogunabhängigen Anwendungsalgo-
rithmen eingelagert oder modular angeschlossen. (Abb. 6)

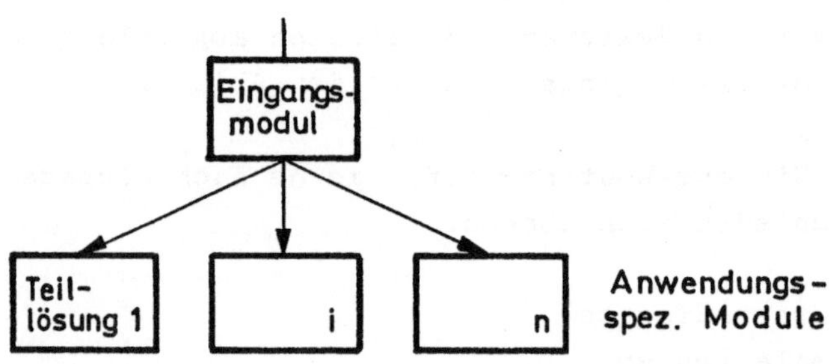

Abb. 6   Kopplung von Anwendungsmodulen

Der Steuerteil kennt nur den Eingangsmodul. Ob und wann die Unter-
Module gerufen werden, muß der Eingangsmodul selbst entscheiden.

Der Eingangsmodul, der von der Steuerung gerufen wird, ist in 4 Abschnitte gegliedert:

> Öffnungsabschnitt
> Verarbeitungsabschnitt
> Schließabschnitt
> Abbruchabschnitt

Aufgaben der Abschnitte:

Öffnungsabschnitt

Prüfen, ob alle Voraussetzungen für die Verarbeitung erfüllt sind.
Zustand auf 'OPEN' setzen und ggf. initialisieren und Dateien öffnen.

Verarbeitungsabschnitt

Algorithmus durchlaufen bzw. eine Routine aufrufen, die den Algorithmus beinhaltet. Diese Strukturierung bringt einerseits eine
wünschenswerte Trennung von Organisations- und Verarbeitungsauf-
gaben, zum anderen wird damit die Möglichkeit gegeben, bereits vorhandene Bausteine in ein CAD-System einzufügen. Ende-Bedingung prüfen, Zustand auf 'BUSY' setzen oder wenn das Ende der Reaktion erreicht ist, auf 'CLOSED' setzen.

Schließabschnitt

Prüfen, ob Verarbeitung beendet ist und Reaktion geschlossen werden
kann. Wenn ja: Ggf. Dateien schließen, Zustand auf 'CLOSED' setzen.
        Wenn nein: Zustand unverändert belassen und der Steuerung die
                Mitteilung 'LOCK' übergeben.

Abbruchabschnitt

Wird angesteuert, wenn Verarbeitungsschritte rückgängig gemacht
werden sollen. (Sequenzabbruch, -wechsel). Daten in den Zustand vor
dem Verarbeitungsbeginn bringen und Zustand auf 'CLOSED' setzen.
Wenn dies nicht möglich ist, Abbruch ablehnen, den Zustand unverändert belassen und dem Steuerteil die Meldung 'LOCK' übergeben.

Angesteuert werden diese Abschnitte durch die übergebenen Aufgaben
(START, WORK, SHUT, BACK) des rufenden Steuerteils.

Beispiel zum Programm-Ablauf

Abschließend wird der Programmablauf am Beispiel des Programms 'QUDI' erläutert, dessen Präzedenzstruktur in Abb. 1 aufgezeigt ist.

Beispiel für einen normalen Ablauf

Nehmen wir an, der Dialog befindet sich in Zustand 1 (901). Der Anwender tippt auf dem Menüfeld das Element in der 1. Zeile und 2. Spalte an, das den Befehl 'ACHSENKREUZ' repräsentiert.

Als Eingabe erhält die Leseroutine des Steuerteils die Koordinaten eines Punktes. Anhand der Bereichsbeschreibung stellt sie fest, daß die Eingabe aus dem Bereich Menüfeld stammt, lokalisiert das Element und übergibt dem Steuerteil die Aktionsnummer 302, die diesem Bereichselement zugeordnet ist.

Der Steuerteil ermittelt anhand des Artenschlüssels, in diesem Falle 3, daß hier ein Befehl vorliegt. Nun gilt es festzustellen, für welches Programmodul dieser Befehl bestimmt ist. Im Zustandsvektor der Reaktionen wird nachgesehen, ob sich eine Reaktion im Zustand 'OPEN' oder 'BUSY' befindet. Wir nehmen an, dies wäre im momentan betrachteten Zeitpunkt nicht der Fall. Aus Punkt 7 der Dialog-Beschreibung weiß der Steuerteil, daß die Aktion mit der Nummer 302 die Reaktion 2 hervorruft, die vom Modul QACO2 verarbeitet wird. Die Sequenzbeschreibung sagt ihm zusätzlich, daß im Dialog-Zustand 901 eine Verzweigung zur Reaktion 2 zulässig ist. Wir nehmen an, die Reaktion 2 (Modul QACO2) befände sich im Zustand 'NOUSE'. Nun erteilt der Steuerteil dem Modul QACO2 den Auftrag (Job) 'OPEN' und ruft ihn auf (CALL QACO2). Aufgrund des Auftrages verzweigt das Modul in seinem Öffnungsteil, in dem die notwendige Voraussetzung für die Festlegung des Achsenkreuzes geprüft wird. In diesem Fall muß eine Zeichnungsfläche bereits definiert sein. Um dies festzustellen, wird nachgesehen, ob die zuständige Subroutine QACO1 bereits den Zustand 'CLOSED' erreicht hat. Wir nehmen an, durch vorherige Aktionen sei die Zeichenfläche bereits festgelegt worden, somit ist die Voraussetzung zum Öffnen erfüllt. Zur besseren Verfolgung des Bearbeitungsstandes gibt das Programm noch eine Meldung an den Benutzer, daß seine Aktion verstanden und die Reaktion ge-

öffnet wird. Das Modul setzt seinen Zustand von 'NOUSE' auf 'OPEN'
und gibt für die weitere Bearbeitung an den Steuerteil ab. Der Steuerteil ruft wieder die Leseroutine auf. Der Anwender digitalisiert nun
in der Zeichenfläche den Achsennullpunkt. Die Leseroutine übergibt
vereinbarungsgemäß die Aktionsnummer 100 dem Steuerteil. Der Steuerteil beginnt wieder mit den gleichen Verarbeitungsschritten, wie zuvor beschrieben.

Er stellt fest, daß es sich nicht um einen Befehl, sondern um einen
Datenwert handelt. Da nur Befehle und nicht Daten Programmodule er-
öffnen können, ist es zwingend notwendig, daß ein Modul geöffnet ist
(Zustand 'OPEN' oder 'BUSY'). Anderenfalls gibt der Steuerteil eine
Fehlermeldung aus.

Die Reaktion 2 ist vom vorherigen Dialog-Schritt noch geöffnet. Nun
wird überprüft, ob die geöffnete Reaktion diese Datenart kennt. Dies
geschieht mittels einer Matrix, die aus Beschreibungspunkt 8 gebildet wurde.

Die Reaktion 2 (Modul QACO2) kennt die Aktionsart Koordinaten, ist
geöffnet und erhält nun den Auftrag 'WORK'.

Aufgrund des Auftrages 'WORK' verzweigt das Programm QACO2 in seinen
Verarbeitungsteil und speichert die Koordinaten des ersten Punktes,
setzt anschließend seinen Zustand von 'OPEN' auf 'BUSY' und gibt
wieder an den Steuerteil ab.

Die Koordinaten des 2. Punktes gelangen auf die gleiche Weise in den
Verarbeitungsteil. Die beiden benötigten Punkte sind beschrieben und
gespeichert, das Modul QACO2 geht nun in seinen Schließteil und setzt
seinen Zustand von 'BUSY' auf 'CLOSED'. Damit ist allen folgenden Reaktionen bekannt, daß ein Achsenkreuz beschrieben ist. An den Steuerteil gibt er die Meldung 'NEXT', die den Steuerteil dazu veranlaßt,
in den Folgezustand der Reaktion 2 überzugehen. In der vorliegenden
Sequenz ist er identisch mit dem Ausgangszustand.

Literaturverzeichnis

[1]   NEWMAN, W.:   A system for interactive graphical
                      programming, AFIPS Conference Proc.,
                      Vol. 32

[2]   BAUBÖCK, E.:   Konzept zur Beschreibung und Ausführung
                       von hierarchisch strukturierten Bildschirm-
                       dialogen
                       Informatik-Fachberichte, Bd. 11, S. 223 ff.

[3]   WEDEKIND, H.:   Die Systemanalyse, die Entwicklung von
                        Anwendungsprogrammen für EDV-Anlagen.

<u>VERKNÜPFUNG VON CAD-PROGRAMMEN</u>
<u>ZU EINEM CAD-SYSTEM</u>

G.Emde, V.Erlacher

Messerschmitt-Bölkow-Blohm GmbH.
Ottobrunn bei München

Seit den ersten EDV-Anwendungen im technischen Entwicklungsbereich eines Industrie-
betriebes sind immer mehr Aufgabengebiete für die rechnerunterstützte Bearbeitung
erschlossen worden. Eine wesentliche Rationalisierung wird nun von einer Verknüpfung
dieser Einsatzgebiete erwartet, indem man versucht, die einmal erzielten Ergebnis-
daten möglichst ohne manuelle Neueingabe in nachfolgenden Prozessen weiterzunutzen.

Dies wird in der Praxis dadurch erschwert, daß historisch gewachsene Insellösungen
eingeführt sind und nur mit beträchtlichem Aufwand zu durchgängigen Verarbeitungs-
ketten integriert werden können.

Nachfolgend wird beispielhaft über Aspekte dieser Problematik und Möglichkeiten zu
ihrer Lösung, speziell auf dem CAD-Gebiet berichtet.

Infolge der gestiegenen technischen Anforderungen sind die Kosten und das Risiko zur
Erstellung moderner CAD-Programmsysteme in den letzten Jahren stark gestiegen. Dies
begünstigt die Bereitschaft der Industrie, in zunehmendem Maße fertige Programme zu
kaufen, anstatt sie selbst zu entwickeln. Mehr und mehr Arbeitsbereiche werden so
durch spezifische DV-Pakete abgedeckt. Berührungen, Überlappungen und Mehrfachüber-
deckungen lassen sich dabei kaum vermeiden. Um die weitere Vernetzung der DV-Prozesse
in geordnete Bahnen zu lenken, ist ein Konzept zur Verknüpfung der CAD-Programme erforderlich.

In einem Unternehmen besteht z.B. die folgende <u>Aufgabenstellung</u>: Es sind ein graphisch-
interaktives Programm Z zur Zeichnungserstellung und 2D-Geometrieverarbeitung, zwei
Stapel-Programme F1 und F2 zur Handhabung empirischer Flächen und ein Stapelprogramm
N zur NC-Programmierung vorhanden. Die Beschaffung eines Körpergeometrieprogramms K,
lauffähig im Kommandodialog, wird erwogen. Eine Reihe von Berechnungsprogrammen B1,
B2, ... sind im Einsatz, die auf Geometriedaten der genannten Systeme Bezug nehmen.
Schließlich ist vorgesehen, die Arbeitsplanerstellung mit einem Programm A zu unter-
stützen. Alle diese Programme sollen zu einem sinnvollen und vernünftigen Zusammenspiel gebracht werden.

Für die Kombination der Programme bieten sich grundsätzlich zwei <u>Strukturierungs-</u>

<u>prinzipien</u> an:

(S1) Verkettung von autonomen Teilsystemen: Die Einzelprogramme werden unverändert
übernommen und arbeiten autonom mit je eigener Verwaltung für Daten, Programme,
Kommunikations- und Ablaufsteuerung und eigenem Anschluß graphischer Geräte.
Es sind Interface-Programme zu entwickeln, die die Übergabe von Daten aus einem
Teilsystem in ein anderes ermöglichen.

(S4) Zentrale Verwaltung der Teilsysteme: Die einzelnen Programmsysteme werden nach
bestimmten einheitlichen Regeln überarbeitet, sodaß obige Verwaltungsaufgaben
in einem zentralen Systemkern einmalig für alle Anwendersysteme konzentriert
werden können.

Zwischen diesen beiden Extremformen sind vielfältige Zwischenformen (S2),(S3) und
Mischformen möglich, die im folgenden, ausgehend von Typ (S1) mit ihren <u>Vor- und
Nachteilen</u> behandelt werden.

Die Vorteile des reinen Typs (S1) beruhen auf der unveränderten Übernahme ausgereif-
ter Programmsysteme, die ggf. unter einer vertraglich gesicherten Wartungsverant-
wortung stehen. Wenn es sich nur um zwei oder wenige solcher Teilsysteme handelt,
dann läßt sich ihre Verknüpfung durch Interface-Programme in der Regel mit vertretbarem Aufwand herstellen. Der weitere Ausbau wird jedoch immer komplizierter, je mehr
zusätzliche Pakete einbezogen werden sollen (Bild 1). Die Anzahl der theoretischen
Nahtstellen wächst bekanntlich im Quadrat mit der Anzahl der zu verbindenden Komponenten. Die Verknüpfung wird insbesondere dann problematisch, wenn unterschiedliche
Hardware-Fabrikate, Betriebssysteme und Betriebsweisen zu berücksichtigen sind und
doch ein bestimmtes Maß an Benutzerkomfort, Immunität gegen Bedienungsfehler, Betriebs-
sicherheit und Effizienz gefordert wird.

Zur Vereinfachung dieser vielfältigen Interface-Aufgabe wird es früher oder später
erforderlich, standardisierte Datenstrukturen einzuführen, derart, daß alle Daten-
konversionen über diese Standard-Darstellung als Zwischenform erfolgen können. Der
Anschluß eines zusätzlichen Teilsystems erfordert dann - hinsichtlich des Datentrans-
fers - nur noch ein Interface (Bild 2).

Es ist nun naheliegend und völlig unproblematisch, als zentralen Verteiler der Daten
eine Datenbank einzufügen. Der Datenverkehr zwischen den Systemen erfolgt dann, indem
ein Datensatz vom sendenden System in standardisierte Form gewandelt und in der Datenbank gespeichert wird, später erfolgt vom empfangenden System der Zugriff aus dem Spei-
cher und die Umwandlung in die eigene Form (Bild 3).

Damit hat man den ersten Schritt zu einer Zentralverwaltung des Systems gemacht. Der

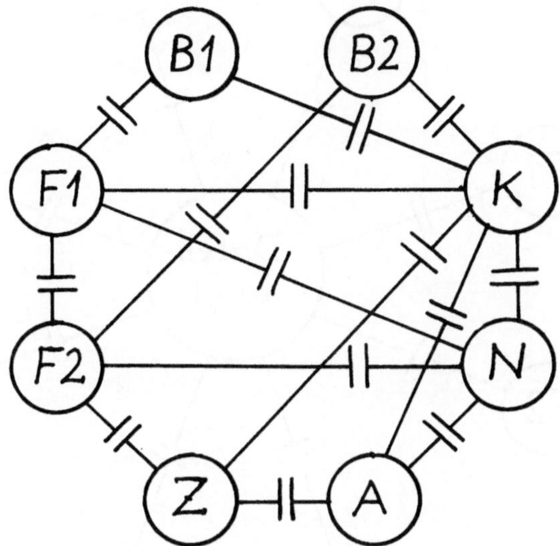

Bild 1: Verkettung autonomer Teilsysteme durch individuelle Interfaces.
(Systemstruktur S1)

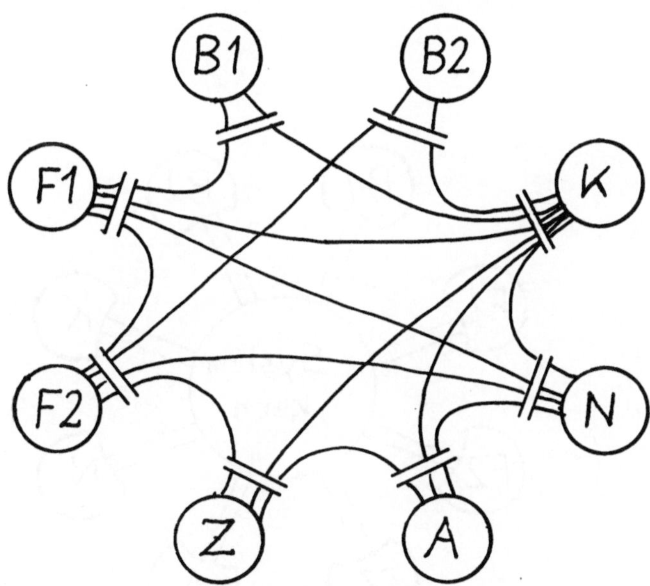

Bild 2: Datenverknüpfung autonomer Teilsysteme über ein stadardisiertes
Zwischenformat. (Systemstruktur S2).

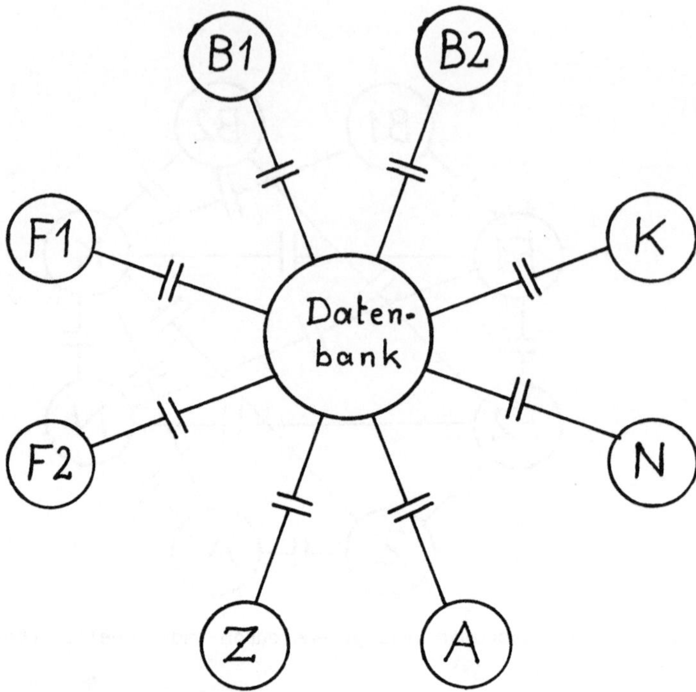

Bild 3: Datenverkehr über eine zentrale Datenbank
(Systemstruktur S3)

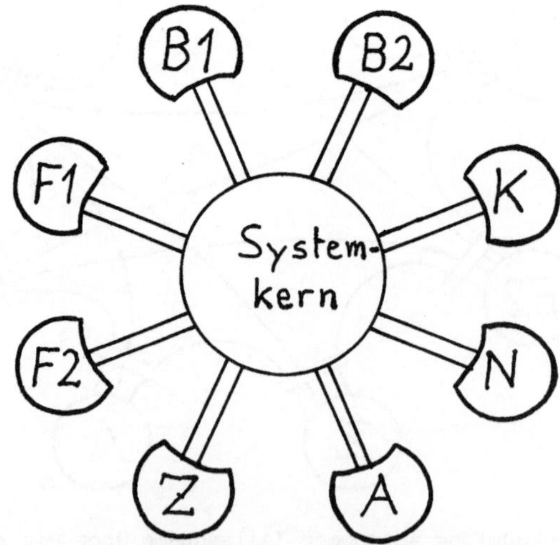

Bild 4: Zentralverwaltetes System mit Systemkern und Anwendersystemen.
(Systemstruktur S4)

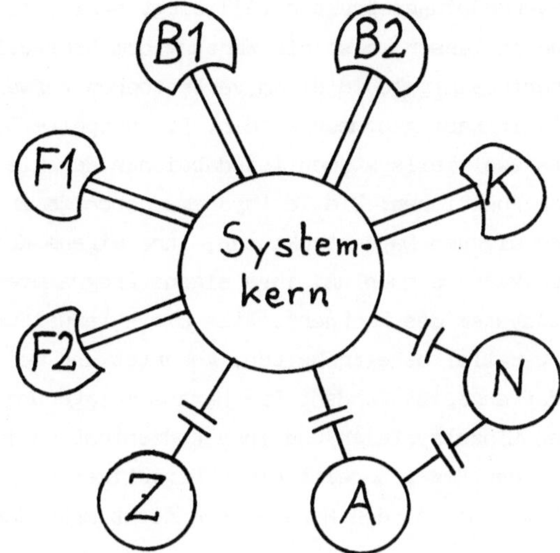

Bild 5:   Beispiel einer Mischform.

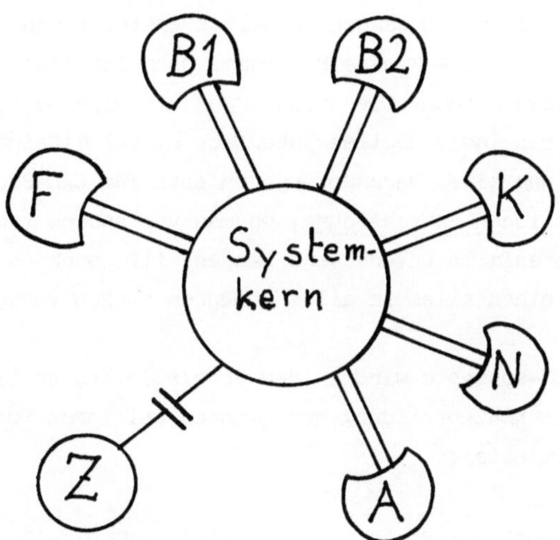

Bild 6: Geplante Konfiguration.

Vorteil dieser Verknüpfungsstruktur (S3) liegt darin, daß man nach wie vor die Teilsysteme unverändert lassen, also die Wartung dem Hersteller übertragen kann, und
dennoch die Interfaceaufgabe in einem vertretbaren Aufwandsrahmen hält. Aber dafür
müssen Nachteile in Kauf genommen werden. Die doppelte Datenkonversion bei der Übertragung zwischen zwei Teilsystemen ist dabei nur der kleinere Teil einer vielfältigen
Parallelität von Funktionen: Die Teilsysteme haben ja in der Regel ihre eigene Datenverwaltung, ihre eigenen Datenstrukturen, ihre eigene Kommunikations- und Ablaufsteuerung, Graphikgeräteanschluß, ihre eigene Programmverwaltung und Schnittstelle
mit dem Betriebssystem des Rechners. Alle diese Verwaltungsfunktionen müssen in jedem Teilsystem parallel bereitgehalten, gewartet und bei geänderten Bedingungen ggf.
neu erstellt oder angepaßt werden. Die Herausverlagerung einer einzigen solchen
Funktion aus den Einzelsystemen und ihre Konzentration im zentralen Verwaltungskern
bedeutet aber in der Regel bereits einen derartigen Eingriff, daß die Wartung des
jeweiligen Restsystems von den Herstellern nicht mehr durchgeführt wird.

Es gibt zwar bereits seit längerem derartige Integrationstechniken, die auch weltweit
verbreitet sind. Aber solange sich eine solche Technik noch nicht als Standard durch-
gesetzt hat, werden die Programmhersteller es noch nicht für rentabel halten, ihre
Systeme entsprechend abzumagern und so zu überarbeiten, daß die obigen Verwaltungsfunktionen dem zentralen Systemkern übertragen werden (Bild 4).

Selbstverständlich sind auch Mischformen zwischen diesen "reinen" Systemstrukturtypen sinnvoll, z.B. wenn einige der beteiligten Programmsysteme in ähnlicher Tech-
rik evtl. im anwendenden Unternehmen selbst erstellt und (darum leichter) integriert
werden, während andere, gekaufte Programme über Interfaces zur Datenbank des Systemkerns angeschlossen werden. Oder auch, wenn einzelne Systeme aus Effizienzgründen
zusätzlich über ein individuelles Interface direkt miteinander verknüpft werden (Bild 5).
Bei der Entwicklung eines Verknüpfungskonzepts für CAD-Programme steht man daher vor
dieser grundsätzlichen Entscheidung, ob man vorhandene (und zu erwartende zusätzliche)
Einzelsysteme jedenfalls unverändert lassen will, oder ob man sich durch stärkere
Zentralisierung einen alles in allem größeren Nutzen verspricht.

Der Wert eines DV-Konzepts wird in der Praxis in erster Linie am Nutzen für die Anwender gemessen. Die Konzeptbildung muß demnach bei ihren Forderungen beginnen. Sie lau-
ten in unserem Beispiel:

(AF1) Alle Programme sollen in einheitlicher Kommunikationsmethodik über gleichartige
      Bildschirme im Dialog betrieben werden. Alle im Entwicklungsbereich eingesetzten
      Geometrie-Programme, also Z, F1, F2, K und auch N sollen vom gleichen graphischen
      Bildschirm angesprochen werden können, wobei der Wechsel und der Datentransfer
      von einem zu einem anderen System einfach und problemlos sein soll. Der Bild-

schirm soll vom Refresh-Typ sein, um eine hohe Produktivität und ausreichende Genauigkeit zu erzielen.

(AF2) Die erzeugten Datensätze, z.B. die Geometriebeschreibung von Bauteilen, sollen speicherbar sein, so daß sie von jedem Bildschirm aus herangezogen werden können.

(AF3) Das System soll insgesamt die in einem Katalog niedergelegten Funktionen ausführen können. Dieser Katalog ist nicht endgültig und muß ständig fortgeschrieben werden. Es ist im Laufe der Jahre mit umfangreichen Ergänzungen, Verbesserungen und Änderungen im Detail, evtl. auch im Grundsätzlichen, zu rechnen; sie sollen mit vertretbarem Aufwand nachträglich durchführbar sein.

(AF4) Auf eine anwenderfreundliche und effiziente Gestaltung der Kommunikationsabläufe wird großer Wert gelegt; sie sollen auch nachträglich verbessert bzw. an wechselnde Bedingungen angepaßt werden können, und zwar mit möglichst geringem Aufwand.

(AF5) Bei einem zukünftigen Übergang auf dann modernere Hardware (Bildschirme, lokale Rechner) und auch bei Einführung eines anderen zentralen Datenverwaltungssystems sollen die eingeführten Anwenderfunktionen keine wesentliche Änderung erfahren, sondern nur zusätzliche Möglichkeiten und Beschleunigung der Arbeitsweise. Solche Übergänge sollen mit relativ geringen Kosten durchführbar sein.

Wir kommen nun auf unsere oben eingeführte Beispielaufgabe zurück und fragen, <u>ob und wie diese Anwenderforderungen von den oben genannten Systemstrukturtypen erfüllt werden können</u>.

Gemäß (AF1) sind die Programme F1, F2 und N jedenfalls auf graphisch interaktive Kommunikation umzustellen. Da F1, B1 und N im Unternehmen selbst gewartet und gepflegt werden, muß ein neuer Bildschirmkommunikationsteil ohnehin bereitgestellt werden. Man wird zunächst versuchen, in Absprache mit dem Ersteller von Z, dessen Graphik-Anschluß zu übernehmen. Dies ist jedoch ein 2D-Bildschirm ohne 3D-Hardwarefunktionen, und man hat erkannt, daß der Betrieb von K auf diesem Schirm unzweckmäßig sein wird, so daß mit einem Wechsel des Bildschirmtyps zu rechnen ist. Im Hinblick auf (AF5) ergibt sich die Notwendigkeit, den hardware-abhängigen Graphik-Anschluß im Systemkern zu konzentrieren. Ein solcher Systemkern erweist sich also jedenfalls als erforderlich, um die später zu erwartenden Hardwareumstellungen mit vertretbarem Aufwand durchführen zu können.

Nachdem man sich so grundsätzlich zu einer <u>Systemkernlösung</u> entschlossen hat, ist festzulegen, welche Funktionen zentralisiert werden sollen, und wie sie im Detail realisiert werden sollen,

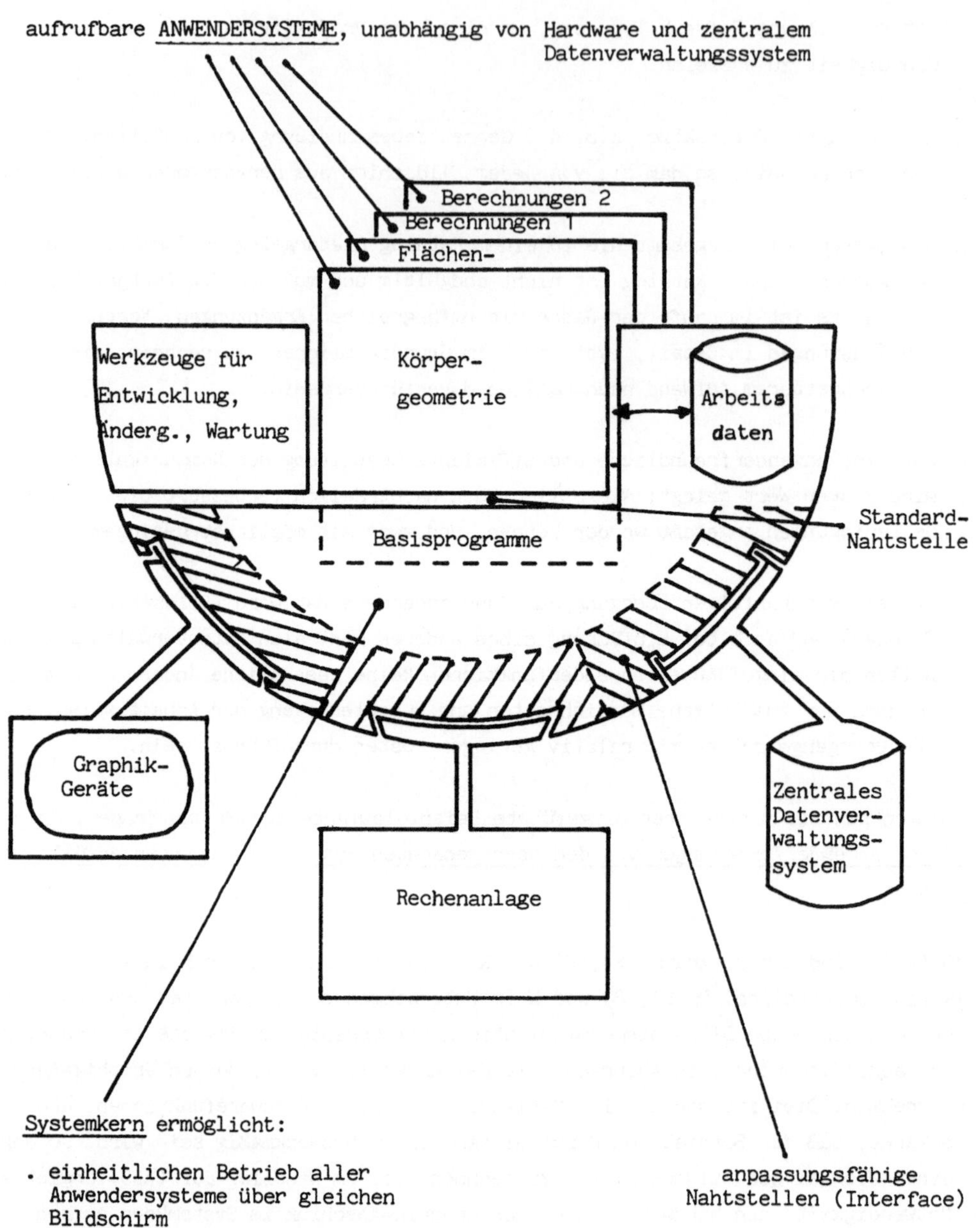

Bild 7: Funktionen des Systemkerns

Zunächst wird die <u>Softwaresystemkonfiguration</u> entworfen. Das Teilsystem Z wird von einer externen Herstellerfirma gewartet, es soll darum unverändert bleiben. Um die jeweiligen Vorteile von F1 und F2 auf alle Flächentypen anwenden zu können, sollen diese beiden Teilsysteme zusammengefaßt werden. Die Teilsysteme K und A sind noch nicht eingeführt, sie können darum gleich mit standardisierter Nahtstelle zum Systemkern erstellt werden (Bild 6).

Um den Anwenderforderungen (AF1) bis (AF5) gerecht zu werden, wird nun der <u>Systemkern</u> nach folgenden <u>Prinzipien</u> konzipiert (Bild 7).
Der Systemkern erfüllt folgende Aufgaben:

(SK1) Zentrale Steuerung aller Anwendersysteme. Dadurch ist der Wechsel zwischen den einzelnen Systemen erleichtert, dieser kann vom Bildschirm des Anwenders aus erfolgen.

(SK2) Zusammenfassung aller vom Bildschirmsystem (Hardware/Software) abhängigen Komponenten, sodaß die Anwendersysteme weitgehend unabhängig vom speziellen Bildschirmfabrikat programmiert werden können. Dadurch wird die Übertragung auf moderne Bildschirme erleichtert bzw. erst ermöglicht.

(SK3) Bereitstellung aller sonstigen anwenderunabhängigen Funktionen in eigenen Moduln, die gleichermaßen allen Anwendungssystemen zur Verfügung stehen, insbesondere
- Kommunikationssteuerung, Eingabeinterpretation und Ablaufsteuerung (entsprechend der vom Anwender im Dialog spezifizierten Operation)
- Verwaltung und Ansteuerung der Ausführungsprogramm-Moduln
- Lokale Datenverwaltung und Verkehr mit einer zentralen Datenbank.

(SK4) Bereitstellung von Hilfsmitteln für Entwicklung, Wartung und Dokumentation von Anwendersystemen, insbesondere
- Erweiterungen der (für die Ausführungsprogramme) zugrundegelegten Programmiersprache FORTRAN in Bezug auf Datenstrukturen geometrischer Objekte, auf dynamische (nach Erfordernis sich erweiternde) Datenfelder, auf den Verkehr mit der lokalen und zentralen Datenbank, auf die Steuerung graphischer Ein- und Ausgaben, auf strukturierte Programmierung zur Erleichterung der Programmpflege.
- Bereitstellung einer eigenen Sprache zur leichten und flexiblen Programmierung der Kommunikation und Ablaufsteuerung, unter Bezug auf Funktionen moderner Bildschirmsysteme, jedoch unabhängig vom speziellen Fabrikat.

Die Forderungen (AF1) bis (AF5) lassen sich nach diesem Konzept erfüllen.

Basierend auf dem dargelegten theoretischen Integrationskonzept
wird in der mündlichen Präsentation auch auf die heute bei MBB
in der Praxis eingesetzten Systeme und auf konkrete Planungen von
künftigen CAD/CAM-Systemen in den Bereichen Entwicklung, Konstruktion und Fertigung eingegangen.

GRIMBI - Ein CAD-System für das funktionale Modellieren

Klaus Leinemann
Kernforschungszentrum Karlsruhe
Institut für Reaktorentwicklung
Postfach 3640
7500 Karlsruhe

Übersicht

Das CAD-System GRIMBI zur graphischen interaktiven Manipulation von Blockdiagramm-Informationen dient der Unterstützung des funktionalen Entwurfs großer Anlagen oder Geräte.

GRIMBI verfügt über eine Datendefinitionssprache (DDL) zur logischen und graphischen Beschreibung von Modellklassen. Dazu wurde das Datenmodell der Blockdiagramm-Technik adaptiert. Auf Grund dieser Informationen ist GRIMBI in der Lage, Entwurfsfehler zu entdecken, so daß den Modellanalysealgorithmen eine weitgehend fehlerfreie Eingabe übergeben wird.

Die Modellierungsphase umfaßt neben den Standardoperationen zum Einfügen und Verbinden von Objekten auch Fähigkeiten zur Unterstützung des strukturierten Modellierens durch schrittweises Verfeinern oder Abstrahieren. Das Modellieren kann im Stapelbetrieb mit Hilfe einer problemorientierten Sprache ohne Graphik erfolgen oder auch unterstützt durch ein intelligentes graphisches Terminal im interaktiven Betrieb. Dabei werden dem intelligenten Terminal alle graphischen Aufgaben und die Kommunikation übertragen, um auch im Timesharing-Betrieb auf einem Großrechner gute Antwortzeiten zu erzielen.

1. Einleitung

Bei den Entwurfstätigkeiten lassen sich bezüglich der graphischen EDV-Unterstützung zwei Bereiche mit unterschiedlichen Anforderungen abgrenzen:

(1) der gestalterische Entwurf, bei dem die Geometrie eines Objektes oder Systems festgelegt wird und

(2) der funktionale Entwurf, bei dem es um die Verknüpfung von Elementen zu einem System (Objekt) geht.

Wichtigste Informationsträger und Mittel der Informationsdarstellung sind in beiden Bereichen Zeichnungen: beim gestalterischen Entwurf die maßstabsgerechte technische Zeichnung, beim funktionalen Entwurf verschiedene Arten von Blockdiagrammen.

Dieser Aufsatz befaßt sich mit der EDV - Unterstützung des zweiten Bereiches insbesondere durch interaktive graphische Verfahren und Datenbanktechniken.

2. Anforderungen an ein CAD - System für den funktionalen Entwurf

Ein EDV-System zur Unterstützung des funktionalen Entwurfs /1/ sollte dem Anwender eine gewohnte und bewährte Schnittstelle bieten: die Darstellung der Informationen (d.h. des funktionalen Modells) durch Blockdiagramme und ihre Manipulation mit problemangepaßten Operationen. Diese Forderungen werden zum Teil erfüllt durch allgemeine rechnergestützte Zeichensysteme oder besser durch Zeichensysteme für Blockdiagramme /2,3/. Diese unterscheiden sich von allgemeinen Zeichensystemen durch die Beschränkung der möglichen Operationen auf das Einfügen/Löschen von Symbolen und deren Verbindung durch Linien, die nur an vorgegebene Symbolanschlüsse herangeführt werden können. Den Symbolen können außer den Anschlußpunkten im allgemeinen auch noch Texte als Attribute zugeordnet werden.

Die so eingegebenen Informationen (das funktionale Modell) dienen in der Form des Blockdiagramms als Diskussionsgrundlage in Entwurfsbesprechungen. Sie sind in der internen Form wenig geeignet für die Weiterverarbeitung in Analyseprogrammen, wozu mehr oder weniger aufwendige Interpretationsprogramme erforderlich sind, die aus den "Zeichnungsdaten" die Daten für die Analyse ableiten, insbesondere die Topologie und die Objekteigenschaften (Abb.1).

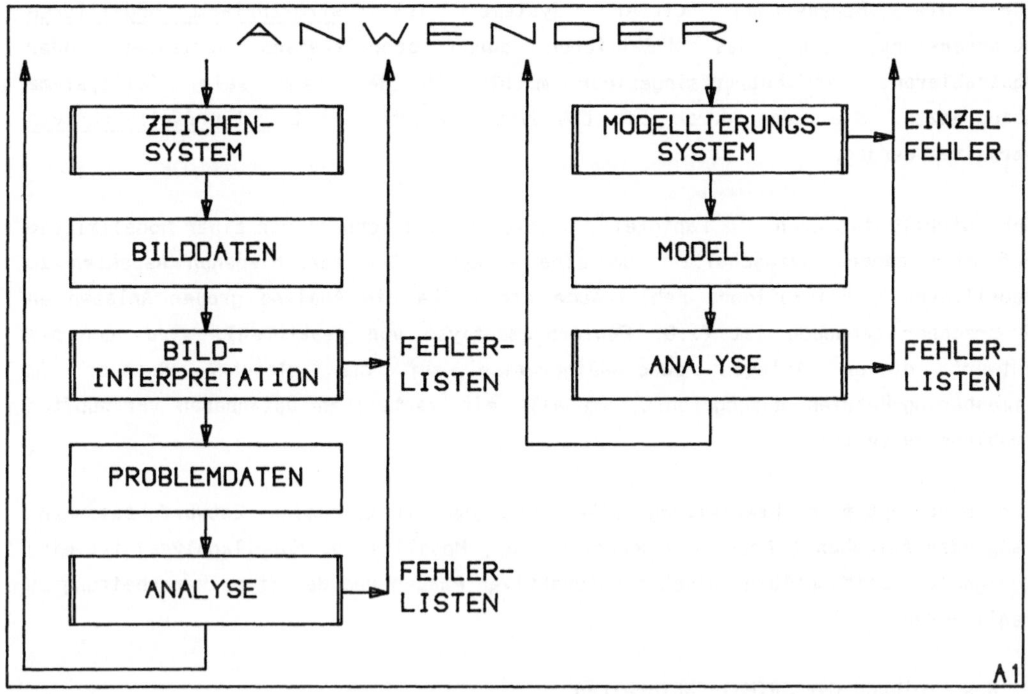

Abb.1: Zeichnen - Modellieren

Ein weiterer Nachteil dieser Vorgehensweise, Zeichenprogramme zu verwenden, liegt darin, daß problemspezifische Fehler nicht bereits bei der Eingabe, sondern erst durch die Interpretations- oder Analyseprogramme erkannt werden können. Diese späte Reaktion ist vielleicht noch tragbar, wenn die Analyse interaktiv erfolgt, sie kann aber bei einer aufgrund der benötigten Ressourcen im Stapel-Betrieb erfolgenden Analyse nicht mehr akzeptiert werden. Darüberhinaus muß der Algorithmus zur Entdeckung von Entwurfsfehlern für jede Modellklasse neu programmiert werden.

Ein CAD - System für diesen Aufgabenbereich sollte daher eine möglichst weitgehende problemangepaßte Fehlerprüfung enthalten und die Entwurfsfehler sofort erkennen, wenn sie gemacht werden. Dies ist um so wichtiger, je größer und komplexer die zu bearbeitenden Systeme sind. Ein System, das über das dazu erforderliche Wissen verfügt, das an eine Modellklasse (Problemklasse) leicht angepaßt werden kann und somit typische Entwurfsrestriktionen einer Klasse kennt, wird im folgenden Modellierungssystem genannt. Es unterstützt nicht nur das <u>Zeichnen</u> des zu entwerfenden Systems, sondern seine problemgerechte <u>Modellierung</u>.

Für die Bearbeitung großer Systeme ist <u>strukturiertes Modellieren</u> wünschenswert, d.h. das Modellieren durch schrittweises Verfeinern oder Abstrahieren. Der Entwurfsingenieur möchte in der Lage sein, Teilsysteme abzugrenzen, die dann durch das EDV-System zusammen mit <u>Entwurfsalternativen</u> verwaltet werden.

Sehr wichtig ist auch die Fähigkeit, problemlos und schnell von einer Modellklasse auf eine andere umzuschalten, um eine Anlage unter verschiedenen Aspekten zu modellieren (Fließbilder, Fehlerbäume etc.) Da die Analyse großer Anlagen an Großrechner gebunden ist (z.B. Fehlerbaumanalyse von Reaktoren), wird auch der Entwurf dieser Anlagen zweckmäßigerweise auf dem gleichen Rechner im Timesharing-Betrieb durchgeführt, um alle mit verteilten Datenbasen verknüpften Probleme zu vermeiden.

Für eine optimale Bearbeitung aller mit dem funktionalen Entwurf zusammenhängenden Aufgaben (Modellklassendefinition, Modellieren, Modellanalyse) ist eine geeignete Arbeitsteilung zwischen interaktiven Phasen und der Stapelverarbeitung zu realisieren.

3. Beschreibung der GRIMBI-Fähigkeiten

Die genannten Forderungen werden durch das CAD-System GRIMBI weitgehend erfüllt. GRIMBI ist wie ein Datenbanksystem strukturiert, es umfaßt zwei Manipulationsebenen (Abb.2):

- die Definition der Modellklasse (Schemadefinition),
- die Datenmanipulation und die Auswertung.

3.1. Definition der Modellklasse

Mit der Definition der Modellklassen wird dem System die Bedeutung von Modellelementen beschrieben, sodaß das System auf Grund dieser Angaben in der Lage ist, Modellierungsfehler zu erkennen und den Anwender darauf hinzuweisen. Die resultierenden Modelle sind dann im Sinne der Modellklasse fehlerfrei.

Für GRIMBI wurde das Datenmodell der Blockdiagrammtechnik adaptiert, bei dem ein System aus <u>Elementen mit Attributen und Anschlüssen</u> besteht, zwischen denen verschiedene <u>Relationen</u> definiert sind.

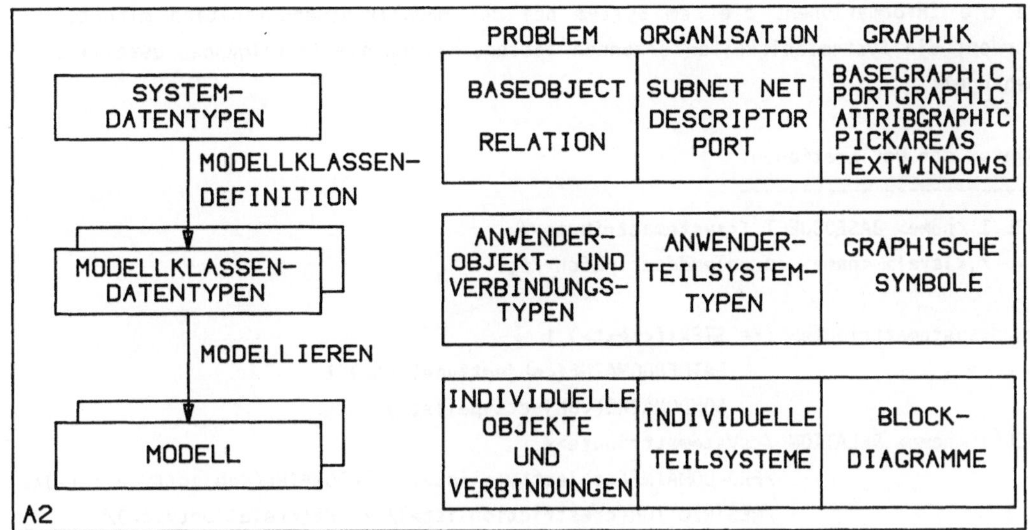

Abb.2: GRIMBI-Systemebenen

Gruppen von Elementen und Relationen können zu <u>Subsystemen</u> mit Anschlüssen zusammengefaßt und auf einer höheren Abstraktionsstufe durch <u>Deskriptoren</u> repräsentiert werden. Für die interaktive Bearbeitung der Modelle werden den Elementen graphische <u>Symbol</u> zugeordnet, die der Darstellung und Identifizierung dienen.

Gemäß dieser Grundvorstellung enthält die Sprache zur Modellklassendefinition (DDL) Gruppen von Datentypen, die diesem Datenmodell entsprechen und es gestatten, die Semantik der Elemente einer Modellklasse zu beschreiben.

(1) Beschreibung der Problemlogik: BASEOBJECT, RELATION
(2) Beschreibung des strukturierten Modellierens: NET, SUBNET, PORT, DESCRIPTOR
(3) Beschreibung der graphischen Repräsentation der Daten: PICKAREAs,
    PORTCOORDINATEs, TEXTWINDOWs, BASEGRAPHIC, PORTGRAPHIC, ATTRIBUTEGRAPHIC.

Problemstruktur

Die für die Beschreibung der Problemstruktur (INSERT,CONNECT) gültigen Datentypen werden als BASEOBJECT und RELATION deklariert. Der Typ RELATION beschreibt eine Menge von Tupel, deren Elemente vom Typ BASEOBJECT sind.

Beispielsweise können für eine Modellklasse "Anlagenplanung" die Objektklassen "Behälter" und "Pumpen" als BASEOBJECTs und die "Stromversorgung" bzw. der "Stofftransport" als RELATIONs deklariert werden.

Da die Informationen, die dem System bei der Modellklassendefinition mitgeteilt werden, die Systemfähigkeiten erkennen lassen, werden sie im folgenden detailliert behandelt.

Syntax der Deklarationen:

```
DCL 1 <name> BASEOBJECT /<systemattribute>/
    /,<level> <name> <problemdescription>/*;


    <systemattribute> ::= STEXT(<text>) |
                          FATHERDOMAINE(<objecttypelist>) |
                          SONDOMAINE(<objecttypelist>)
DCL 1 <name> RELATION /<systemattribute>/
                      /FROMDOMAINE(<objecttypelist>)/ /TODOMAINE(<objecttypelist>)/
                      /RESTRICTION(<restrictionlist>)/ /TYPE(<relationtype>)/
  /,2 <name> ATTRIBUTE <attribdescription>/*
  /,2 <name>TUPELATTRIBUTE <attribdescription>/;


    <systemattribute> ::= /STEXT(<text>)/ /FATHERDOMAINE(<objecttypelist>)/
                          /SONDOMAINE(<objecttypelist>)/
 <problemdescription>::= ATTRIBUTE <attribdescription> | PORT <portdescription>
 <attribdescription> ::= <datatype> /DIMENSION(<i>)/ /CLASS(<i>)/
                         /<valuelist>/ /DEFAULT(<value>)/ /STEXT(<text>)/
  <portdescription>  ::= <porttype> /DIMENSION(<i>)/
                         /FAN(<imin>,<imax>)/ /STEXT(<text>)/
  <restrictionlist>  ::= ENTRYNAME(<entry>) |
                         <attribute> <comp> <attributeorconst>
                         /,<attribute> <comp> <attributeorconst>/*
           <level>   ::= 2 | 3
```

Die Variablen wie <valuelist>, <imin> etc. werden hier nicht weiter formal erklärt. Erläuterung: /   / : darf stehen, /   /* : darf wiederholt stehen.
Die so deklarierten Objekte sind die für die Modellierung gültigen Objekttypen. Sowohl die Objekte als Ganzes als auch ihre Attribute und Anschlüsse werden durch eine Reihe von Klauseln (Systemattribute) beschrieben, ihre Bedeutung wird im folgenden erläutert (Abb.3).

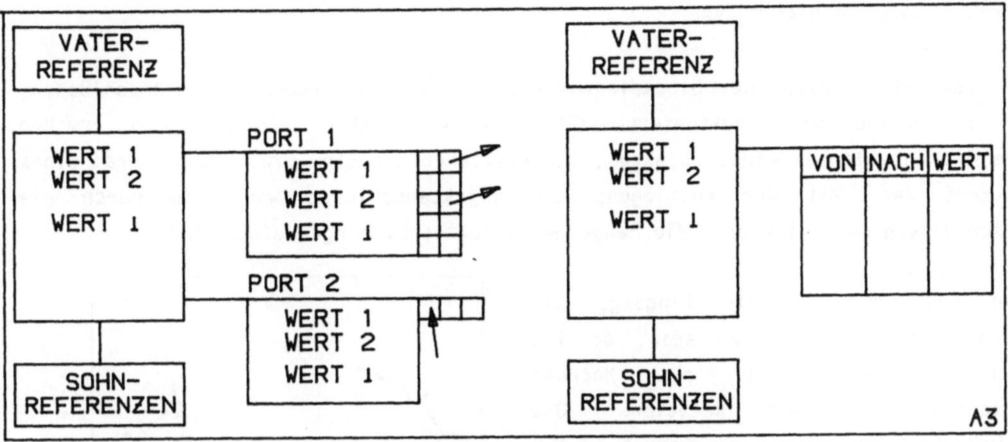

Abb.3: Struktur von BASEOJECT und RELATION

Beschreibung der Gesamtobjekte

Sowohl BASEOBJECTe als auch RELATIONen können einander über- bzw. untergeordnet werden (Baumstruktur). Mit den Klauseln SONDOMAINE und FATHERDOMAINE werden die für diese Relation gültigen Objekttypen angegeben. Bei Objekten vom Typ RELATION werden darüberhinaus durch die Klauseln FROMDOMAINE und TODOMAINE die gültigen Typen für Vor- und Nachbereichselemente der Relationen spezifiziert.

Die RESTRICTION-Klausel erlaubt die weitere Einschränkung des Verbindungsaufbaus zwischen Objekten (CONNECT) durch Algorithmen oder eine Liste von Bedingungen, die bei einer Verbindung erfüllt sein müssen (z.B.:attribut1=5, attribut2<attribut3). TUPELATTRIBUTE ist ein Attribut, das jedem Tupel einen Wert zuordnet.

Beschreibung von Attributen

Ein Attribut, das der Problembeschreibung dient, wird neben einer verbalen Beschreibung (STEXT) durch einen Datentyp, den gültigen Wertebereich und die Feldlänge (DIMENSION) charakterisiert. Fehlt die Angabe eines Standardwertes (DEFAULT), so muß ein Wert für dieses Attribut bei der Erzeugung des Objektes (INSERT) zwingend angegeben werden. Ein Attribut-Klasse (CLASS) ordnet einem Attribut eine bestimmte Bedeutung für die Datenauswertung zu.

Beschreibung von Anschlüssen

Ein zentrales Konzept der Blockdiagrammtechnik ist die Verwendung von Anschlüssen. Sie beschreiben die Strukturierungsfähigkeit der Objekte. Es sind gewissermaßen die freien Valenzen eines Objektes, sie bestimmen den Ein- bzw. Ausgangsgrad eines Knotens /4/. Mit der Festlegung der Objektanschlüsse wird wie durch die Beschreibung der Relationen die Menge der Objektverbindungen eingeschränkt.

Ein Anschluß kann ein Eingang, ein Ausgang oder ungerichtet sein, er ist ein potentielles Vor- oder Nachbereichselement einer Relation. Die DIMENSION-Klausel kennzeichnet ein Anschlußfeld, die FAN-Klausel gibt an, wieviel gleichwertige Verbindungen an einen Anschluß herangeführt werden dürfen bzw. müssen (Abb.4).

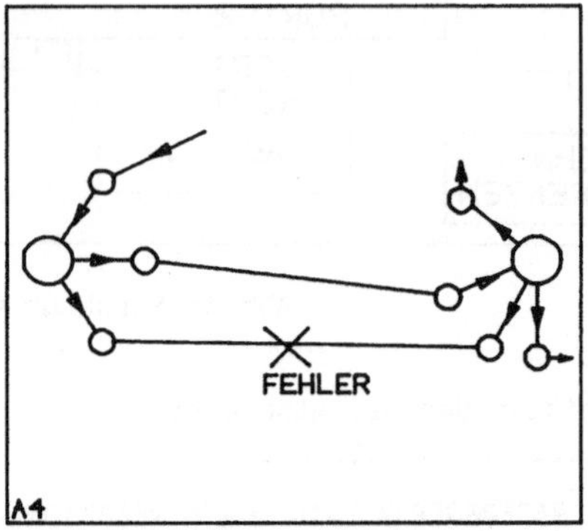

Abb.4: Entwurfsfehler

Strukturiertes Modellieren

Die zulässigen bzw. gewünschten Möglichkeiten des strukturierten Modellierens durch schrittweises Verfeinern und Abstrahieren werden durch die Deklaration von Objekten der Typen NET, SUBNET, DESCRIPTOR, SYSTEMPORT, SUBNETPORT beschrieben. Die so charakterisierten Anwenderdatentypen dienen dazu, das zu modellierende System in vernünftige und problemgerechte Teilsysteme zu gliedern und diese zu verbinden. BASEOBJECTs, RELATIONs, SYSTEMPORTs, SUBNETPORTs und DESCRIPTORs können zu NETs und SUBNETs zusammengefaßt werden (Abb.5). Objekte vom Typ DESCRIPTOR repräsentieren SUBNET-Objekte in einem anderen Netz auf einer höheren Abstraktionsstufe. Dabei entsprechen die Deskriptor-Anschlüsse und die Subnet-Anschlüsse einander. Ein Subnet kann nur von einem Deskriptor referiert werden, ein Deskriptor kann auf mehrere Subnets verweisen: Es handelt sich dann um Entwurfsalternativen, von denen jeweils nur eine als aktuelle Version gekennzeichnet ist.

SYTEMPORTs sind Schnittstellen des zu modellierenden Gesamtsystems, also die Verbindungen zur Außenwelt des Systems. Allen Objekten dieser Typen können vom Anwender Problemattribute zugeordnet werden, entsprechend der Vorgehensweise bei den Typen BASEOBJECT und RELATION.

Darüberhinaus besitzen Nets und Subnets systemimmanente Attribute für Verwaltungszwecke : CREATION/REVISION zur Notierung von Zeitpunkt und Urheber von Änderungen und STATUS zur Beschreibung des Entwurfszustandes (konsistent-inkonsistent, freigegeben-nicht freigegeben für weitere Verwendungen).

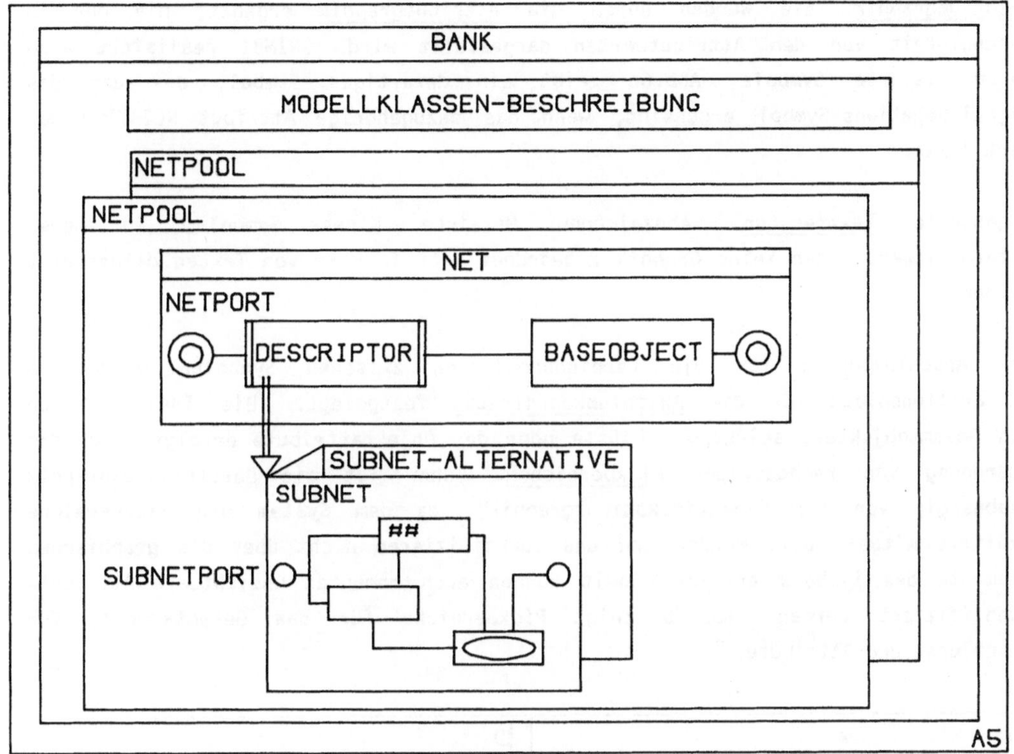

Abb.5: Bedeutung der Datentypen

Graphik

Eine spezielle Fähigkeit der GRIMBI-DDL ist die Möglichkeit, die deklarierten Objekttypen graphisch zu beschreiben. Dies entspricht etwa einem PL1-FORMAT-Statement oder der Formulardefinition für die Darstellung von Rekordtypen auf speziellen Terminals.

Die graphische Repräsentation der Modellinformationen erleichtert die Erkennung komplexer Strukturen während der Modellierung und dient als Diskussionsgrundlage bei Entwurfsbesprechungen. Mit Hilfe der Graphik werden darüberhinaus auch bei der interaktiven Arbeit die Systemkomponenten identifiziert.

Graphisch besteht ein Symbol (Objekt) aus folgenden Bereichen: Basisgraphik, Anschlußgraphik, Attributgraphik, Pickbereichen, Anschlußkoordinaten und Textfenstern.

Die Grundlage eines jeden Symbols sind die <u>Basisgraphik</u> und die <u>Anschlußgraphik</u>. Sie werden durch die <u>Attributgraphik</u> ergänzt, die nur in Abhängigkeit von den Attributwerten dargestellt wird. GRIMBI realisiert also parametrisierte Symbole. Abb.6b zeigt ein derartiges Symbol, bei dem das Signal-Negations-Symbol erscheint, wenn das dazugehörige Attribut NEGATION den Wert 1 hat.

Sogenannte <u>Textfenster</u> kennzeichnen Bereiche eines Symbols, in denen Informationen, denen keine Graphik zugeordnet ist, in Form von Texten dargestellt werden.

Die Anschlußpunkte für die Verbindungslinien zwischen Symbolen werden im Deklarationsblock für die <u>Anschlußkoordinaten</u> festgelegt. Die Identifikation des Gesamtobjektes, seiner Anschlüsse oder der Objektattribute erfolgt durch die Zuordnung von rechteckigen <u>Pickbereichen</u>. Daher ist die Darstellungsgraphik unabhängig von der "Identifikationsgraphik", da dem System die Pickbereiche explizit mitge- teilt werden und das Identifizieren nicht über die graphischen Elemente des Symbols erfolgt. Somit können auch momentan unsichtbare Attribute identifiziert werden. Abb.6b zeigt Pickbereiche für das Gesamtsymbol, für Anschlüsse und Attribute.

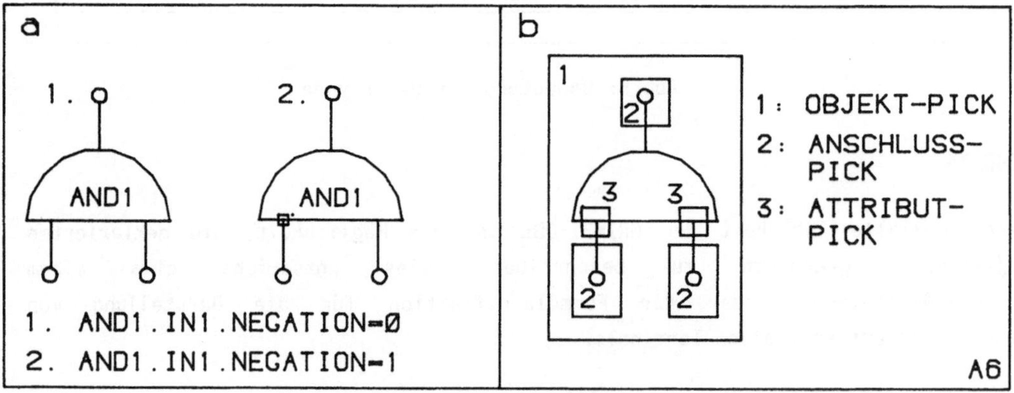

Abb.6: Symbolgraphik

3.2. Modellieren mit GRIMBI

Die Beschreibung einer Modellklasse (Schema) ist einer BANK (Abb.5) zugeordnet, in der sich beliebig viele Modelle in Form von NETPOOLs befinden dürfen. Ein Netpool entspricht einem Zeichnungssatz, er enthält ein Netz (Übersichtszeichnung) und beliebig viele SUBNETs (Detailzeichnungen). INSERT, DELETE, OPEN und CLOSE sind Operationen, mit denen diese Datengruppen bearbeitet werden.
Die Modellierung innerhalb eines Netzes erfolgt mit den Operationen

INSERT/DELETE   zum Einfügen und Löschen von Basisobjekten, Relationsobjekten, Dekriptoren,
CHANGE   zum Ändern von Objektattributwerten
CONNECT/DISCONNECT   zum Verbinden von jeweils zwei Objekten (Einfügen eines Tupels in eine Relation) gemäß der Relationsrestriktionen bzw. Löschen einer Verbindung,
INCLUDE/EXCLUDE   zum Einfügen/Löschen eines Objektes in die System-Ordnungsrelation (Baum).

Netze und Teilnetze stellen die jeweiligen Interessenbereiche beim Modellieren dar. Um von einem Deskriptor in einem Netz/Teilnetz zu dem zugeordneten Teilnetz umzuschalten, steht der Befehl DETAIL zur Verfügung, der Übergang in umgekehrter Richtung erfolgt durch ABSTRACT. Die Operation ALTERNATIVE wählt die nächste Entwurfsalternative zu dem aktuellen Teilnetz an und mit JUMP <subnetport> wird dasjenige Netz/Teilnetz zum aktuellen Netz, auf das der angegebene Netzanschluß zeigt.

Die Operation CONTRACT ersetzt im aktuellen Netz/Teilnetz eine Gruppe von Objekten und Verbindungen durch einen Deskriptor, wobei automatisch ein Teilnetz generiert wird, in das die aus dem aktuellen Netz zu verdrängende Information eingefügt wird. EXPAND ersetzt einen Deskriptor durch des referierte Teilnetz.

Beim Verlassen eines Netzes/Teilnetzes wird seine globale Konsistenz überprüft (z.B.: vergessene Verbindungen, gültiger Strukturtyp). Läßt man ein Netz bewußt in einem inkonsistenten Zustand, so wird es entsprechend gekennzeichnet. Derartige vorübergehende Inkonsistenzen sind beim schrittweisen Modellieren unbedingt erforderlich. Die beschriebenen Operationen stehen über eine Sprache (DML) aber auch in Form von Menüs und Kommandos zur Verfügung.

3.3. Graphisches Editieren

Die in Abschnitt 3.2. besprochenen Operationen sind in erster Linie Datenbasis-Operationen zur Bearbeitung der Modellinformationen. Sie werden durch eine Gruppe von rein graphischen Operationen ergänzt, die dazu dienen, die graphische Darstellung der Informationen zu verbessern, ohne das eigentliche funktionale Modell zu ändern. Diese Befehle verändern weder die Topologie noch einzelne Objekte, sondern

- verschieben, drehen oder skalieren Symbole oder Symbolgruppen,
- ändern die Verbindungsführung,
- ändern die Sichtbarkeit graphischer Objekte, um die übersichtlich-
  keit des Blockdiagramms zu verbessern.

Operationen, die zu Inkonsistenzen zwischen der logischen Datenbasis und den graphischen Daten führen würden, wie beispielsweise das Verändern eines Symboltextes, der einen Atrributwert ausdrückt, sind in diesem Systemzustand unmöglich. In diesen Bereich der rein graphischen Manipulation gehört natürlich auch die Möglichkeit, eine Zeichnung auf einem Plotter auszugeben.

4. Die Systemarchitektur von GRIMBI

GRIMBI soll die Eingabe und Bearbeitung großer, stark strukturierter Datenmengen unterstützen, die durch Stapel-Programme auf Großrechnern analysiert werden. Daher muß einerseits der interaktive Zugriff auf die Daten gewährleistet sein, zum anderen aber auch die Bearbeitung im Stapelbetrieb durch eine problemgerechte Sprache. Um diese Randbedingungen zu erfüllen, wurde GRIMBI mit Hilfe des integrierten CAD-Systems REGENT /5/ unter Verwendung eines intelligenten graphischen Terminals auf einem Großrechner mit Stapel- und Timesharing-Betrieb implementiert (Abb.7). GRIMBI umfaßt zwei REGENT-Subsysteme (DBANET, DBMNET) und einen Modul (IGTNET) für das intelligente graphische Terminal.

DBANET (Datenbank Administration für Netze) stellt eine POL (problem oriented
  language) für die Definition von Modellklassen und die Datenbasis-
  Initialisierung bereit.
DBMNET (Datenbank-Management für Netze) enthält eine POL für das Modellieren
  gemäß einer Modellklasse und die Datenextraktion für die Modellanalyse.
IGTNET (Intelligentes graphisches Terminal für Netze) bearbeitet die interaktive Kommunikation und die gesamte Graphik.

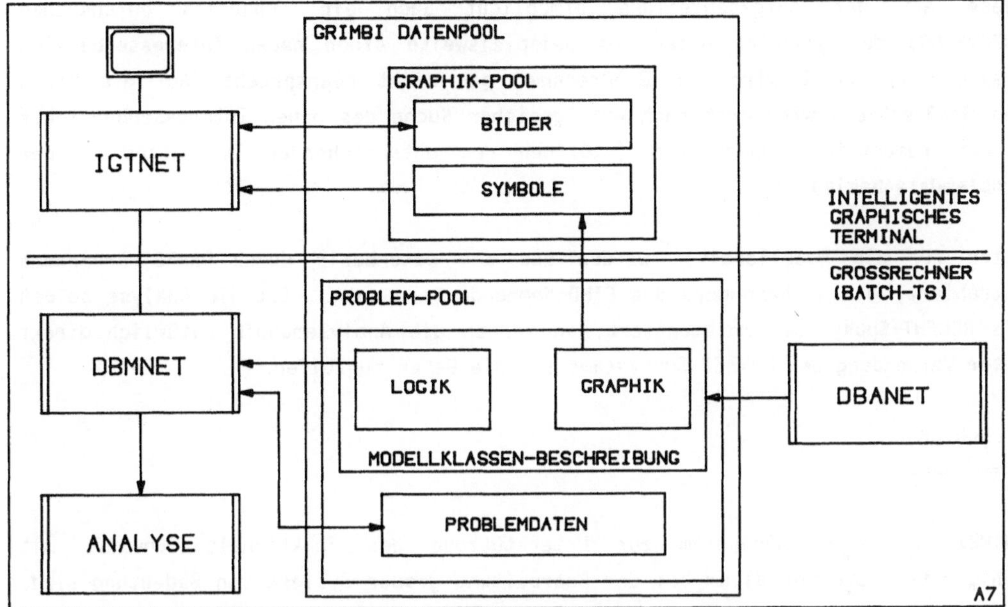

Abb.7: Systemarchitektur

Die Definition einer Modellklasse und das Initialisieren einer Bank für die Modelle dieser Klasse ist eine Aufgabe, die am zweckmäßigsten mit Hilfe einer problemorientierten Programmiersprache im Stapelbetrieb gelöst wird, da sie sorgfältige Planung aber ein Minimun an Systemreaktionen erfordert. Für diesen Bereich steht daher nur das REGENT-Subsystem DBANET zur Verfügung, dessen spezielle Fähigkeiten im Abschnitt 3.1. erläutert wurden.

Man modelliert mit GRIMBI entweder im Stapelbetrieb ohne graphische Unterstützung mit der DBMNET-Subsystem-Sprache (siehe Abschnitt 3.2.) oder interaktiv. Dazu unterstützt dann ein intelligentes graphisches Terminal mit dem System IGTNET das REGENT-Subsystem DBMNET, das im Timesharing-Betrieb auf dem Großrechner läuft. Bei dieser Betriebsweise bearbeitet IGTNET auf dem intelligenten Terminal

- die Kommando- und Menüinterpretation und
- alle graphischen Aufgaben.

Diese Aufgabenteilung zwischen dem Großrechner und dem IGT führt zu akzeptablen Antwortzeiten insbesondere auch bei den Operationen, die reflexartig oder nahezu reflexartig ausgeführt werden: Identifikation und das graphische Positionieren von Symbolen und Verbindungen. Graphische Daten (Bilder) werden zwischen dem Großrechner und dem IGT nur bei der Initialisierung der graphischen Datenbasis und zur Speicherung von Sicherungskopien übertragen.

Diese Art der Aufgabenteilung ermöglicht auch ein schnelles Durchsuchen (BROWSING) der gesamten Daten, um beispielsweise einen neuen Interessenbereich auszuwählen. Dabei wird der Großrechner gar nicht beansprucht. Auf die Daten des Großrechners wird erst nach erfolgreicher Suche des neuen Interessenbereiches direkt namentlich zugegriffen (Öffnen des entsprechenden Teilnetzes in der Problemdatenbasis).

Daten für die Modellanalyse werden aus der Datenbasis durch DBMNET-Programme extrahiert, die insbesondere das FIND-Kommando verwenden. Ist die Analyse selbst als REGENT-Subsystem implementiert, so können die Analysemoduln natürlich direkt unter Verwendung des DBMNET-Subsystems auf die Daten zugreifen.

5. Schluß

GRIMBI ist ein CAD-System zur Unterstützung des funktionalen Enwurfs mit Fähigkeiten, die vor allem bei der Bearbeitung großer Systeme von Bedeutung sind. Seine wesentlichen Merkmale sind:

- Definition von Modellklassen mit dem Datenmodell der Blockdiagramm-Technik in logischer und graphischer Hinsicht.
- Strukturiertes Modellieren durch schrittweises Verfeinern oder Abstrahieren
- Dynamischer Wechsel von Modellklassen.
- Integration von interaktiven Tätigkeiten und Aufgaben für den Stapelbetrieb.
- Delegation der graphischen Aufgaben und der Kommunikationsbearbeitung an ein intelligentes Terminal im Timesharing-Betrieb auf einem Großrechner.

Für den ersten praktischen Einsatz ist die sicherheitstechnische Modellierung von Kernreaktoren durch Fehlerbäume vorgesehen. Diese Modelle bilden die Eingabe für ein vorliegendes Programm zur Fehlerbaumanalyse /6/. GRIMBI ist auf einer IBM-370/168 und einer angekoppelten TEKTRONIX 4081 implementiert.

6. Literatur

/1/ Leinemann, K.: Rechnergestützte Anlagenplanung: Systemanalyse und Lösungsansätze. KfK 2831 B, September 1979

/2/ Belady, L.A. et al.: A Computer Graphic System for Block Diagram Problems. IBM Syst. J. (1972)2,p.143-161

/3/ Marovac, N., Elliott, W.S.: A Network-oriented Language - A New Approach to Network Design, using Interactive Graphics. Computers & Graphics 2(1977), p.235-239

/4/ Leinemann, K.: Ein Ansatz zur formalen Objektbeschreibung für das rechnergestützte Entwickeln und Konstruieren. Angewandte Informatik (1974)9, p.403-406

/5/ Schlechtendahl, E.G.: Grundzüge des integrierten CAD - Systems REGENT. Angewandte Informatik (1976)11, p.490-496

/6/ Caldarola, L.: Fault Tree Analysis with Multistate Components. KfK 2761, Februar 1979

         Rechnergestützte Automobilentwicklung
      - Industrielle Einführung von CAD - Verfahren -

U. Seiffert, H.G. Siepmann, Volkswagenwerk AG, Wolfsburg

Kurzfassung

Entscheidend dafür, ob ein bestimmtes Verfahren, eine spezielle Technik
zur Zeit im Einsatz befindliche Verfahren verdrängen kann, ist der sich
auf Dauer durch diesen Wechsel ergebende Nutzen für den gesamten Entwicklungsprozeß.
Dieser Nutzen kann resultieren aus:

        der Verbesserung der Arbeitsbedingungen,
        der Erhöhung der Produktqualität,
        der Verringerung der Entwicklungszeit.

Die sich ständig erhöhenden Anforderungen aufgrund des Wandels der technischen, technologischen, wirtschaftlichen sowie gesetzlichen Gegebenheiten erzwingen dabei diesen Nutzen.
Für die Einführung selbst kommen als weitere Randbedingungen hinzu, daß
eine Beeinträchtigung der sozialen Randbedingungen für die betroffenen
Mitarbeiter ausgeschlossen werden muß und daß der produktive Entwicklungsprozeß nicht mit Einführungsrisiken belastet werden darf.
An Beispielen aus der Automobilbranche sollen Problematik und Vorgehensweise verdeutlicht werden.

1.   Einleitung

Wir stehen in einer Zeit, da die Anforderungen an die technische Qualität des Automobils immer mehr, immer vielfältiger werden. Energiever-
knappung, steigendes Umweltbewußtsein und die Forderung nach mehr Sicherheit für die Fahrzeuginsassen sind bei steigendem Verkehrsaufkommen die
hinlänglich bekannten Ursachen dafür.
Diese geforderte, neue Qualität des Entwicklungsziels, die darin besteht,
daß viel mehr als früher sich zuwiderlaufende Anforderungen zu einem
besten technischen Kompromiß zusammengeführt werden müssen, setzt auch
eine neue Qualität des Entwicklungsverfahrens voraus.

Für die Fahrzeug-Entwicklung bedeutet das, daß jeder Einzelschritt, jede
Einzelentscheidung im Zusammenhang größerer Entwurfsabschnitte gesehen
werden muß. Das macht es notwendig, den Informationsfluß über Entwurfs-
inhalte in seiner Qualität zu verändern. Dem Bedarf nach verbesserter
Kommunikation zwischen den Entwicklungsstellen muß mit entsprechenden
technischen Lösungen Rechnung getragen werden. Die angestrebte technische Lösung dafür in der Forschung und Entwicklung der VW AG heißt

        'Integrierte rechnergestützte Entwicklung' (*)

____

(*) Computer Aided Engineering = CAE

Merkmale dieses qualitativ neuen Entwicklungsprozesses sind:

- genaue und umfassende Entwurfsmodellierung
- einfacher und schneller Zugriff auf Entwurfsdaten
- direkter und schneller Entwurfsdatenfluß zwischen den Entwicklungsstellen
- analytische und dadurch schnelle Bewertung von Entwurfskomponenten,
insgesamt also:
- mehr und qualitativ bessere Kommunikation mit qualitativ besseren
  Entwurfsdaten.

Die technische Lösung allein ist aber für das genannte Ziel nur eine
notwendige Voraussetzung. Genauso wichtig ist, daß die betroffenen Entwicklungsstellen in diesem Sinne Gebrauch von den technischen Möglichkeiten machen.
In der VW-Forschung und Entwicklung wird die breite Einführung des CAE
mit ersten CAD-Arbeitsplätzen als wichtigem Teil gerade begonnen. Über
Voraussetzungen, Vorgehensweise, Erfahrungen und erste Schlüsse soll
hier berichtet werden.

2.   Integrierte rechnergestützte Automobilentwicklung

2.1   Zielvorstellung

Über diese Zielvorstellung für die zukünftige Arbeitsweise bei der Automobilentwicklung im Hause VW ist schon bei gleicher Gelegenheit im Vor-
jahr berichtet worden (*). Die folgende Erläuterung darf deshalb auf die
wesentlichen Gesichtspunkte begrenzt bleiben.

Kerngedanke ist, die Entwicklungsteilaufgaben, also

              Vorentwurf

              Styling

              Konstruktion

              Analyse

              Versuchsbau

              Test

in rechnergestützten Arbeitsverfahren zu erledigen und somit
der Gesamtentwicklungsaufgabe durch eine kontinuierliche Folge
von rechnergestützten Teilschritten gerecht zu werden.
Das datenmäßige Modell des Entwurfsobjektes wird von Teilschritt zu Teilschritt weitergereicht und innerhalb der einzelnen rechnergestützt ablaufenden Entwurfsschritte unmittelbar ergänzt, detailliert und validiert.
Während des ganzen, so ablaufenden, Entwicklungsprozesse. liegt der Ent-

---

(*) GI-9. Jahrestagung 1979, Beitrag v. W.Lincke, H.G. Siepmann
     Springer-Verlag, Informatik-Fachbericht Nr. 19, Seite 37-51

wurf im jeweils erreichten Status als rechnerisches Geometriemodell vor und ist in der Fahrzeugentwicklungsdatenbank gespeichert. Diese Fahrzeugentwicklungsdatenbank ermöglicht entsprechend den entwicklungsorganisatorischen Notwendigkeiten und Einschränkungen den am Entwicklungsprozeß Beteiligten den einfachen Zugriff auf gewünschte Entwurfsinformationen. Physikalische Kopien des rechnerischen Entwurfsmodells,

z.B. in Form von Skizzen
          Technischen Zeichnungen
          Perspektivdarstellungen
          NC-gefertigten Modellen
          Prototypen

können entsprechend dem Entwurfsstatus jederzeit erzeugt werden.

Die sich an den Entwurf anschließenden Schritte der Fertigungsvorbereitung können dann mit den auch für diese Aufgaben als verfügbar angenommenen rechnergestützten Verfahren am gleichen Entwurfsdatenmodell fortgesetzt werden.

Kennzeichnend für das vorgestellte Idealbild der integrierten rechnergestützten Automobilentwicklung ist die absolute Kontinuität beim Mitschreiben des Entwurfsstatus in der Fahrzeugentwicklungsdatenbank. Diese Kontinuität ist Voraussetzung für die erwarteten Vorteile der rechnergestützten Automobilentwicklung gegenüber dem heutigen Entwicklungsprozeß,

nämlich
          bessere Information
          bessere Kommunikation
          mehr Variantenuntersuchung
          früher einsetzende Validierung.

2.2 Eigenschaften des informationstechnischen Entwurfsmodells

2.2.1 Geeignete rechnerische Geometriemodellierung

Die rechnerische Modellierung könnte sich damit begnügen, nur die ebenen Linien der zeichnerischen Darstellung des konventionellen Entwurfsprozesses, z. B. punktweise gespeichert, wiederzugeben. Digitalisierer, grafischer Bildschirm und Plotter träten an die Stelle des Zeichenbrettes. Mancher Vorteil für die Entwurfsarbeit,

z. B.
          rechnerische Ausgabe von Kopien
          rechnerische Zeichnungsverwaltung
          Austausch von Zeichnungen im Rechnerverbund

ergäbe sich. An der prinzipiellen Arbeitsweise des Konstrukteurs würde sich allerdings nichts ändern. Wie schon bei der Arbeit auf dem Zeichenbrett wäre die Überprüfung des Entwurfs auf die Erfüllung einfachster,

notwendiger und angestrebter Geometriefunktionen, z. B. ob zwei ebene
Ansichten eines räumlichen Entwurfsobjektes überhaupt zueinander passen,
allein der Geometrie-Vorstellungskraft des Konstrukteurs überlassen.
Die angestrebte Qualitätsänderung des Entwurfsverfahrens würde damit
nicht erreicht. Für das Erreichen dieser angestrebten Qualitätsänderung
ist es notwendig, das Entwurfsmodell soweit wie möglich mathematisch zu
formalisieren und damit die Übernahme von Routineaufgaben der Geometriemodellierung durch den Rechner zu ermöglichen.

Dieser Prozeß der mathematischen Formalisierung kann prinzipiell sehr
weit getrieben werden. Wir können uns z. B. vorstellen, daß in umfas-
senderen, formalen Modellen der Zusammenhang zwischen angestrebter mechanischer Funktion und der sie auslösenden Geometrieauslegung niederge-
legt ist, so daß sich die räumliche Geometrie aufgrund der durch geeignete Parameter beschriebenen, geforderten mechanischen Funktionen ergäbe. Derartige Lösungen stehen aber heute noch nicht zur Diskussion.

Hier kann es zunächst nur um das zu wählende Konzept der Geometriemodellierung des Entwurfs gehen und dafür bieten sich die folgenden Möglichkeiten, aufgegliedert nach Ebenen der Geometriemodellwertigkeit, an:

1. <u>Ebene:</u>   2D-Linien

o   Formale Modellierung der ebenen Konturen wie in den Ansichten des
    zeichnerischen Entwurfs; dabei analytische und nicht-analytische
    Formen.

+   Ein schief zu den Ansichtsebenen der orthogonalen Abbildung im
    Raum liegender Kreis wird durch Ellipsen dargestellt. Über die
    Entstehung der Ellipsen ist im Geometriemodell nichts bekannt.

*   Der Konstrukteur muß wie heute das Raumverständnis des Entwurfs
    aus den 2D-Ansichten rekonstruieren.

2. <u>Ebene:</u>   zusätzliche 3D-Linien

o   Formale Modellierung räumlicher Konturen.

+   Die Entstehung ebener Ansichtsellipsen aus dem schief im Raum
    liegenden Entwurfselement Kreis wird im Geometriemodell simu-
    liert.

*   Das rechnerische Entwurfsmodell garantiert die Richtigkeit und
    Konsistenz der abgeleiteten ebenen Ansichten des räumlichen
    Drahtmodells. Der Konstrukteur wird von Routineüberprüfungen ent-
    lastet.

3. <u>Ebene:</u>   zusätzliche 3D-Flächen

o   Formale Modellierung räumlicher Flächen

+   Der schief im Raum liegende Kreis kann sich modellmäßig auch

aus dem Schnitt einer Fläche (Kugeloberfläche, Kegeloberfläche)
mit einer Ebene ergeben.

* Alle durch Flächen definierten Entwurfseigenschaften sind zumindest
implizit im Entwurfsmodell enthalten und lassen sich algorithmisch
ermitteln.

4. Ebene: zusätzliche 3D-Körper

o Formale Modellierung räumlicher Körper

+ Die Kugelfläche des räumlichen Flächenmodells definiert sich im
Modell als Eigenschaft des Kugelkörpermodells, nämlich als Kugeloberfläche. Das Geometriemodell selbst läßt zwischen Kugelkörper
und Kugelbegrenzung unterscheiden.

* Auch alle Körpereigenschaften des Entwurfsobjektes sind zumindest
implizit im rechnerischen Modell enthalten und lassen sich durch
entsprechende Auswertungsverfahren automatisch und exakt ermitteln.

Das Entwurfsobjekt 'Automobil' ist seinem physikalischen Wesen nach
körperhaft. Zur vollständigen, eindeutigen und einfachsten, rechnerischen Beschreibung dieses körperhaften Entwurfsobjektes ist damit die
körperabbildende, mathematische Modellierung auch häufig der beste Weg.

2.2.2 Modellierung im heutigen Entwurf

Verständlich wird die Forderung nach Entwurfsmodellen mit Körperver-
ständnis bei einem Blick auf das konventionelle Entwurfsverfahren. Am
Zeichenbrett hilft sich der Konstrukteur heutiger Zeit zwar hervorragend
mit den ihm zur Verfügung stehenden Darstellungsmitteln der zeichnerischen
Linie in der Ansichtsebene. Die Mängel dieser Arbeitsweise, nämlich des
Entwerfens eines räumlichen Objektes im linienhaften, ebenen zeichnerischen Modell, das damit den Entwurf nur unvollständig wiedergibt und das
Überprüfen der geometrischen Funktionen weitgehend der Vorstellungskraft
des Entwerfers überläßt, erzwingen je nach Erfahrung immer wieder die
Überprüfung des Entwurfs in anderen Ansichten oder im körperhaften, physikalischen Modell. Gerade diese Überprüfung im physikalischen Modell
deckt dabei erst die schwierigen Fehler auf. Für den konventionellen
Entwurfsprozeß bedeutet das, daß ohne die physikalische Verifizierung
häufig nur schwer ein abschließendes Ergebnis erzielt werden kann.
Der Konstrukteur im konventionellen Entwurfsverfahren hat für die eigentliche Entwurfsarbeit nur das unvollständige, zeichnerische 2D-Modell zur
Verfügung. Ein vollständiges 3D-Modell, das allein schon zur Überprüfung
der angestrebten, geometrischen Funktion unabdingbar notwendig ist, kann
nur als physikalisches Modell ausgeführt werden; das ist seinerseits
für den Entwurf untauglich.

Die konventionelle Entwurfsarbeit erzwingt damit während des Entwurfs
den ständigen Wechsel zwischen dem ebenen, zeichnerischen und dem räumlichen, physikalischen Modell. Die Folgen sind:

> Zeitverluste
>
> Mehraufwand
>
> Behinderung in der Beurteilung
>
> Doppeldeutigkeiten

Auch ein Blick auf die seit einigen Jahren immer mehr an Bedeutung ge-
winnenden 'Finite-Elemente-Verfahren' zur strukturanalytischen Bewertung
von Entwurfskonzepten spricht für mathematische Modellierungstechniken,
die über das einfache Abbilden der zeichnerischen Linien hinausgehen.
Um in der Strukturanalyse zu brauchbaren Aussagen zu kommen, müssen
häufig flächenhafte oder körperhafte Geometriemodelle des zu untersuchen-
den Entwurfs eingesetzt werden. Ausgehend von den Entwurfszeichnungen müssen diese höherwertigen Flächen- oder Körpermodelle zur Vorbereitung der
Strukturanalyse erst mühsam aus den vorliegenden Linienbeschreibungen
rekonstruiert werden.
Es liegt auf der Hand, daß ein bereits über Körperverständnis verfügen-
des Geometriemodell des Entwurfs diesen Aufwand verkleinern bzw. vermeiden
ließe, so daß die strukturanalytische Bewertung des Entwurfs wesentlich
früher vorläge.

Natürlich sind auch Fälle anzuführen, in denen eine linienhafte Modellierung des Entwurfsobjektes völlig ausreichend ist.
Im Ergebnis läßt sich aber festhalten, daß in der integrierten rechnergestützten Automobilentwicklung neben den den konventionellen Entwurfsprozeß kennzeichnenden Linienelementen auch Flächen und Körper, und zwar
alle als räumliche Elemente, mathematisch modellierbar sein müssen, wie
es durch die vier Ebenen der Geometriemodellwertigkeit in Abschn. 2.2.1
beschrieben ist.

2.3 Prinzipielle Unterschiede zur konventionellen Arbeitsweise

2.3.1 Idealfall der vollständigen Verwirklichung

Das systemtechnische Angebot an Entwurfshilfen umfaßt in diesem Idealfall
alle in Abschnitt 2.2.1 beschriebenen Werkzeuge der geometrischen Entwurfsmodellierung. Je nach Aufgabenerfordernis arbeitet der Konstrukteur
entsprechend dem Wesen der mechanischen Konstruktion zumeist mit Körper-
modellen. Flächen- und Liniendarstellungen ergeben sich im wesentlichen
als rechnerisch erzeugte Ableitungen des körperhaften Entwurfsmodells.
Es ist unmittelbar einzusehen, daß der Konstrukteur heutiger Zeit, d.h.
heutiger Ausbildung und Erfahrung, der gelernt hat, in einfachen, wenn
auch unvollständigen, ebenen Linienmodellen des Entwurfsobjektes zu arbeiten, bei dieser neuen Technik einem enormen Umdenkprozeß in Bezug

auf seine prinzipielle Arbeitsweise unterzogen wäre.

Erste Systemlösungen dafür gibt es heute durchaus schon:

Eine komplexere Körpergeometrie wird durch wiederholte, logische Addition oder Subtraktion aus einfachen körperhaften Grundelementen, z.B. Kugel, Quader, aufgebaut. Der Konstrukteur muß dabei die Gesamtgeometrie in einer komplizierten, abstrakten, formalen Beschreibung festlegen. Der Rechner ermittelt daraus die Geometriegestalt algorithmisch.

Für den praktischen Einsatz durch den Konstrukteur kommt diese Arbeitstechnik allerdings wegen der heute noch überaus komplizierten Gestaltdefinitionsphase nicht in Frage.

2.3.2 Realfall der heute möglichen teilweisen Verwirklichung

Wie schon im vorigen Abschnitt dargelegt, ist der Konstrukteur heutiger Zeit nicht genügend ausgebildet und vorbereitet, um mit den weitgehenden Möglichkeiten des integrierten rechnergestützten Entwurfs auf der Basis entsprechend hochwertiger rechnerischer Geometriemodelle, d.h. solcher mit Körperverständnis, umgehen zu können.

Es ist auch nicht zu erwarten, daß die Konstrukteure durch entsprechende Schulung in einem Schritt auf diese neue Arbeitsweise umgestellt werden könnten. So stören auch die Einschränkungen nicht sonderlich, die zum gegenwärtigen Zeitpunkt das technische Angebot an rechnerischen Entwurfshilfen kennzeichnen:

Verfügbar im Sinne der Einsetzbarkeit für die industrielle Entwicklung sind im wesentlichen Systeme, die in ihrer rechnerinternen Entwurfsmodellierung auf 2D- und 3D-Linien beruhen. Für spezielle Aufgabenstellungen, z.B. für die Außenhautentwicklung des Automobils, existieren spezielle Systemlösungen, die zusätzlich auch ein rechnerinternes Flächenmodell mit nicht-analytischen Geometrieformen aufbauen lassen.

Die Erfahrungen aus der Schulungsarbeit mit den Konstrukteuren und in der Diskussion über die Einsetzbarkeit zeigen, daß auch dieser eigentlich kleine Schritt vom Manipulieren mit 2D-Linien hin zu einer Arbeitsweise, die auch das Hantieren von 3D-Linien einschließt, auf Seiten der Konstrukteure große Anpassungsbereitschaft erfordert und nur akzeptiert wird, weil viele Vorteile für den einzelnen Konstrukteur erkennbar, auf der Hand liegen:

- mühelos Erkennen und Bearbeiten von Details
- weniger Anstrengung für hohe Genauigkeitsanforderungen
- Erleichterung bei zeichnerischen Routinearbeiten (Kreise, glatte Kurven, Schraffur, Bemaßung, Durchdrücken, Norm- und Gleichteile)
- sauberes Arbeitsergebnis bei Änderungen
- Optimieren durch gestalterische Varianten
- mehr Zeit für Abstimmprozesse

- Vertiefen des KNOW-HOW's auf dem Fachgebiet

2.3.3 Einführungsbeispiel 'Styling'

Die im vorigen Abschnitt dargelegten Überlegungen gelten für nahezu alle
Bereiche des 'mechanischen' Entwurfs. Nach Zahl der einzuführenden Arbeitsplätze ist sicherlich das Gebiet der Konstruktion mechanischer Komponenten,

wie   Motor

                        Getriebe

                        Fahrgestell

von größter Bedeutung.

Typisch für die Automobilentwicklung ist jedoch auch die Gestaltung der
äußeren Fahrzeugform. Die Einführungsaufgabe erschwerend kommt hier hinzu, daß das Styling besondere Kreativität erfordert und daß gerade diese
Kreativität im rechnergestützten Entwurf bedroht erscheint.
Die Aufgabe des Styling besteht ausgehend von den technischen Vorgaben
in der Formgestaltung, z.B. für die Außenhaut, und in der Niederlegung
der Form im physikalischen Modell, dem Stylingmodell, aus leicht form-
barem Material. Im gestalterischen Finish wird dieses Stylingmodell dabei so aufbereitet, daß es optisch der späteren Serienform so weit wie
möglich identisch ist. So soll eine möglichst realistische Entscheidung
zwischen den verschiedenen, so vorbereiteten Stylingvorschlägen erreicht
werden.
Vorgaben dieser Aufgabenstellung sind die im Vorentwurf ermittelten bzw.
festgelegten Formrandbedingungen, die sich im Kompromiß zwischen

- vorgegebener Klassengröße
- gesetzlichen Bestimmungen
- Raum- und Anordnungsansprüchen der notwendigen technischen Komponenten
- Raum- und Ergonomieansprüchen der Fahrzeuginsassen
- den aerodynamisch bedingten Formansprüchen

ergeben haben, und natürlich

- der Charakter der Stylingform.

Der heutige Stylingprozeß beginnt mit der Ausgestaltung des optischen
Formeindruckes entsprechend dem angestrebten Stylingcharakter mit grafischer Technik. In Perspektivskizzen und Phantombildern verdeutlicht
der Stylist zunächst seinen Formvorschlag, rein visionär. Rein gefühls-
mäßig und empirisch versucht er dabei auch schon die Formvorgaben aus
dem Vorentwurf einzuhalten. Diese geometrischen Randbedingungen, ja sogar
die geometrische Konsistenz verschiedener Ansichten des ersten Formentwurfs, sind zunächst jedoch nur von untergeordneter Bedeutung. Erst

wenn so der spezielle Formcharakter, der im Stylingmodell geometrisch
verwirklicht werden soll, gefunden ist, beginnt die Einarbeitung der geometrischen Randbedingungen und Realitäten in den Formvorschlag.
Über die Stationen

Orthogonale	1:4	Hauptansichten der Formlinien
Physikalisches	1:4	Modell
Orthogonale	1:1	Hauptansichten der Formlinien
Physikalisches	1:1	Modell

wird dabei die abstrakte Formidee in das Entwurfsmodell umgesetzt. Das
Hauptaugenmerk gilt dabei dem Ziel, die ausgewählte Formidee zu erhalten
und zu vervollkommen.

Das für die Stylingunterstützung bis heute entwickelte systemtechnische
Instrumentarium enthält nur die Möglichkeiten zum bzw. zur

- Entwurf von 2D-Linien
- Interaktiven Veränderung von 2D-Linien zu 3D-Linien.

Nächste Ziele sind:

- Erweiterung des 3D-Linienmodells zum mathematischen Flächenmodell
- Interaktive Veränderung des Flächenmodells
- Physikalische Modellierung durch NC-Fräsen.

Diese rechnerischen Hilfsmittel erfordern vom Stylisten das Akzeptieren
einer ungewohnten Arbeitsweise, wobei aber die oben angeführten Stationen
des konventionellen Stylingprozesses als Ausgaben des rechnergestützten
Prozesses erzeugt werden können. Trotzdem hat das Styling den Einführungs-
versuch dieser neuen Arbeitstechnik akzeptiert und unterstützt ihn aktiv.
Die Vermeidung von Fehlern bei der Übernahme von Formvorgaben bzw. bei
der Weitergabe des Gestaltungsergebnisses und die Möglichkeit zu mehr
Variantenuntersuchungen durch Zeitersparnis beim Modellieren sind dabei
die Hauptbeweggründe.

Allerdings wurde darauf geachtet, daß wichtige Elemente der konventionellen Arbeitsweise prinzipiell auch durch das neue Werkzeug unterstützt
werden. So ermöglicht das System zunächst die Formung ebener, strakender
Linien als Ansichten der zugrundeliegenden, räumlichen Hauptformlinien.
Diese Linien können dann unabhängig in einer anderen orthogonalen Ansicht zu ihrer räumlichen Gestalt ergänzt werden. Das so, Linie für
Linie, entstehende 'Drahtmodell' der Fahrzeugform kann jederzeit in frei
wählbaren, perspektivischen Ansichten, wie für die Wiedergabe des Formein-
drucks gewohnt, dargestellt werden. Dabei lassen bewegte Perspektivdar-
stellungen diesen räumlichen Eindruck vertiefen. Im Fortgang des Styling-
entwurfs muß dann zwar ein flächenhaftes rechnerisches Modell aufgebaut
werden. Die ebenen Schnittlinien dieser Flächen, die dem Stylisten

schon immer für die Detaillierung seines Formentwurfs dienten, stehen
ihm aber auch im rechnergestützten Prozeß, abgeleitet aus dem Flächenmodell zur Veranschaulichung der Flächenform zur Verfügung. Diese Veranschaulichung läßt sich durch zusätzliche Möglichkeiten, wie z.B. die rechnerische Erzeugung von auch farbigen, Lichteffekt-Phantombildern erweitern.

Diese Anlehnung an die konventionelle Arbeitsweise auf der einen Seite
und das Angebot zusätzlicher, interessierender Möglichkeiten auf der anderen Seite sind die kennzeichnenden Voraussetzungen dafür, daß die neue
Technik durch das Styling akzeptiert werden konnte. Dabei zeigen schon
erste Erfahrungen aus Pilotanwendungen, daß auch völlig neue Arbeits-
weisen genutzt werden, sofern sie sich als praktikabel erweisen. So hat
im Anwendungsgebrauch, z.B. beim Entwurf ebener Linien, die Definition
durch Festlegung der geometrischen Formparameterpunkte durchaus Vorrang
gegenüber dem Freihandzeichnen.
Auch der Gedanke, zusätzlich zur heute praktizierten Arbeit am Formde-
tail ganze Formpartien parametrisch beeinflussen zu können, ist hierzu
schon als Wunsch geäußert worden.

3.   Vorgehensweise bei der Einführung von CAD-Arbeitsplätzen

3.1   Grundsätzliche Überlegungen

Das Ziel der Einführungsmaßnahmen ist die integrierte rechnergestütze
Fahrzeugentwicklung und nicht nur, wie es angesichts der vielen Einzelmaßnahmen dem äußeren Anschein entspricht, die Einführung von unabhängigen
CAD-Arbeitsplätzen. Dabei ist zur Erreichung eines möglichst hohen Inte-
grationsgrades eine möglichst hochwertige rechnerische Entwurfsgeometrie-
modellierung (siehe Abschnitt 2.2.1) notwendig. Nur so läßt sich die
erforderliche Qualitätsveränderung des Entwicklungsprozesses erreichen.

Dieses sich hinter den Einzelmaßnahmen zunächst verbergende Gesamtziel
mußte deshalb schon vor Einführungsbeginn um so deutlicher gemacht und
mit den beteiligten Stellen abgestimmt werden, mit den Fachabteilungen
die CAD-Arbeitstechnik und die Voraussetzungen sowie Auswirkungen auf
den Entwicklungsprozeß insgesamt, mit dem Betriebsrat die Veränderung
der Arbeitsinhalte, sowie die Auswirkungen auf die Arbeitsbedingungen
und die Arbeitsplatzsicherheit, mit der Finanz die finanziellen Voraussetzungen.

Selbstverständliche Randbedingung für die industrielle Einführung ist
natürlich, daß der laufende Entwicklungsprozeß nicht beeinträchtigt werden darf. Besondere Gefahr dafür wurde

            im notwendigen Schulungsaufwand
            im notwendigen Übungsaufwand

                    und aufgrund der fehlenden Arbeitserfahrung
gesehen.
Es gehört zum Wesen dieser neuen Arbeitstechnik, daß der volle Nutzen erst
dann erzielt wird, wenn in der Entwurfsdatenbank schon Ergebnisse gespeichert sind, wenn also schon einige Zeit mit der Technik gearbeitet wurde.
Das macht eine besonders sorgfältige Auswahl der Pilotanwendugen für
die einzuführenden Insellösungen, deren Entwurfsgeometriemodell ja zunächst von Grund auf aufgebaut werden muß, notwendig.

3.2   Rahmenplanung

Sinn der Rahmenplanung war es, zunächst einmal Klarheit über die insgesamt zu ergreifenden Einzelmaßnahmen und die kumulativen Auswirkungen
auf den Entwurfsprozeß zu gewinnen.
Zusammen mit den Fachabteilungen, die teilweise erstmalig mit diesen
neuen Möglichkeiten in Berührung kamen, wurde zunächst ein abgestimmtes
Bedarfsbild unter Zugrundelegung des momentan gültigen Aufgabenprofils
ermittelt. Dazu wurde die Technik erläutert und beispielhaft demonstriert.
Die Auswirkungen auf die Arbeitsweise im einzelnen und auch auf den Entwurfsprozeß insgesamt, sowie die Einsetzbarkeit im betreffenden Fachbereich wurden diskutiert.
Die insgesamt zu ergreifenden Einzelmaßnahmen wurden dann entsprechend
den für die Einführung als verfügbar angenommenen, vor allem personellen, Möglichkeiten in einen Einführungszeitplan eingeordnet. Dieser Zeitplan wurde erneut mit den betroffenen Fachabteilungen abgestimmt.

Als Ergebnis soll hier festgehalten werden:
Im zunächst einmal angenommenen Einführungszeitraum von 5 Jahren sollen
66 Bildschirmarbeitsplätze (*) eingeführt werden. Betroffen von der Einführung in dem Sinne, daß sie jeweils zeitweise auch diese Technik für
ihre Arbeit einsetzen und deshalb geschult werden müssen, ist ein Drittel der im engeren Sinne konstruierend arbeitenden Mitarbeiter der VW-
Forschung und Entwicklung.

Die erzielbare Arbeitsmehrleistung von kumulativ ca. 5%, ermittelt aufgrund der quantitativ abschätzbaren, direkten Wirkungen am Arbeitsplatz
selbst, rechtfertigt dabei bei betriebswirtschaftlicher Bewertung zunächst einmal in keiner Weise die vorauszusetzenden, finanziellen Aufwendungen. Erst die quantitativ aber nicht abschätzbaren Vorteile der
integrierten Rechnerunterstützung für den gesamten Entwicklungsprozeß
machen die Einführung sinnvoll.

3.3   Einschaltung der betrieblichen Stellen

(*) Diese Einschätzung der Einsetzbarkeit muß als eher pessimistisch angesehen werden.

3.3.1 Fachabteilungen

Schon in der Planungsphase waren die Fachabteilungen so weit wie möglich
und notwendig eingeschaltet worden. Das Ergebnis war ein abgestimmter und
von den betroffenen Stellen mitgetragener Vorgehensvorschlag. Auch für
die weiteren Einführungsschritte ist es von besonderer Wichtigkeit für
das Gelingen, den Fachabteilungen die Identifikation mit dem angestrebten
Gesamtziel zu ermöglichen.
Möglich ist das durch breite und tiefgehende Information. Pilotanwendungen,
mit denen auch speziell Verfahrensschwächen aufgedeckt werden können,
und die intensive Schulung einzelner Entwurfsmitarbeiter gehören dazu.
Sie haben eine bedeutende Schrittmacherfunktion.

Wichtiger aber noch ist es, schon in der übenden Nutzung der CAD-Arbeitstechnik den Mitarbeitern möglichst viel Freiheit in der Wahl der zu bearbeitenden Themen sowie der Art und des Umfangs des Arbeitens damit zu
lassen. So ist es möglich, im ersten Kontakt mit der neuen Arbeitstechnik
auch zu vermitteln, wie das Rollenverständnis des Entwurfsmitarbeiters
im zukünftigen Entwicklungsprozeß sein soll.
Er soll nicht durch noch mehr starre und Arbeitsprozesse festschreibende
Arbeitstechnik weiter eingeengt werden, sondern er soll sich nach eigener
Entscheidung entsprechend seiner kritischen Verantwortung für Entwurfs-
ergebnis und Entwurfstechnik der angebotenen Möglichkeiten bedienen können.

3.3.2 Betriebsrat

Das Interesse des Betriebsrates gilt natürlich zunächst den äußeren Arbeitsbedingungen, die Folge der neuen Arbeitstechnik sind. Fragen der
ergonomischen Gestaltung wie auch des zeitlichen Arbeitsablaufes im Hinblick auf die zulässige Belastung der Mitarbeiter werden von ihm verfolgt.

Viel wichtiger ist ihm jedoch die Arbeitsplatzsicherung für alle Mitarbeiter des Unternehmens. Rationalisierende Maßnahmen, wie diese, können
in diesem Sinne kürzerfristig eine Gefahr bedeuten. Auf längere Sicht
sind sie jedoch unabdingbar notwendig, damit nicht durch Verlust der
Konkurrenzfähigkeit des Unternehmens die Arbeitsplatzsicherheit nachhaltig
gefährdet wird. Dem Betriebsrat wurde daher durch rechtzeitige Information
über die insgesamt geplanten Schritte, durch eben den Rahmenplan, und zusätzlich durch Einschaltung bzw. Information in die tatsächlich angegan-
genen Einzelmaßnahmen, wie

      Schulung

      Systemeinführung

      Arbeitsplatzinbetriebnahme

die Möglichkeit gegeben, das 'Wie' der Einführung mit zu steuern. Diese
Möglichkeit wird tatsächlich aktiv genutzt.

3.3.3. Betriebswirtschaft

Fachabteilung und Betriebsrat garantieren im Vertreten ihrer Sachintes-
sen, daß bei der Einführung nur sinnvolle Schritte zum Zuge kommen.
Die Rolle der Betriebswirtschaft ist es, die finanzielle Machbarkeit
der Vorhaben, nämlich des Gesamtziels und der jeweiligen Einzelschritte,
zu überprüfen. Sie muß durch die richtige Zuordnung der dafür insgesamt
zur Verfügung stehenden Mittel auf die verschiedenen Investitionsvorhaben
des Unternehmens die auf kürzere und längere Sicht wirkenden Maßnahmen
zur Zukunftssicherung aufeinander abstimmen. Die Sicherung des 'schnellen' Return on Invest läßt sie häufig die auf die Produktion gerichteten
Maßnahmen als wichtiger bewerten. Die längerfristige Zukunftssicherung
durch Maßnahmen in der Entwicklung ist aber auch von großem Interesse.
Finanzielle Grundvoraussetzung ist natürlich, daß überhaupt Investitions-
mittel zur Verfügung stehen, daß also das Unternehmen im wirtschaftlichen
Sinne gesund ist.

3.4   Fortsetzung des Einführungsprozesses

Für die weitere Einführung ist ein konzeptioneller Gedanke besonders
bedeutend; der Gedanke, daß die Einzelsysteme sich selbst einführen und
nicht, daß sie eingeführt werden.
In der Praxis heißt das, daß die Fachabteilungen, die betroffenen Mitarbeiter selbst, zum Motor der Einführung werden. Je nach erkanntem Vorteil für die eigene Arbeit machen sie sich für zu ergreifende Einzelmaßnahmen stark. Die dabei bestehenden Hemmungen, wie das Einführungsrisiko
und das Schaffen der finanziellen Voraussetzungen garantieren dann in
den meisten Fällen, daß die Vorgehensweise sinnvoll ist, und damit auch
das Einverständnis des auf die zukünftige Arbeitsplatzsicherheit achten-
den Betriebsrates.

Die Systemstelle der Entwicklung schafft dabei durch Abstimmung der Einzelmaßnahmen der Fachabteilungen mit dem Integrationskonzept die Voraussetzungen für die Integration und ergreift begleitend die entsprechenden Maßnahmen dazu. Sie übernimmt im einzelnen die

- Schulung, Beratung von Anwendern und Ausführung von Pilotanwendungen
- Systemauswahl, -implementierung, -weiterentwicklung, sowie das Be-
  reitstellen spezieller aufgabengemäßer Lösungen
- Schaffung von Normteile- und Gleichteiledatenbank
- Schaffung der Geometriebeschreibungsstandards und des Rechnerverbundes
  für die Entwurfsdatenkommunikation
- Schaffung der Fahrzeugentwicklungsdatenbank

Im Wahrnehmen dieser Aufgaben verbessert sie so ständig die mit der Integration steigenden Chancen der Einführbarkeit.

4. Veränderungen im Entwicklungsprozeß

4.1 Skizze der heutigen Situation

Der heutige Entwurfsprozeß besteht weitgehend im experimentellen Suchen
einer Entwurfslösung, die möglichst gut der komplexen Entwurfsaufgabe
gerecht wird. Die theoretische Modellbildung und die Validierung komplexer
Zusammenhänge geschieht zum größten Teil ausschließlich in den Köpfen
der Entwerfer. Die 'Technische Zeichnung' gibt nur Anhaltspunkte für diese gedankliche Modellbildung und -bewertung.
Aufwand und Schwierigkeiten der zum Schluß notwendigen experimentellen
Validierung des Entwurfs führen zur Forderung an den Konstrukteur, möglichst mit dem ersten Griff ein brauchbares Ergebnis bereitzustellen.

Der Konstrukteur muß zur Erreichung dieses Ziels das Entwurfsrisiko möglichst gering halten.
Das Gehen neuer Wege ist ihm weitgehend verwehrt. Sogar über Varianten,
die nahe bei der speziellen, erhaltenen Lösung liegen, ist ihm nur wenig
bekannt.

4.2 Skizze des rechnerunterstützten Entwurfsprozesses

Diese Entwurfstechniken erleichtern die analytische und experimentelle
Untersuchung von Entwurfsvarianten und ermöglichen sie dadurch erst. Analytische Bewertungen können einfacher und früher eingeschaltet werden. Experimentelle Untersuchungen bedürfen durch NC-Fertigung von Prototypen ge-
ringeren Vorbereitungsaufwandes.
Diese Erleichterungen vergrößern den Konstruktionsfreiraum des Entwerfers.
Es ist ihm möglich, seine Untersuchungen auch auf Varianten zu erstrecken.
Sein KNOW-HOW hinsichtlich des von ihm vorgeschlagenen Entwurfs umfaßt
empirisch auch das Lösungsumfeld. Auch auf spät erkannte Änderungswün-
sche an die Konstruktion, z.B. aufgrund von neuen Fertigungsbedingungen,
kann er aufgrund dieses KNOW-HOW's noch reagieren und die Modifikation
eventuell leicht in das rechnerische Geometriemodell des Entwurfs einfügen.

4.3 Weitere Schritte für den rechnerunterstützten Entwurfsprozeß

Die eingeleiteten Schritte, wie bis jetzt beschrieben, beziehen sich auf
die

- Rechnerunterstützung bei der Geometriemodellierung und die
- Datenverbund- und Datenbanktechnik für die Verbesserung der Kommunikation und der Information der beteiligten Entwicklungsstellen.

Die einzuführenden, informationstechnischen Medien bergen aber auch die
Möglichkeiten zu weiterer Veränderung des Entwicklungsprozesses.

Während die ersten, jetzt eingeleiteten, Schritte zwar Arbeitsinhalte
und -qualitäten verändern und ein engeres Zusammenrücken der beteiligten

Entwicklungsstellen bewirken, lassen sie den organisatorischen Entwicklungsfluß im wesentlichen unverändert.

Die weiteren Schritte der Systementwicklung werden aus der gleichen Motivation heraus wie bisher die weitere Algorithmisierung des Entwicklungsprozesses, wo immer dies sinnvoll ist, zum Gegenstand haben müssen. Die

- funktionsparametergesteuerte Geometrieauslegung und die
- weitere Verdrängung der experimentellen Entwurfsbewertung durch analytische Verfahren

sind hier die Ziele. Ansätze für derartige Lösungen existieren dabei schon heute, wie die Beispiele

- Parametergesteuerter Zeichnungsentwurf für die Kolbenstangenführung
- Finite-Elemente-Verfahrensentwicklung für die c_w-Wert-Bestimmung

zeigen.

Ziel hinter diesem erweiterten Maßnahmenkatalog zur Veränderung der Arbeitstechnik in der Forschung und Entwicklung ist die Vermeidung zeitraubender Entwicklungsfehlrichtungen und die Optimierung des Entwurfskompromisses zwischen den sich zuwiderlaufenden Hauptanforderungen aus der Entwurfsaufgabenstellung.

Für den Entwicklungsprozeß bedeutet das, daß die über das ganze Auto gehende Entwurfsabstimmung zur Erfüllung dieser Anforderungen am Beginn stehen und analytisch ausgeführt werden muß.

Für die Systementwicklung heißt das die Bereitstellung von Verfahren für die

- beste Geometriemodellierung und die
- durchgehende analytische Bewertung.

Entsprechend dem Fortgang der Systementwicklung für diese Ziele wird sich sicherlich auch der Entwicklungsfluß in der Automobilentwicklung ändern. Denkbar ist ein Entwicklungsablauf wie folgt:

- Die wesentlichen Entwurfsanforderungen werden in der Vorentwicklung im rein analytischen Entwurfsmodell verifiziert. Voraussetzungen dafür sind die vollständige, rechnerische Entwurfsmodellierung und die durchgehende, analytische Bewertungsmöglichkeit.
- Im weiteren Gang der Entwicklung wird diese Entwurfsgeometrie detailliert. Prototypen werden gebaut, so daß das Entwurfskonzept auch physikalisch verifiziert werden kann. Dabei dienen die Testergebnisse auch der Korrektur der analytischen Vorentwicklungsverfahren.
- Das mathematische Modell des endgültigen Entwurfs wird dann Ausgangsbasis der Werkzeugentwicklung bei der Produktionsvorbereitung. Fertigungserfahrungen dienen der Korrektur bzw. Ergänzung der Entwurfsvorgaben und der analytischen Verfahren der Vorentwicklung.

EINSATZ EINES MIKRORECHNER-CAD-SYSTEMS BEI DER PLANUNG
    UND KOSTENOPTIMIERUNG VON CHEMIEANLAGEN

Hans Schlosser [+]

EINLEITUNG

Zu den planerischen Aufgaben des Ingenieurs bei der Errich-
tung einer Chemieanlage gehören neben der Verfahrensberech-
nung und der Apparatedimensionierung auch und zum nicht ge-
ringsten Teil die Planung der Apparateaufstellung und der
Rohrleitungsverläufe.
Aus der Tatsache, daß durchaus 30-40% und mehr der Gesamtinves-
titionskosten auf Rohrleitungen, Armaturen und Isolierung entfallen,
wird die Bedeutung dieses Planungsschrittes für die Gesamtkosten
ersichtlich.
Darüberhinaus bewirken Mängel in der Rohrleitungsplanung meist
unweigerlich die Verzögerung der Projektfertigstellung, da sie
oft erst während der Rohrleitungsmontage am Ende des Projekt-
ablaufs festgestellt werden.
Die Anordnung von Apparaten, Maschinen und Rohrleitungen zu
einer funktionsfähigen Chemieanlage ist schon aufgrund der
Vielzahl der Objekte ein komplexer Vorgang. Dieser wird üb-
licherweise schrittweise gelöst, indem eine zunächst plau-
sible Anordnung in Form einer Zeichnung vorgegeben und dann in
der Regel rechnerisch geprüft wird, ob die Anordnung den
einzuhaltenden Restriktionen genügt.
Die Wahlfreiheit der Apparateaufstellung und Rohrleitungsführung ist durch

                    geometrische
                    und
                    technische
Restriktionen eingeschränkt.

[+] Dr.-Ing. Hans Schlosser, wiss. Assistent am Lehrstuhl für
     Anlagentechnik der Universität Dortmund

Geometrische Restriktionen bestehen z.B. darin, daß der Planungsraum
durch die Abmessungen des Gebäudes, das Rastermaß der Stahlgerüste,
Versorgungsschächte und nicht zuletzt durch die bereits posi-
tionierten Apparate und Rohrleitungen eingeschränkt wird.
Hinzu kommen noch Fluchtwege, Mindestabstände und Zugäng-
lichkeitsanforderungen für Apparate und Armaturen.
Technische Restriktionen bestehen z. B. in der Forderung, daß
eine Rohrleitung mit vorgegebenem Gefälle verlaufen muß, daß
Apparat A über Apparat B anzuordnen ist oder daß die Wärme-
spannung einer heißgehenden Rohrleitung einen maximalen
Wert nicht überschreiten darf. Ein Anordnungsentwurf, der
sowohl den geometrischen als auch technischen Restriktionen
genügt, muß schließlich auch noch wirtschaftlich vertret-
bar sein.
Im Laufe eines Planungsvorganges müssen u. U. zahlreiche
Aufstellungsalternativen erstellt und begutachtet werden. Je
früher dies im Planungsablauf geschehen kann - möglichst bereits
bei der groben Vorplanung - , umso günstiger ist dies für eine
technisch und auch wirtschaftlich optimale Lösung.
Das traditionelle Kommunikationsmittel ist hierbei noch immer
die technische Zeichnung. Die Nachteile dieses Informations-
trägers sind folgende:
Erstens erfordert das Anfertigen, Vervielfältigen, Korrigieren
und Verwalten üblicher Transparent-Zeichnungen qualifizierte
und somit teure Handarbeit.
Zweitens läßt sich keine automatische Verknüpfung zwischen den
Abmessungen eines Bauteils in der Zeichnung und z.B. der Eingabe dieser Maße in ein Berechnungsprogramm für dieses Bauteil
herstellen.
Drittens beinhaltet eine ebene Zeichnung keinerlei Information
über die räumliche Erstreckung eines Objekts; diese kann nur auf
dem Umweg über verschiedene Ansichten und Schnitte vermittelt
werden. Zeichungskorrekturen müssen selbstverständlich an allen zusammengehörigen Ansichten vorgenommen werden und führen
zu einer Multiplikation des Aufwandes.
Diese Gründe im wesentlichen, also

    1. hohe Anfertigungs- und Korrekturkosten,

    2. fehlende Rückkopplung zwischen Bild- und Maßinformation,

    3. keine echte, konsistente 3-dimensionale Objektinformation,

sprechen gegen die Zeichnung als zentraler Informationsträger der
geometrischen Gestalt von Anlagenteilen oder Rohrleitungen und

für ein integriertes System, in dem die räumliche Struktur und
die Anordnung von Objekten numerisch erfaßt und gespeichert werden.
Eine solche numerische Notation der Bildinformation kann leicht
verändert werden; Ansichten und Schnitte, die aufgrund der
einheitlichen Datenbasis erzeugt werden, besitzen alle die
gleiche Aktualität. Schließlich können Bauteilabmessungen wei-
tergehenden Berechnungsprogrammen übergeben werden, so daß das
CAD-System bezüglich dieser Routinen als Eingabe-Preprocessor
wirkt.

AUFGABENSTELLUNG

Für die besonderen Belange der Vorprojektierung von Chemiean-
lagen wurde am Lehrstuhl für Anlagentechnik an der Universität
Dortmund ein Programm-System zur Bearbeitung folgender Aufgaben
entwickelt:
1. Erfassen der Objektgestalt und Speicherung in numeri-
   scher Form
2. Anordnen, Verschieben und Drehen der Objekte in einem
   definierten Planungsraum
3. Anordnen von Rohrleitungen und Armaturen zwischen den
   vordefinierten Anschlußstutzen der Apparate
4. Abbilden der aktuellen Anordnung unter einem beliebig
   wählbaren Projektionswinkel alternativ auf einem
   grafischen Display oder einem Plotter
5. Spannungsberechnung, Dimensionierung der Rohrleitung
   auf Innendruck und Ermittlung der Material-, Montage-
   und Isolierkosten von Rohrleitungen anhand von
   Rohrleitungsteilelisten.
6. Druckverlustberechnung

Die wesentlichen grafischen Funktionen sollten ohne Großrechner verfügbar sein; daher wurde das Programmsystem für eine
Hardware konzipiert, die einen Mikrorechner ab 32 Kb, Floppy-
oder Harddisk, Plotter, Digitalisiergerät sowie ein alphanu-
merisches Eingabedisplay und einen grafischen Bildschirm am
Arbeitsplatz umfaßt.

SYSTEMBESCHREIBUNG

Erfassung, Darstellung und Manipulation von Objekten
Vor der eigentlichen Aufstellungsplanung wird die geometrische
Form der Apparate erfaßt und in einer Apparatebibliothek für
die weitere Verwendung gespeichert.
Die numerische Notation häufig verwendeter, vordefinierter
Apparateformen kann mit Hilfe spezieller Routinen durch bloße
Maßeingabe, z. B. von Durchmesser, Höhe, Bodenform, Stutzen-
lage, erzeugt werden. Andere Apparateumrisse werden mit Hilfe
des Digitalisiergerätes erfaßt. Die notwendige 3-Dimensionalität
wird erreicht, indem die erfaßte Kontur im Abstand einer über
das Menufeld eingegebenen 3. Koordinate dupliziert wird. Komplexere Apparate werden zweckmäßigerweise in geeignete Sub-
körper zerlegt, die mit Hilfe des Digitalisiergerätes erfaßt
und dann in gewünschter Weise einander zugeordnet werden.
Beim zweiten Bearbeitungschritt, der eigentlichen Aufstellungsplanung, wird jeder benötigte Apparat einzeln aus der Bibliothek gelesen und ein projektives Abbild seiner Konturen
unter einem Winkel erzeugt, der sich aus dem Sehwinkel des
Koordinatensystems des Planungsraums plus der Winkellage des
Objekts im Planungsraum ergibt. Die Projektion kann daher
wahlweise Seitenansicht, Draufsicht oder eine isometrische
Darstellung ergeben.
Zur Unterstützung des räumlichen Eindrucks können nicht
sichtbare Kanten unterdrückt oder gestrichelt dargestellt
werden. Eine generelle Visibilitätsprüfung schien angesichts
des Umfanges der hierfür vom Grafik-Prozessor zu bearbeitenden
Dateien nicht zweckmäßig (Abb. 1).
Mittels einfacher, über Tastatur einzugebener Codes werden
Objekte aus der Datenbank gerufen, gedreht oder an einen
bestimmten Ort des Planungsraumes verschoben.
Die Folge der Einzelaktionen ist völlig wahlfrei, da das
Programm jedesmal nach Ausführung eines Kommandos in einen
befehlserwartenden Zustand zurückgeht und somit ein "Wechsel-
gespräch" zwischen Benutzer und Programm ermöglicht.
Die Position eines Objektes ist jederzeit auf Anforderung durch
Ausdruck der Bezugspunktkoordinaten oder durch deren Einblendung
in die Appparateabbildung überprüfbar.

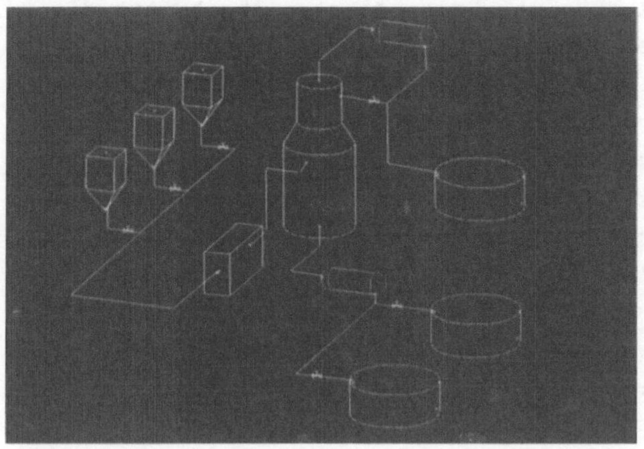

Abb. 1 : Darstellung verdeckter Kanten

Der Planungsraum ist formal ebenfalls ein Objekt, das einen
unregelmäßig geformten, u. U. noch in Stockwerksebenen unter-
teilten Hohlkörper repräsentiert, innerhalb dessen die Apparate-
objekte anzuordnen sind.
Erfassung, Darstellung und Manipulation von Rohrleitungen
Rohrleitungen werden, wie in isometrischen Zeichnungen üblich,
durch ihre Mittellinie dargestellt. Ihre programminterne
Darstellung besteht in einer Folge von Knotenpunkten.
Startpunkt kann ein beliebiger Punkt im Planungsraum sein,
in der Regel wird eine Rohrleitung jedoch bei einem Apparate-
stutzen beginnen, der durch Apparate- und Stutzenidentifikator
beschrieben wird. Länge und Richtung weiterer Rohrleitungsabschnitte werden durch ihre Vektorkomponenten relativ zum letzten
Knoten eingegeben.
Sofort nach der Eingabe eines neuen Abschnitts wird die Rohrleitung
vom ersten bis zum letzten Knoten abgebildet; fehlerhafte
Eingaben sind daher sofort erkennbar und können korrigiert werden.
An jedem Knotenpunkt können Armaturen, Reduzier- und Verzweigungs-
stücke oder andere Einbauten vorgesehen werden. Zu diesem Zweck
wird die Rohrleitung bis zum Einbauort der Armatur verlegt

und dann anstelle der Komponenten des nächsten Abschnitts die
Code-Nr. der gewünschten Armatur angegeben. Die angrenzenden
Rohrleitungsabschnitte werden automatisch um jeweils die halbe
Einbaulänge der Armatur gekürzt. An Knotenpunkten, an denen die
Rohrleitung die Richtung ändert, wird selbsttätig ein Krümmer
vorgesehen. Typ und Anzahl der eingebauten Armaturen werden
in einer Stückliste vermerkt, die ausgedruckt werden kann.
Die Verlegung der Rohrleitung erfolgt zunächst vorwiegend
nach optischen Gesichtspunkten, doch kann bereits dabei der
Abstand von Rohrleitungsabschnitten überprüft werden, um
Kollisionen zu verhindern. Veränderungen des Verlaufs
erfolgen durch Ändern oder Löschen der vorhandenen oder
durch Hinzufügen neuer Knotenpunkte.
Diese Bearbeitungsmodi für das Verschieben, Einfügen oder
Löschen werden durch einen 2-Zeichen-Code aktiviert, gefolgt
von Rohrleitungs- und Knotennummer; die Handhabung ist
sehr einfach (Abb. 2).

Programmfunktion	Eingabe
Verändern von Knoten-koordinaten	VK, RL-Nr, Knoten-Nr, Δx, Δy, Δz
Einfügen eines Knotens	EK, RL-Nr, Knoten-Nr, Δx, Δy, Δz
Löschen eines Knotens	LS, RL-Nr, Knoten-Nr
RL an einem Knoten verzweigen	ZW, RL-Nr, Knoten-Nr, Δx, Δy, Δz

Abb. 2 : Bearbeitungs-Modi für Rohrleitungen

ANWENDUNG

Beispiel eines Rohrleitungsentwurfs unter Berücksichtigung
wirtschaftlicher Gesichtspunkte.
Bereits die Erstellung und Korrektur von Zeichnungsinformationen
m.H. des grafischen Programmsystems bietet merkliche Vorzüge
gegenüber der Konstruktion mit Papier und Bleistift.
Der entscheidende Vorteil liegt u.E. jedoch darin, daß die
Planung der geometrischen Anordnung keine singuläre Aktivität
mehr ist, die lediglich zu Zeichnungen führt, sondern daß nun
zugleich eine konsistente Datenbasis für Programm-Module erzeugt wird, die ihrerseite geometrische Daten des Entwurfs
benutzen, um weitere technische oder wirtschaftliche Größen
zu berechnen. Diese können u.U. selbst wieder den Entwurf
beeinflussen.
Nachfolgendes Beispiel /1/ möge dies verdeutlichen.
Drei Apparate werden über eine Stichleitung aus dem Haupt-
versorgungsstrang beschickt. Die Geometrie der Leitungs-
führung hat sich aufgrund der benachbarten Apparate
ergeben und soll im weiteren nicht untersucht werden (Abb. 3).

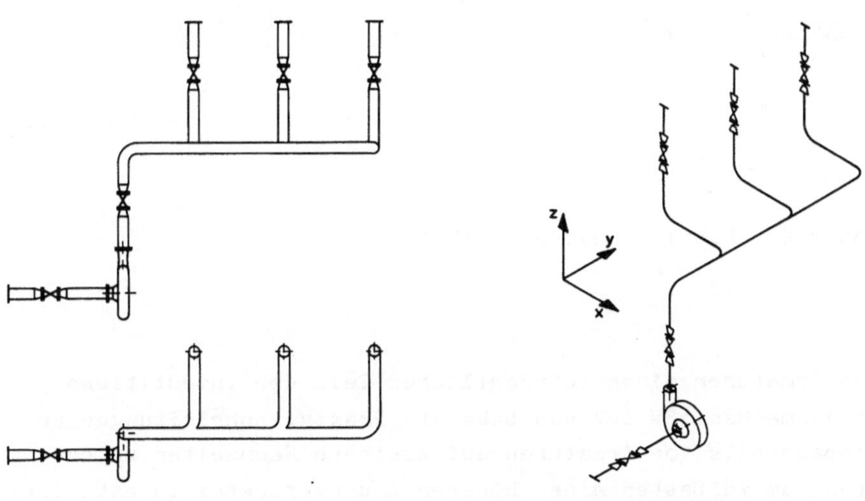

Abb. 3 : Drauf-, Seiten- und isometrische Ansicht der
untersuchten Rohrleitung

Durch die Rohrleitung soll eine definierte Menge einer
wässrigen Lösung auf möglichst wirtschaftliche Weise zu den
drei Verbrauchern gefördert werden. Die Kosten des Trans-
ports ergeben sich hier im wesentlichen aus den Amortisations-
kosten der Rohrleitung und den Energiekosten für den Pumpen-
antrieb.
Der erste Entwurf führte zu einer Rohrleitung der Nennweite
DN 250. Die Energiekosten betrugen ca. 350,-DM/a, die Kapital-
kosten für die Rohrleitungsinvestition jedoch 2750,-DM/a.
Man erkennt anhand der Teileliste (Abb. 4),

RL- Kurzbezeichnung : RL-Nr. Medium DN PN Werkstoff Ausführungsart

von Baufeld, Apparat, Stutzen

nach ....

Revisions - Nr. ....

Menge [m] [Stck]	Bezeichnung	DN	PN	Werkstoff	DIN	Lager-Nr.	Isolier-dicke [mm]	Korrosionsschutz				Listenpreis [DM]
3,5	Rohr, längsgeschweißt	250	25	1.0305	2448	–	–	–				339,-
1	Reduzierstück 250/200	–	25	1.0305	2616	–	–	–				111,-
1	Flansch 250×273	250	25	1.0402	2634	–	–	–				51,-
1	Flansch 200×219,3	200	25	1.0402	2634	–	–	–				47,-
1	Schieber	200	25	1.0402	–	0987	–	–				1 860,-
1,5	Rohr, längsgeschweißt	250	25	1.0305	2448	–	–	–				145,-
1	Reduzierstück 250/200	–	25	1.0305	2616	–	–	–				111,-
10	Rohrbefestigung	250	–	–	–	–	–	–				

RL - Materialkosten Σ

Abb. 4 : Rohrleitungs-Stückliste

daß die Armaturen einen beträchtlichen Teil der Investitionskosten ausmachen. Es ist nun bekannte Praxis, Rohrleitungen an
der Einbaustelle von Armaturen auf kleinere Nennweiten zu reduzieren, um zu Lasten eines höheren Druckverlustes Investitionskosten für Armaturen einzusparen. Die Frage hierbei ist nur, bis
zu welcher Querschnittsverringerung diese "berlegung wirtschaftlich sinnvoll ist.

Die Gegenüberstellung von Investitionskosteneinsparung auf der
einen Seite und Mehraufwand an Energiekosten auf der anderen
erfordert die Berechnung der Druckverluste, die zwar nicht
schwierig aber zeitraubend ist, und das Zusammentragen von
Einzelteilkosten.

Bereits bei diesem kleinen Beispiel sind im Rahmen der Norm-
reihe, die Reduzierungen von DN 250 in Stufen bis DN 100
vorsieht, zahlreiche Alternativen möglich, so daß eine
manuelle Durchrechnung aller Alternativen nicht mehr
sinnvoll erscheint.

Mit dem Aufstellungsplanungs-Programm können nun sowohl
Veränderungen des Rohrleitungsverlaufs als auch der enthaltenen Formteile, in diesem Fall Reduzierstücke, Abzwei-
gungen usw., in kurzer Zeit am Bildschirm eingegeben werden.
Daraus ermitteln entsprechende Programm-Module Druckverlust
Pump- sowie Investitionskosten. In dieser Weise können viele
infrage kommende Kombinationen bearbeitet werden (Abb. 5).

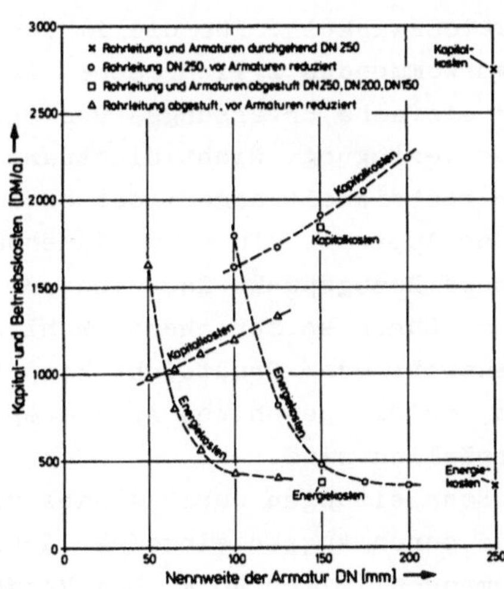

Abb. 5 : jährliche Kapital- und Energiekosten in Abhängigkeit
von der Nennweitenreduktion

Als wirtschaftlichste Lösung wird die Variante mit der
kleinsten Summe von jährlichen Kosten realisiert werden.
Im allgemeinen Fall, wenn nicht nur die Durchmesser gewisser
Rohrleitungsformteile, sondern u.U. die gesamte Rohrleitungsführung verändert werden dürfen, ergeben sich große Varianten-
zahlen. Das Auffinden der günstigsten Variante soll nach wie
vor dem Sachverstand des technisch geschulten Programmanwenders
überlassen bleiben. Das CAD-Entwurfs-System erleichtert die
Beschreibung der äußeren Form einer Anlage und stellt die
geometrische Datenbasis für weitergehende Berechnungen zur
Verfügung.

ZUSAMMENFASSUNG

In seinem derzeitigen Ausbauzustand bietet das System
folgende Leistungen:
1. Erfassung praktisch beliebiger Apparatekonturen in
   digitalisierter Form und deren Darstellung unter frei
   wählbaren Projektionswinkeln. Für die im Chemieappa-
   ratebau häufig vorkommenden zylindrischen Apparate
   stehen besonders einfache Erfassungs- und Speiche-
   rungsmethoden zur Verfügung. Nicht sichtbare Linien
   werden wahlweise gestrichelt abgebildet oder unterdrückt.
2. Positionierung der Apparate einer zu planenden Anlage
   durch Eingabe ihrer Bezugspunkt-Koordinaten über eine
   Terminal-Tastatur. Durch entsprechende Wahl der Darstellung
   z.B. als Seitenansicht oder Draufsicht kann bereits visuell
   beurteilt werden, ob die gewählten Apparatepositionen
   miteinander verträglich sind.
3. Trassierung von Rohrleitungen durch Angabe von Start-
   und Zielpunkt und durch Angabe einzelner Rohrleitungsabschnitte in komponentieller Form. Bei Veränderung der
   Anschlußstutzenposition wird der angrenzende Rohrlei-
   tungsabschnitt automatisch angepaßt.
4. Dimensionierung der Rohrleitungen und Berechnung der
   Druckverluste für gegebenen Innendruck und Mengenstrom.
5. Aufstellung einer Teileliste für jede Rohrleitung mit
   Kostenangaben. Dies erlaubt mit ausreichender Genauigkeit einen relativen Kostenvergleich verschiedener
   Rohrleitungsverläufe bzw. -ausführungen.

Der Vorteil dieser Planungstechnik ist darin zu sehen, daß
die Rohrleitungsführung bereits wesentlich früher als bei
konventioneller Planungsweise berücksichtigt werden kann.
Aufgrund des räumlichen Eindrucks der isometrischen
Darstellung der Apparate werden intuitiv sinnvolle und
kurze Rohrleitungsverläufe gewählt und im Falle von
Kollisionen die betroffenen Rohrleitungen und Apparatepositionen umgehend - also ohne langwierige Zeichnungs-
änderungen - und im Zusammenhang mit den übrigen Anlagenteilen den neuen Erkenntnissen angepaßt.
Mit nur geringem Arbeits- und Kostenaufwand für die
Korrektur der Abbildung kann der Planer so viele Veränderungen vornehmen bis das Ergebnis seiner Vorstellung entspricht;
erst die endgültige Aufstellung wird auf einem automatischen
Plotter dauerhaft gezeichnet.
Bei allen Planungsänderungen werden die Positionsdaten
von Apparaten und Rohrleitungen stets auf dem aktuellen
Stand gehalten und können zu jedem Zeitpunkt schnell und
zuverlässig in binärer Form als Daten anderen Programmen
zur Verfügung gestellt werden.

/1/ R. Koppe : Dimensionierung von Rohrleitungen und Armaturen
              in Chemieanlagen   GVC-Tagung 1979, Lahnstein

RECHNERGESTÜTZTER ENTWURF INTEGRIERTER SCHALTUNGEN

O. Manck
AEG-TELEFUNKEN
Forschungsinstitut
D-7900 Ulm, BRD

1. Einleitung

Während in manchen Fachbereichen der Computer als Hilfsmittel eher zögernd Eingang
findet, ist der Entwurf und die Herstellung integrierter Schaltungen ohne die Rechnerunterstützung nicht mehr möglich. In den verschiedenen Stufen vom Entwurf einer
Schaltung bis zur Realisierung werden Computer aller Größen eingesetzt. Man kann
Gebiete unterscheiden, in denen der Einsatz des Rechners erst zögernd beginnt, und
andere, in denen bereits seit Jahren damit gearbeitet wird. Als eigentliche An-
triebskraft für den Computereinsatz läßt sich die immer größere Anzahl von Transistoren pro Schaltung erkennen. Während heute bis zu 10^5 Bauelemente in einer einzelnen Schaltung zusammengefaßt sind, rechnet man in 4 Jahren bereits mit 10^6 Elementen. Mit dem Übergang von der L(arge) S(cale) I(ntegration) zur jetzt beginnen-
den V(ery) L(arge) S(cale) I(ntegration) nimmt deshalb der Einsatz des Rechners
immer mehr zu. Die Entwicklung der entsprechenden CAD-Programme wird sogar als
eines der zentralen VLSI-Probleme angesehen.

Der rechnergestützte Entwurf von integrierten Schaltungen umfaßt folgende Arbeiten:

- Prozeß- und Bauelement-Modellierung für die Untersuchung des Einzelbauelements,

- Analog-, Timing- und Logik-Simulation für den Schaltungsentwurf,

- Systemsprachen zur Beschreibung komplexer digitaler Systeme,

- Layout-Verfahren einschließlich der Verfahren für die Verdrahtung und Plazierung
  zur geometrischen Realisierung der integrierten Schaltung und

- Kontrollverfahren zur Sicherstellung der Funktion des ICs vom Entwurf bis zum
  Test am fertigen Chip.

2. Technologie- und Bauelement-Simulation

Das einzelne Bauelement ist charakterisiert durch sein Dotierungsprofil, d. h.
durch die Verteilung der verschiedenen Fremdatome im Siliziumkristall. Die zur Herstellung angewandten technologischen Verfahren der Diffusion, der Implantation, der
Oxidation oder der Epitaxie lassen sich im wesentlichen durch Lösungen der Diffu-
sionsgleichung beschreiben. Die numerischen Rechenverfahren und -probleme sind aus

der Theorie der partiellen Differentialgleichungen /1, 2/ weitgehend bekannt. Die
wichtigen zweidimensionalen Verteilungen benötigen sehr viel CPU-Zeit, so daß man
sich meistens auf eindimensionale Schritte beschränken muß. Dazu kommt, daß wegen
der Vielzahl der physikalischen Prozesse die Mechanismen mit ihren Parametern nur
teilweise bekannt sind. Zur Verbesserung der Programme muß deshalb in erster Linie
ein erheblicher Meßaufwand getrieben werden, so daß die Entwicklung der Prozeß-
modellierungsprogramme den Hochschulen und wenigen Großfirmen vorbehalten ist. Im
praktischen Einsatz kann aber der Anwender bei Teilproblemen bereits mit den jetzt
vorgestellten Programmen, an erster Stelle mit dem kostenlos erhältlichen SUPREM /3/,
nicht unerhebliche Einsparungen an Entwicklungszeit erzielen.

Ähnlich ist die Situation bei der Bauelementsimulation, bei der aus dem Dotierungs-
profil die elektrischen Eigenschaften des einzelnen Bauelements berechnet werden.
Mit der Poissongleichung und den beiden Transportgleichungen für Elektronen und
Löcher sind gleich drei partielle Differentialgleichungen zu lösen, so daß die
Rechenzeit für zweidimensionale Bauelemente wiederum erheblich ist. Da die wenigen
physikalischen Mechanismen hier recht gut bekannt sind /4, 5/ und Programme von
Hochschulen /6-8/ zur Verfügung stehen, begrenzt nur der Rechenaufwand den prakti-
schen Einsatz.

Beide Gebiete, Prozeß- und Bauelement-Simulation, ergänzen sich gegenseitig. Ihr bisheriger Einsatz hat entscheidend zu einem besseren Verständnis der Vorgänge im Innern
des Halbleiters beigetragen und dadurch in alle Bereiche, vom Entwurf bis zur Pro-
zeßführung, hineingewirkt. Mit immer kleiner werdenden Dimensionen nimmt die Bedeutung dieser Simulation stetig zu.

3. Schaltungssimulation

Da für Schaltungen bereits früher, vor der monolithischen Integration auf Silizium,
der Wunsch nach Simulation bestand, gilt die analoge Netzwerkanalyse beim Entwickler
als ein seit langem eingeführtes und gebräuchliches Hilfsmittel. In die weitgehend
abgeschlossene Theorie sind durch die Integration vielleicht folgende zwei wesentlichen Punkte neu hinzugekommen:

- neue Bauelemente und damit Bauelement-Modelle und

- die große Anzahl von Bauelementen pro Schaltung

Beispiele für den ersten Punkt sind die Feldeffektbauelemente wie CID und CCD, für
die dann entsprechende Modelle benötigt werden. Aber auch die klassischen Modelle
befinden sich in stetiger Fortentwicklung zwischen den beiden Polen der größeren
Genauigkeit und der möglichst einfachen, schnellen Beschreibung. Erwähnt seien das
heute am häufigsten eingesetzte Gummel-Poon-Modell für den Bipolartransistor mit

ca. 40 und das Shichman-Hodges-Modell für den MOS-Transistor mit ca. 20 Parametern.
Da beide für die meisten Anwendungen zu befriedigender Übereinstimmung mit den Mes-
sungen führen, besteht das Problem der Schaltungssimulation heute fast vollständig
darin, wieviel Bauelemente mit welchem Aufwand berechnet werden können. Die maximale Zahl dient deshalb im folgenden als Maßstab zur Bewertung und als Wegweiser für
die Fortentwicklung der einzelnen Analyseverfahren (Tab. 1).

Art	Modell	Obere Grenze der Simulation
Analog	Nichtlineare Gleichungen I (V)	DC: 200 Transistoren TR: 50 Transistoren
Timing	Tabellen I (V)	2000 Transistoren bzw. Gatter
Logik	Gatter Bool'sche Gleichungen Verzögerungsglieder	10000 Gatter
System	Funktionsbausteine	20000 Gatter

Tab. 1: Die Grenzen der Simulationsverfahren im bezug auf die Bauelementeanzahl

Setzt man 5 CPU-Stunden auf einem klassischen Großrechner wie der TR 440 oder der
CDC 6000er Serie als obere finanzielle und zeitliche Grenze für eine mittlere Simulation an, so können in der Analogsimulation nur ca. 50 Transistoren dynamisch
untersucht werden. Die geringe Anzahl erklärt sich dadurch, daß die einzelne zeit-
abhängige Berechnung oft wiederholt werden muß, um die Streuung der Parameter, die
Temperaturstabilität, die Empfindlichkeit oder den "worst case"-Fall zu überprüfen.
Standard-Analog-Schaltungen sind heute etwa viermal so groß, für Digitalbausteine
reicht diese Zahl von 50 Transistoren höchstens für die Grundelemente der Bibliothek
aus. So zuverlässig die Ergebnisse der Analogsimulation mit modernen Programmen
/9, 10/ auch sind, so wenig können wegen der geringen Anzahl damit die Bedürfnisse
der Schaltungsentwickler befriedigt werden.

Neben den Analogsimulatoren gibt es deshalb seit längerem für rein digitale Anwendungen Logiksimulatoren, mit denen die Fehlerfreiheit eines Logikentwurfs überprüft
werden kann. Da häufig über die reine Kombinatorik hinaus die Laufzeiten für die
Funktion wesentlich sind, enthalten die meisten Simulatoren Laufzeitglieder, durch
die analoge Eigenschaften wie Impulsdauer und -flanken mitberücksichtigt werden

können. Neben dem 0- und 1-Pegel gibt es den unbestimmten x-Zustand, wenn Impuls-
flanken aufeinander treffen. Durch Reduzierung der Berechnung auf den gerade akti-
ven, d. h. den sich ändernden Teil der Schaltung wird die Simulation sehr effektiv.
Programme dieser Art, von den meisten Firmen selbst entwickelt, beherrschen heute
den Digitalentwurf, sei es auf der Leiterplattenebene oder auf dem IC-Gebiet. In
der oben angegebenen Zeitschranke kommen sie bis auf etwa 10.000 Gatter und reichen damit zur Simulation von einfachen Mikroprozessoren aus. Da die Testbarkeit
großer Schaltungen bereits beim Entwurf berücksichtigt werden muß, enthalten moderne Logikprogramme /11, 12/ eine Fehlersimulation und eine Testmustererzeugung.
Dadurch fällt die maximale Gatteranzahl auf weniger als 5000 Gatter.

Diese immer noch fast 1000fache Steigerung der Bauelementeanzahl - ein Logikgrund-
baustein besteht aus mehreren Transistoren - wird durch den fast völligen Verzicht
auf analoge Eigenschaften erreicht. Die Programme können deshalb nicht eingesetzt
werden, wenn mit den Laufzeiten die Geschwindigkeit der Digitalschaltung selbst
untersucht werden soll. Da dies sehr häufig notwendig ist, hat man mit den Timing-
simulatoren /13-15/ ein Bindeglied zwischen analogem und digitalem Vorgehen ge-
schaffen. Mit ihnen können digitale Schaltungen noch analog berechnet werden. Der
Aufwand ist aber soweit wie irgend möglich reduziert. Die Bauelemente werden durch
Tabellen statt durch Gleichungen beschrieben, statt der Gauß'schen Elimination werden nur die Diagonalelemente berücksichtigt und zusätzlich wird nur der gerade
aktive Teil der Schaltung analysiert. Diese Einschränkungen treffen allein für
digitale Anwendungen zu, so daß man die Timing-Simulatoren auch als analoge Logiksimulatoren bezeichnen kann. Im Unterschied zum reinen Logiksimulator ergeben sich
Laufzeiten von selbst aus den angelegten Spannungen und Strömen, durch den Verzicht
auf Genauigkeit und Allgemeingültigkeit wird nur wenig an Geschwindigkeit eingebüßt.
Die Beschleunigung beträgt immer noch das 100- bis 500fache der Analogsimulation
(Tab. 2). Die Timing-Simulatoren können als die wichtigste Neuerung der letzten
Jahre angesehen werden. Ihre obere Grenze liegt bei 2000 Gattern und erlaubt damit
die direkte Berechnung größerer Funktionsbausteine.

Aus dem Bedürfnis, alle drei Analysearten mischen zu können, sind die neuesten Pro-
gramme entstanden /16, 17/. Mit ihnen ist es möglich, in einem Rechengang z. B. die
Ausgangstreiberstufe analog, den besonders schnellen Digitalteil mit dem Timing-
Simulator und den unkritischen mit dem Logiksimulator zu berechnen.

Schaltkreis	Analog-Simulation		Timing-Simulation		
	DOMOS		MOTIS-C		
	Anzahl der Transistoren	CPU-Zeit (s)	Anzahl der Gatter	CPU-Zeit (s)	
Binär-Oktal-Codierer 512 Punkte	51	121	17	6.1	TR440
	SPICE 2		SIMPIL		
Dekadischer Zähler 2001 Punkte	149	5745	47	13	Cyber73
	NAP 2		SIMPIL		
Testbeispiel	14	1614 (459 P.)	5	3.0 (400 P.)	TR440

Tab. 2: Vergleich der Rechenzeit von Analog- und Timingsimulation

4. Systemsimulation

Die größten, heute verwirklichten Nichtspeicherbausteine enthalten um 50000 Gatter.
Damit liegen die realisierten digitalen Bausteine, wie schon die analogen, erheblich
über den Möglichkeiten des CAD. Im Augenblick kann durch den Übergang von bisher
meist verwendeten Rechenzentrums-Großrechnern auf den gruppeneigenen 32-Bit-Klein-
rechner die Lücke fast geschlossen werden, da dann die CPU-Stunde in wenig mehr als
einer realen Zeitstunde abläuft und von der Kosten- wie von der Zeitseite her
40 CPU-Stunden pro Problem toleriert werden können. Trotzdem scheinen auf die Dauer
bessere, d. h. schnellere und billigere Computer keinen Ausweg zu eröffnen, da die
Schaltungsgröße noch schneller als das Leistungsvermögen der Computer wächst. So
nimmt mit der durch Elektronenstrahlbelichtung möglich gewordenen Skalierung der
Längendimension die Bauelementeanzahl fast quadratisch zu, während sich die Schalt-
zeiten längst nicht im gleichen Maße verringern. Es gelingt vielleicht, durch Paral-
lelverarbeitung in Array-Prozessoren die Gesamtverarbeitungskapazität im gleichen
Maße wie die Bauelementanzahl zu steigern. Aber auch dann wird sich die CAD-Lücke
noch vergrößern, da die meisten Algorithmen in den Simulatoren einen Zeitbedarf
haben, der stärker als linear mit der Bauelementanzahl wächst. Eine Lösung dieses
Problems kann nur durch eine hierarchische Aufteilung des Entwurfs erreicht werden,
indem das Gesamtsystem in Funktionsblöcke aufgeteilt wird, die weiter unterteilt,
dann mit Logik-,Timing- und Analogsimulatoren untersucht werden können. Die Notwendigkeit zu einer solchen Untergliederung ergibt sich auch aus der Testbarkeit. An
der Spitze dieser Hierarchie werden dann Programme oder noch besser Sprachen benötigt, die das Gesamtsystem zu beschreiben gestatten und eine sinnvolle Aufteilung in
Funktionsblöcke sicherstellen. Angestoßen durch Überlegungen um die Computerarchi-
tektur, liegen bereits mehrere solcher Versuche vor /18-22/. Es kann kein Zweifel
bestehen, daß die Simulation auf dieser Funktionsebene die eigentliche VLSI-Basis
darstellen wird. Eine Standardisierung dort ist von großer Bedeutung, die dann dem
IC- wie dem Leiterplattenhersteller in gleichem Maße nützt.

5. Layout

In der Realisierung auf dem Siliziumchip ist der Transistor durch mehrere verschieden
große Rechtecke beschrieben (Abb. 1). Seine Darstellung benötigt mit der Angabe der
beiden Eckkoordinaten ca. 50 Worte oder 200 Byte Speicherplatz. Eine heutige LSI-
Schaltung von 25 mm^2 enthält bei 5 µm minimaler Linienbreite entsprechend ca. 1,2
M Byte an Information.Der Umgang mit solchen Datenmengen ist nicht mehr von Hand möglich, so daß graphische Entwurfssysteme /23-25/ seit langem für die Maskenerstellung
eingesetzt werden. Auf dem Bildschirm kann per Lichtstift oder ähnlichem eine x-y-
Koordinate angegeben werden, nach deren Aufruf beliebige, auch vom Benutzer definier-
bare Softwareleistungen ablaufen. So kann eine Figur erzeugt, vergrößert, verkleinert,

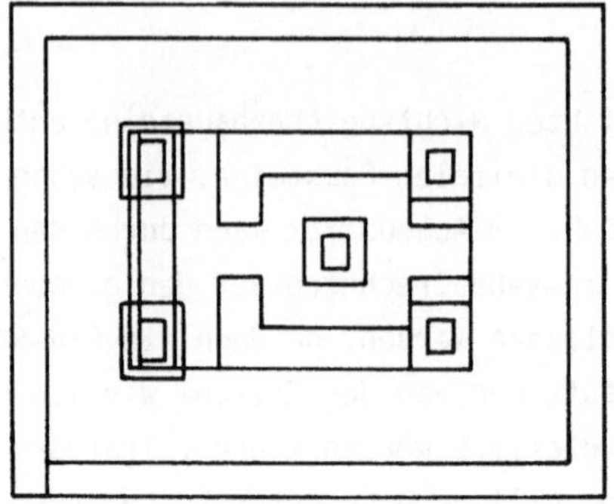

Abb. 1:   Integrierter PNP-Transistor

erweitert, gelöscht, gedreht, gespiegelt werden etc. Diese hier "graphische Editoren"
genannten Programmsysteme sind nicht nur im IC-Bereich eingesetzt, sondern mit anderer Software auch im Maschinenbau und Bauwesen. Die Eingabe der Geometrie erfolgt
entweder direkt von Hand durch Digitalisieren einer Millimeterpapiervorlage oder
durch Aufruf von Bibliothekselementen, die Einzelbauelemente oder auch beliebig große Funktionsblöcke darstellen können. Das bereits oben erwähnte hierarchische Prinzip bewährt sich auch hier wieder außerordentlich, diesmal auf die Bauelementbiblio-
thek bezogen. VLSI-Schaltungen können von Hand entworfen werden, indem bereits entwickelte Bausteine zusammengesetzt werden. Es bleibt festzuhalten, daß im Hinblick
auf VLSI-Schaltungen die graphischen Editoren das einzige CAD-Werkzeug sind, zu dem
keine Alternativen bestehen, während der Schaltungsentwurf auch ohne Simulation möglich ist. Eine mehr oder weniger große Funktionsbausteinbibliothek, entstanden aus
der Erfahrung mehrerer Jahre und mehrerer Redesigns, mag für den Praktiker ausrei-
chen. Nachteilig an dieser Handmethode, nach der heute noch die meisten Schaltungen
entworfen werden, ist der große Zeitbedarf und die große Fehlerwahrscheinlichkeit.
Ein Neuentwurf von mehr als 1000 Bauelementen kann praktisch von Hand nicht mehr
auf Fehler in der Verdrahtung kontrolliert werden. Bei einem Redesign-Zyklus - Lay-
outänderung, Herstellung, Test - im Bereich von drei Monaten liegt im fehlerhaften,
aber bezüglich der Flächennutzung zumeist optimalen Handverfahren der Hauptgrund für
die lange Entwicklungszeit von ICs.

Zur Verringerung der Fehler prüfen alle graphischen Editoren mehr oder weniger vollständig den Entwurf auf die Einhaltung bestimmter geometrischer Regeln wie Mindestabstände und -breiten. Ein echter Schaltungsfehler wie eine falsche Verdrahtung kann
aber so nicht entdeckt werden. Ist das Layout fertig, wird es auf Magnetband ausge-

geben und von speziellen, computergesteuerten Maschinen wie dem lichtoptischen
"Patterngenerator" oder der Elektronenstrahlbelichtungsmaschine in Masken umgesetzt,
die dann über Fotolackprozesse die gewünschten Strukturen auf der Siliziumoberfläche
erzeugen.

6. Automatische Plazierung und Verdrahtung

Um einen auch bezüglich der Funktion fehlerfreien Layout zu garantieren, muß die
Schaltung fehlerfrei im Rechner vorliegen - diese Aufgabe läßt sich relativ einfach
durch die Simulation lösen - und die weitere Verarbeitung vom Rechner kontrolliert
werden. Man benötigt dazu Programme, mit denen die Plazierung und Verdrahtung der
Einzelbauelemente oder Funktionsbausteine wenn nicht automatisch, so doch mindestens
interaktiv durchgeführt werden kann. Während die Verdrahtung noch relativ leicht vom
Rechner zu bewerkstelligen ist, ist die optimale Plazierung noch nicht befriedigend
gelöst und dem Handlayout bis um den Faktor 4, mindestens aber um 20 % unterlegen
/26/. Um überhaupt zu vernünftigen Algorithmen zu kommen, muß die Freiheit des Entwurfs erheblich eingeschränkt werden. Bewährt haben sich bisher Verfahren mit Stan-
dardzellen /27,28/, bei denen die Bausteinbibliothek aus Zellen gleicher Höhe, aber
unterschiedlicher Breite besteht. Typisch für den Standardzellenlayout ist die
Streifenstruktur, bei der Verdrahtungs- und Bauelementstreifen einander ablösen.

Eine solche Zellenstruktur kann von größeren Funktionsblöcken nicht eingehalten werden. Man benötigt deshalb zusätzlich Programme mit beliebigen Rechtecken als Grundelemente. Die automatische Plazierung dieser Rechtecke scheint möglich, ist jedoch
noch nicht befriedigend in der Praxis gelöst /29/. Wegen der ähnlichen Problematik
existieren auch für den PCB-Bereich solche Programme. Aus den bisherigen Erfahrungen
läßt sich aber sagen, daß nur interaktive Lösungen zu akzeptablen Ergebnissen führen.

Eine weitere Gruppe von Layouthilfen stellen die Packungsprogramme /30/ dar, die
eine mit großen Zwischenräumen entworfene Anordnung möglichst eng zusammenziehen.
Die grobe Anordnung wird dabei meist symbolisch beschrieben. Der Designer kann sich
so voll auf die Topologie konzentrieren. Dieses Verfahren beschleunigt den Handlayout erheblich und hat in der oben erwähnten Hierarchie seinen Platz bei der Optimierung des Funktionsbausteins und hier besonders im bipolaren, analogen Bereich.
Ein besonderer Vorteil jedes symbolischen Layouts ist die Flexibilität gegen Tech-
nologieänderungen.

7. Kontrolle und Test

Solange die Layouterstellung noch weitgehend von Hand durchgeführt wird, ist eine
Kontrolle der Verdrahtung unerläßlich. Da von Hand sehr leicht Fehler unterlaufen,
setzt man Programme ein, die aus dem Layout die Schaltung rückgewinnen und sie mit
der Sollschaltung vergleichen /31-33/. Um das Erkennen der Transistoren zu erleichtern,
enthält das Layout im allgemeinen zusätzliche Information.

Ein wesentlich kritischeres Problem für die heutigen LSI- wie zukünftigen VLSI-Bau-
steine ist dagegen das Testen der fertigen Schaltung. Trotz des Einsatzes von speziellen Computern betragen die Testkosten nicht selten 80 % der Herstellungskosten.
In den von der Produktion nur zugelassene Test-Sekunden können mit einem modernen
Automaten ca. 10 Millionen Testmuster durchgeprüft werden. Je nach Art des Entwurfs
- kombinatorische Logik ist vorteilhaft, sequentielle sehr nachteilig - können damit
Funktionsbausteine bis etwa 5000 Gatter getestet werden, so daß auch hier wieder die
unabdingbare Forderung entsteht, über die Anschlüsse und zusätzliche Logik VLSI-
Bausteine in Untergruppen zerlegen zu können. Die Testmuster werden von erweiterten
Logikprogrammen interaktiv /11, 12/ erzeugt. Da die Testbarkeit bereits beim Entwurf
berücksichtigt werden muß, ist ein reiner Logiksimulator nicht mehr ausreichend. Nur
solche Programmsysteme, die darüber hinaus die Fehlersimulation und die automatische
Prüfmustererzeugung möglich machen, können als vollwertig angesehen werden.

8. Das integrierte Entwurfssystem

In zukünftigen, teilweise schon heute realisierten Entwurfssystemen werden die drei
Säulen des CAD, die Simulation, die Layouterstellung und die Prüfung auf Testbarkeit
eine Einheit bilden. Funktionssprachen, die sich hardwaremäßig auf eine umfangreiche
Bausteinbibliothek stützen werden, übernehmen die Definition der Schaltungsfunktion.
Die Realisierung läuft danach mehr oder weniger automatisch ab.

Es ist schon jetzt nicht unrealistisch, drei Monate für die Entwicklung des ICs vom
Entwurf bis zur Herstellung anzunehmen. Der Einsatz von maskenprogrammierbaren ICs
wird dadurch zu immer kleineren Stückzahlen hin verschoben. Mit den halbautomatischen
integrierten Entwurfssystemen werden kundenspezifische Schaltkreise genügend schnell
und damit genügend billig produziert werden können.

Für die Hardware solcher Entwurfssysteme bieten sich die modernen 32-Bit-Kleinrech-
ner an, deren Sprachumfang ebenso wie ihre virtuellen Betriebssysteme der Programm-
entwicklung wie der Programmübernahme keine maschinenspezifischen Grenzen setzen.
Da sie zudem in den Räumen der Designgruppe aufgestellt werden können, steht ihre
Leistung über Graphikterminals direkt am Arbeitsplatz zur Verfügung.

9. Zusammenfassung

Der Übergang von den LSI- zu den VLSI-Bausteinen erzwingt auf der CAD-Seite die Zusammenfassung aller Hilfen zu einem einheitlichen Entwurfssystem, das dem Designer an einem Arbeitsplatz gleichzeitig die Möglichkeit der Simulation, der Layouterzeugung und der Testmustergenerierung eröffnet. Die Kosten des Entwurfs pro Transistorfunktion werden entsprechend weiter fallen und die Möglichkeit kundenspezifischer ICs erheblich erweitert werden.

Um aber die $10^5...10^6$ Bauelemente pro Chip ausnützen zu können, muß die Funktion in LSI-Blöcke von maximal etwa 10^4 Bauelemente aufgeteilt werden. Diese Grenze wird sowohl von der Simulation wie von der Testbarkeit vorgegeben.

Literaturverzeichnis

/1/ G. E. Forsythe, W. R. Wasow, "Finite Difference Methods for partial differential equations", Wiley, New York, 1960

/2/ R. S. Varga, "Matrix Iterative Analysis", Prentice-Hall, Englewood Clifts, N. J., 1962

/3/ D. Antoniadis et al., "SUPREM: A Program for IC Process Modeling and Simulators", Stanford Electron Labs., May 1977, SEL-77-006

/4/ F. van de Wiele, W. Engl, P. Jespers, "Process and Device Modeling for Integrated Circuits", NATO Advanced Study Inst. Series E, Noordhoft, Leyden, 1977

/5/ B. T. Browne, J. J. H. Miller, "Numerical Analysis of Semiconductor Devices", Boole Press, Dublin, 1979

/6/ W. Engl et al., "OSSI - One Dimensional Semiconductor Device Simulation", Inst. Theoret. Elektrotechnik, TH Aachen

/7/ S. Selberherr, A. Schütz, H. Pötzl, "MINIMOS - Twodimensional Modeling of MOS-Transistors", Inst. für Allgem. Elektrot. und Elektronik, A-1040 Wien, Gußhausstraße

/8/ "TWODIM: Physical Simulation of Twodimensional Bipolar structures", LISCO, Kard. Mercierlaan 94, B-3030 Heverlee, Belgium

/9/ L. Nagel, "SPICE 2: A Computer Program to Simulate Semiconductor Circuits", Electronics Research Labs., Report No. ERL-M520, University of California, Berkeley, Mai 1975

/10/ T. Rübner-Peterson, "NAP 2: A nonlinear Analysis Program for Electronic Circuits", User Manual 16/5-73, Inst. Circ. Theor. Telecomm., Technical University of Denmark, Lyngby

/11/ H. Levin et al., "LASAR - Logic Automated Stimulus And Response", Teradyne Inc., 183 Essex Street, Boston, MA 02111

/12/ S. Szygenda et al., "TEGAS", Comprehensive Computing Systems and Services, Austin, Texas

/13/ B. R. Chawla et al., "MOTIS - A MOS Timing Simulator", IEEE Trans. Circ. Syst., Vol. CAS-22, 1975

/14/ J. Crawford et al., "MOTIS-C: A New Circuit Simulator for MOS LSI Circuits", Electronics Research Labs., University of California, Berkeley, 1978

/15/ G. R. Boyle, "SIMPIL - Simulation Program for Injection Logic", Electronics Research Lab., Report No. ERL-M78/13, University of California, Berkeley, 1978

/16/ G. Arnout et al., "DIANA: A Digital Analog Timing Simulator", LISCO, Kard. Mercierlaan 94, B-3030 Heverlee, Belgium

/17/ R. Newton, "SPLICE: The Simulation of Large Scale Integrated Circuits", Electronics Research Lab., Report No. ERL M78/52, University of California, Berkeley, 1978

/18/ Z. Navabi, F. J. Hill, "Efficient Simulation of AHPL", Proc. of 16th Design Automation Conf., San Diego, S. 255, 1979

/19/ I. R. Duley, D. L. Dietmeyer, "A Digital System Languages (DDL)", IEEE Trans. on Comp., Vol. C-17, S. 850, 1968

/20/ W. M. Van Cleemput, "A Hierarchical Language for Structural Description of Digital Systems", Proc. 14th Design Automation Conf., San Francisco, S. 377, 1977

/21/ R. Piloty, "Segmentation Constructs for RTS III, "Proc. of 1975 Int. Symp. on Hardware Description Languages, New York, S. 115, 1975

/22/ M. Barbacci et al., "The ISP Computer Description Language", Dep. Comp. Sci., Carnegie-Mellon University

/23/ "AGS 860 - Applicon Graphic System", Applicon, Burlington, MA 01803

/24/ "GDS 2 - Calma Graphic Data System", Calma, Sunnyvale, Ca. 94086

/25/ "CADD S2 - Integrated Circuit Design", Computervision, Bedford, MA 01730

/26/ H. De Man, "Computer-Aided Design for Integrated Circuits: Trying to Bridge the Gap", IEEE J. Sol. State Circ., Vol. SC-14, S. 613, 1979

/27/ H. Beke, W. Sansen, "CALMOS - A Portable Software System for the Automatic and Interactive Layout of MOS LSI", LISCO, Kard. Mercierlaan 94, B-3030 Heverlee, Belgium

/28/ G. Persky et al., "LTX - A System for Directed Automatic Design of LSI", Proc. Design Automation Conf., San Francisco, S. 399, 1976

/29/ "GAELIC: Graphic Aided Engineering Layout of Integrated Circuits", Compeda, Stevenage, Herts., England

/30/ H. Hsueh, "CABBAGE - Symbolic Layout and Compaction of Integrated Circuits", Electronics Research Lab., Report No. ERL M79/80, University of California, Berkeley, 1979

/31/ U. Jäger, "Das Layout-Kontrollsystem LOCATE", Halbleiterwerk AEG-TELEFUNKEN, Heilbronn, 1979

/32/ B. W. Lindsay, B. T. Preas, "Design Rule Checking and Analysis of IC-mask Designs", Proc. Design Automation Conf., San Francisco, S. 322, 1977

/33/ K. Toshida et al., "A Layout Checking System for Large Scale Integrated Circuits", Proc. Design Automation Conf., San Francisco, S. 322, 1977

CAD/CAM-EINSATZ IN ENTWURF, KONSTRUKTION

UND FERTIGUNG VON FLUGZEUGEN

L. Thieme

Dornier GmbH
Postfach 1420
799 Friedrichshafen

1.   ÜBERSICHT

Die Rechnerunterstützung zwischen Konstruktion und Fertigung beschränk-
te sich bis in die 70er Jahre auf die Gebiete der technisch-administra-
tiven Konstruktionsdatenverwaltung,wie Stücklisten, Teileverwendung,
Gültigkeit usw., so daß die Fertigung diese Daten vorwiegend nur im
Bereich von Materialbedarfsrechnungen und in der Fertigungssteuerung
verwenden konnte.

Mit der Einführung von numerisch gesteuerten (NC) Zeichen- und Werkzeugmaschinen erfolgte schon ein erster graphischer Datentransfer von
der Konstruktion zur Fertigung. Die zur Programmierung dieser Maschinen notwendigen Programmsysteme waren vorwiegend batch-orientiert.

Mit der Schaffung graphisch-interaktiver Software und der dazugehöri-
gen Bildschirme kann jetzt ein weiterer Schritt in Richtung integrierter graphischer Datenverarbeitung vollzogen werden.

2.   GEOMETRIE-DATENVERARBEITUNG

Beim Austausch graphischer Informationen spielt im Flugzeugbau die
aerodynamische Form (Strak) die dominierende Rolle. Vom ersten Entwurf
über die Konstruktion bis zur Fertigung und Kontrolle muß der Strak
mit großer Genauigkeit reproduziert werden. Die zentrale Position der
Geometrie-Datenverarbeitung ist in Bild 1 ersichtlich. Die zur Abwick-
lung dieser Arbeiten bestehende Hard- und Software wird in Bild 2 dargestellt.

2.1   Aerodynamik

Folgende Arbeiten werden nach Angaben und in Zusammenarbeit mit der
Aerodynamik abgewickelt:

- Eingeben der Oberflächen-Daten in den Rechner in Form von Koordinaten oder Funktionen

- Modifizieren und Glätten der Profile bzw. der Oberflächen

- Übergabe der Daten für aerodynamische Berechnungen

- NC-Daten für Wind-Kanal-Modelle.

  Bild 3: Rumpf Alpha-Jet auf NC-Fräsmaschine
  Bild 4: Alpha-Jet komplett

Gefräst wird mit Kugelfräsern, wobei vom Processor der Fräsermittel-
punktsweg aus der Oberfläche errechnet wird. Diese Berechnung ist
auch entlang des Verschnittes zweier Oberflächen möglich.

2.2 Entwurf, Vorkonstruktion

Die Entwurfsabteilung erhält von der Strakabteilung:

- alle Oberflächendaten

- NC-gezeichnete Schnitte und Ansichten

  Bild 5: Bug eines leichten Zivil-Flugzeuges
  Bild 6: Frontansicht Flugzeug

- NC-gefräste Schablonen

  Bild 7: wie Bild 5

- Allgemeine Berechnungen:

  . Einbauuntersuchungen
  . Freigängigkeit beweglicher Teile
  . Sichtfelduntersuchung

  Bild 8: Sichtbeschränkung aus dem Cockpit durch die Rumpfkontur.

2.3 Konstruktion

Im Auftrag der Konstruktion werden erstellt:

- NC-Zeichnungen beliebiger Schnitte und Abwicklungen

- Vorgefertigte Konstruktionszeichnungen

  Bild 9: Nasenkasten, vom Konstrukteur mit CADAM am Bildschirm fertig
          konstruiert.

- Systemzeichnung
  Bild 10: Tragflügel

2.4 Fertigungsmittel

Strak-abhängige Urkörper, Werkzeuge oder Bauvorrichtungen werden im
wesentlichen nach 2 Methoden gefertigt:

2.4.1 Kopiergefräst auf einer optisch gesteuerten Maschine. Das Kopier-
      modell wird in Form einer NC-gezeichneten Folie von der Geome-
      trie-Datenverarbeitung geliefert. Diese Zeichnungen werden mit
      CADAM direkt aus der Konstruktionszeichnung entwickelt.

      Bild 11: Biegewerkzeug- und Abwicklungskontur eines Blechbau-
               teiles.
      Bild 12: Abgewickeltes Blech, gebogenes Blech, Werkzeug.

2.4.2 NC-gefräst auf Werkzeugmaschinen.
      Die Geometrie-Datenverarbeitung liefert die kompletten NC-Steuer-
      daten für Urkörper, Werkzeuge und Bauvorrichtungen.
      Bild 13: Urkörper Lufteinlauf

2.5   Bauteilfertigung

- Berechnung der Steuerbefehle für die NC-Fräsmaschine. Der Datentransfer läuft in allen Fällen über Magnetplatten auf einen Prozeßrechner, der die NC-Maschinen direkt ansteuert (DNC).

  Bild 14: Vorflügel

- Überspielen von Oberflächendaten im APT-Format zur Teileprogrammierung in der NC-Sprache APT.

2.6   Kontrolle

Die Kontrolle ruft von der Strakabteilung ab:

- NC-gefräste Kontrollschablonen

  Bild 15

- Kontrollisten

3.   WEITERE ENTWICKLUNG

Ziel der Entwicklung ist es, mittels der dialogorientierten graphischen Datenverarbeitung einen homogenen Datenfluß zwischen allen beteiligten Bereichen zu ermöglichen. Die bisherigen Inselbildungen in den einzelnen Bereichen sind zu überbrücken bzw. durch Anpassung oder Neuentwicklungen zu überwinden.

KONTROLLE
AERODYNAMIK
BAUTEILFERTIGUNG
GEOMETRIE-
DATEN-
VERARBEITUNG
ENTWURF
VORKONSTRUKTION
FERTIGUNGSMITTEL
KONSTRUKTION

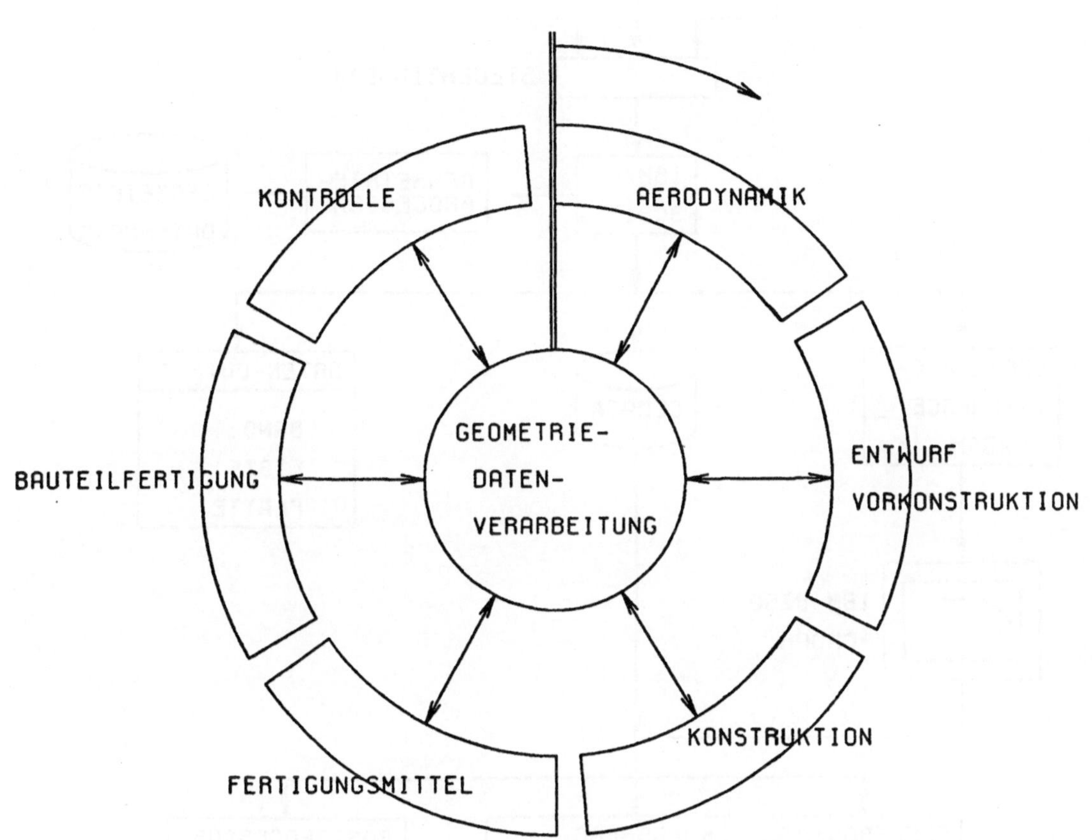

Bild 1

TEXT-BILDSCHIRME
STEUEREINHEIT
IBM/ 3031
GEOMETRIE- PROCESSOR
GEOMETRIE- DATENBANK
GEOMETRIE- INTERFACE CADAM
CLDATA
DATEN-OUTPUT
BAND
LISTE
PLATTE
IBM-3250 +CADAM
ELEKTROSTAT. PLOTTER
KONGSBERG- ZEICHENANLAGE
POSTPROCESSOR
OPTISCH GESTEUERTE FRAESMASCH.
NC-FRAESMASCH.

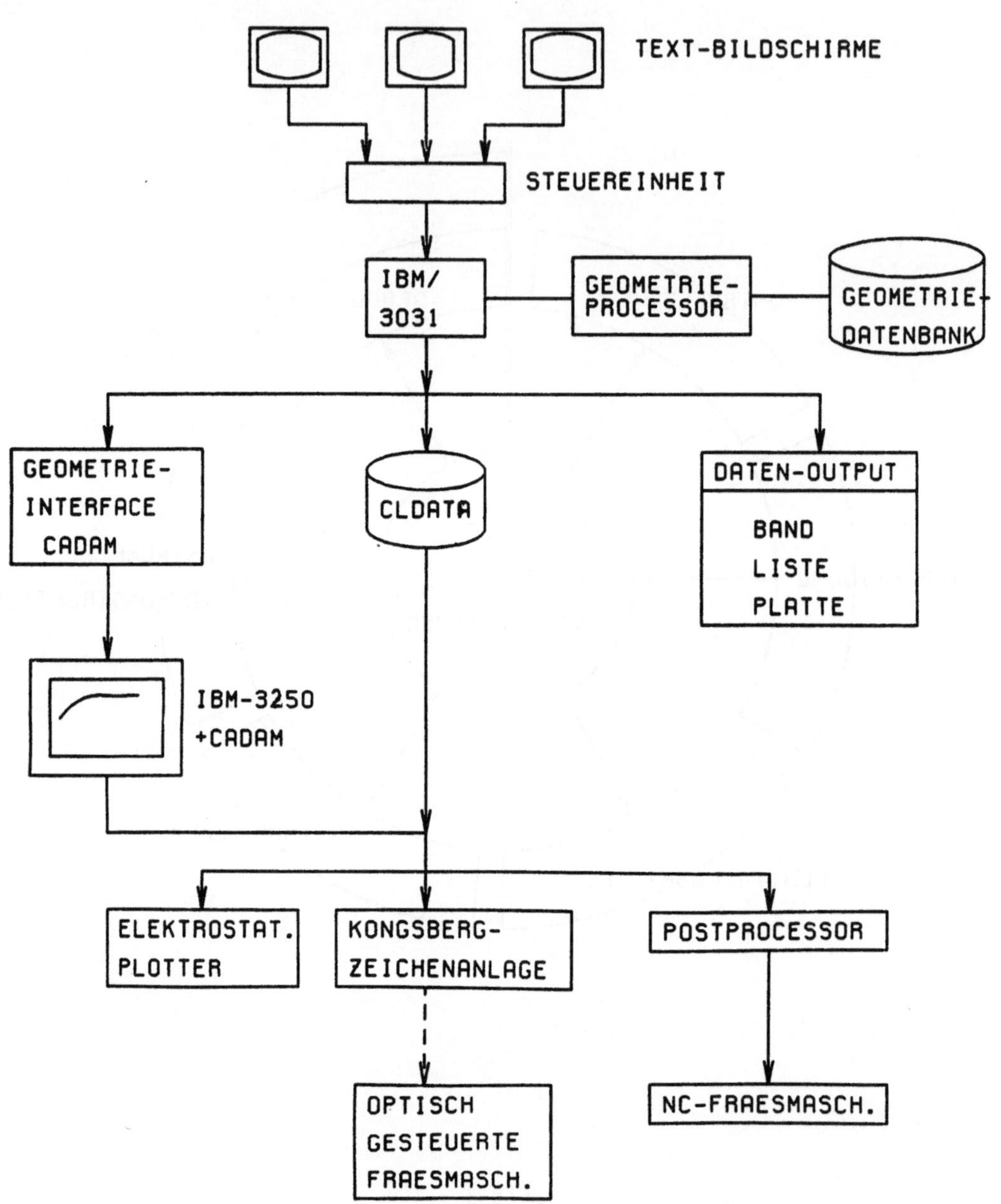

Bild 2

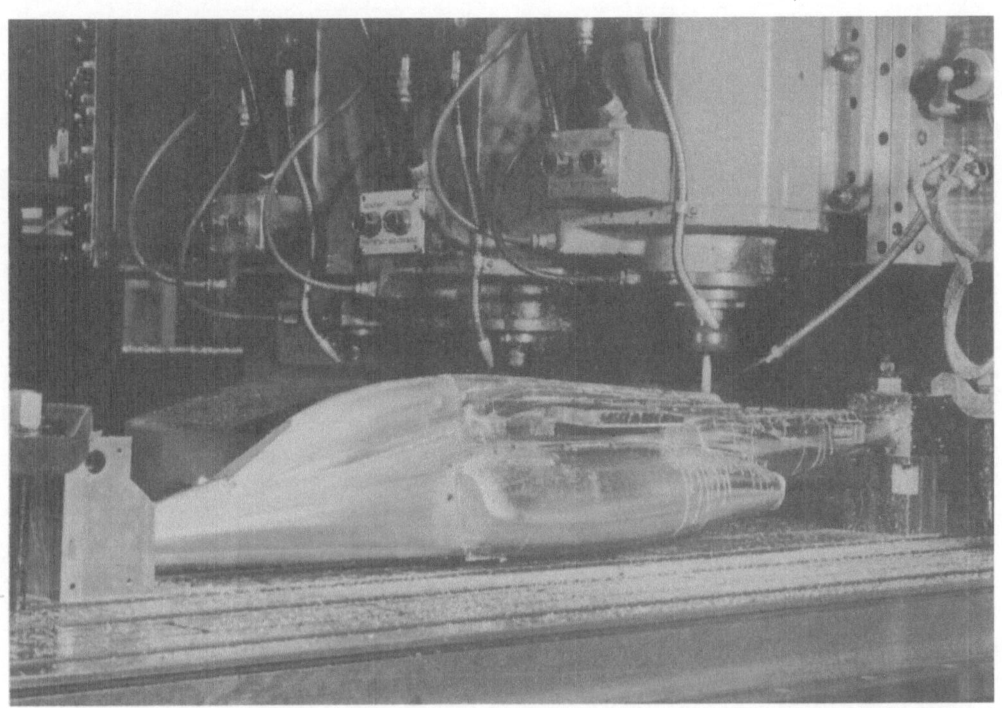

Bild 3

Bild 4

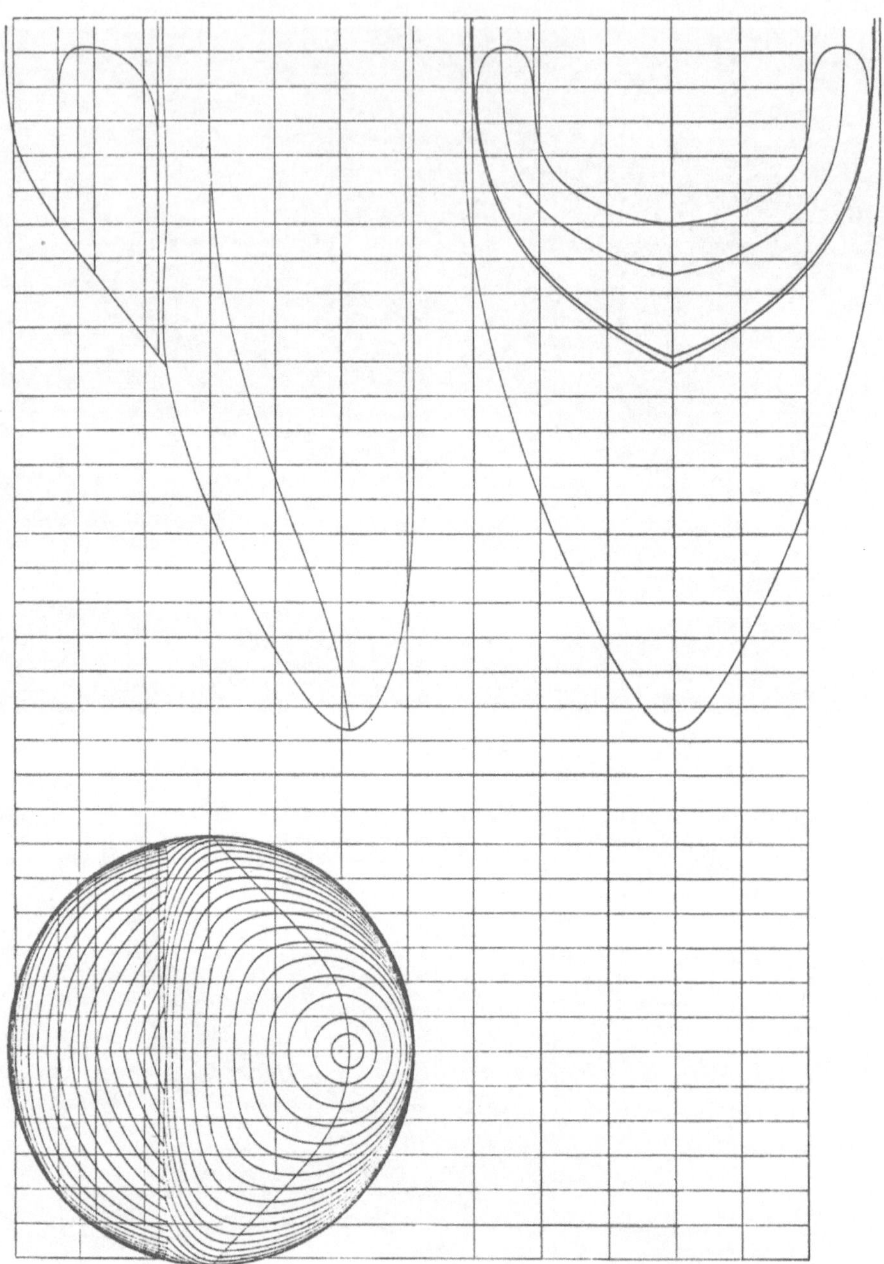

Bild 5

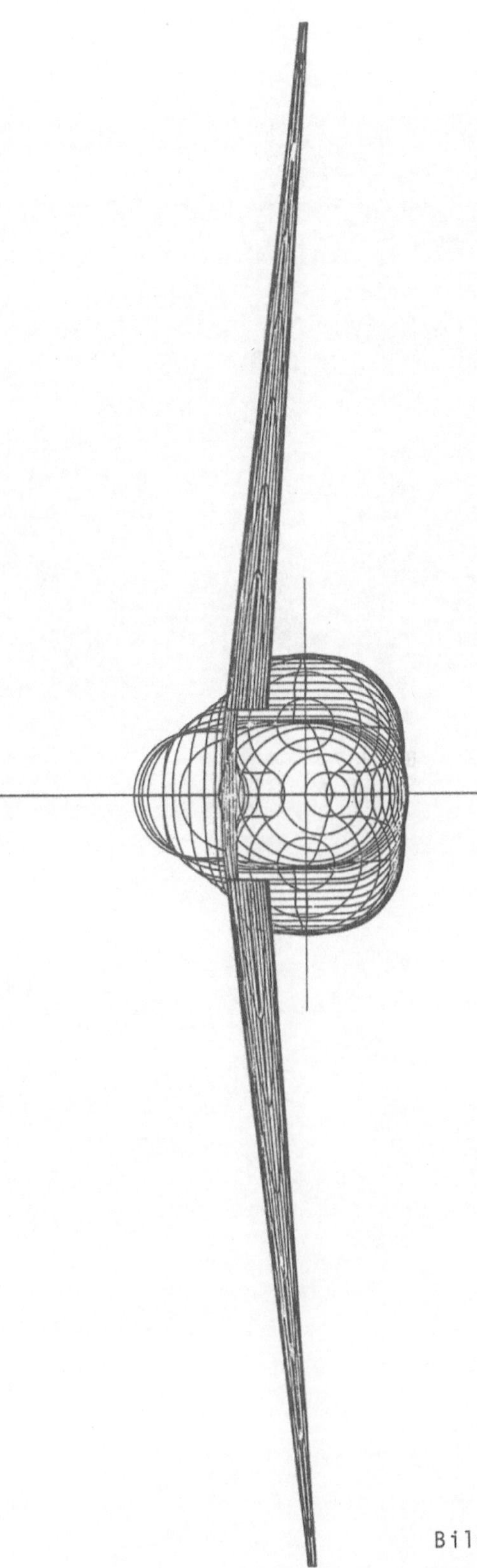

Bild 6

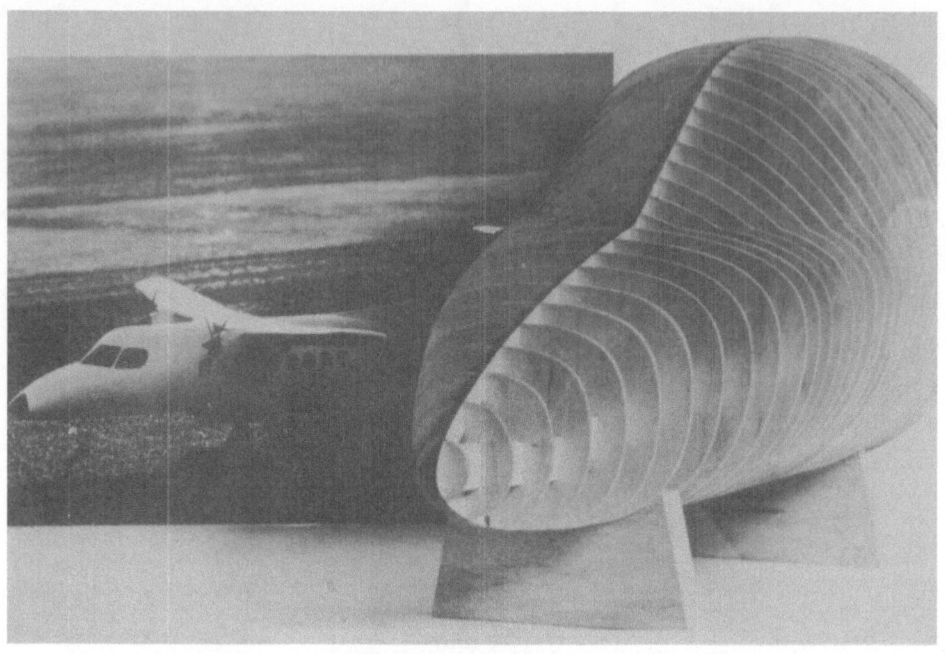

Bild 7

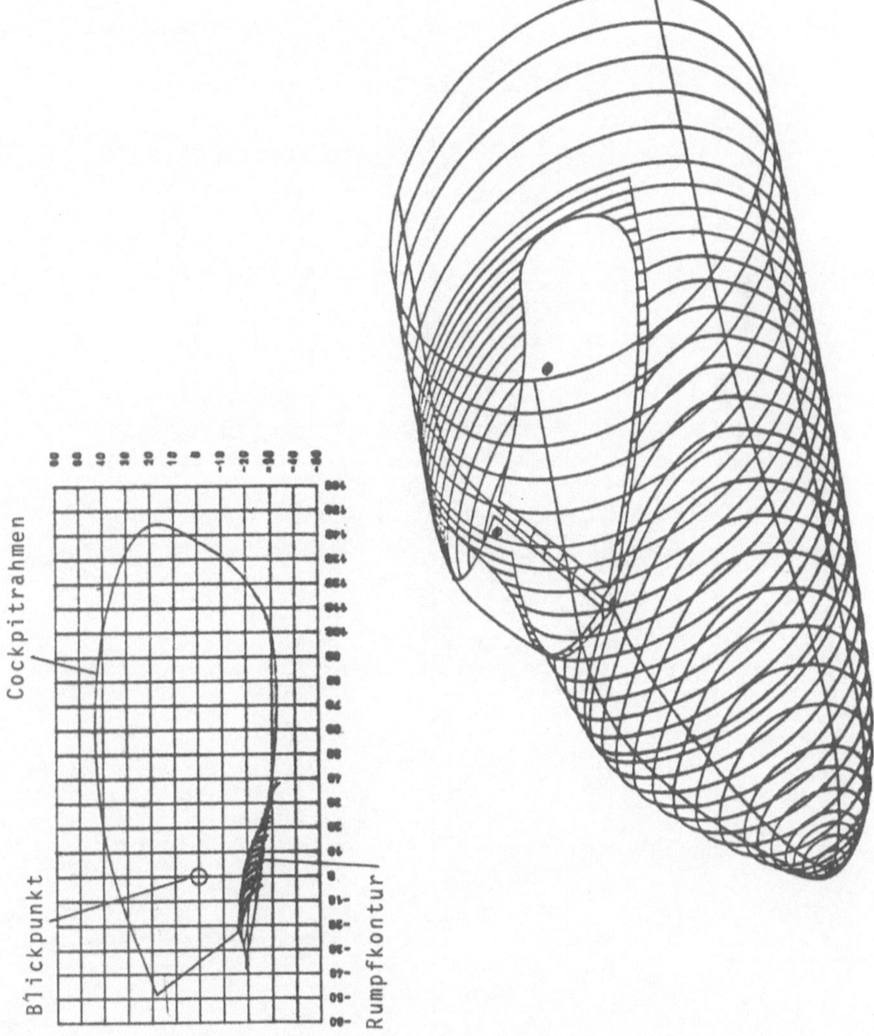

Bild 8

FLUGRICHTUNG
BEMASSUNG FUER CHEM. ABTRAGU
GILT IN ALLEN FELDERN
NR 31
NR 30
NR 29
NR 28
NR 27
NR 26
NR 25
NR 24
NR 23
NR 22
NR 21
39
9
0.8 DICK
12
A-121 200A12B
A-131 200A12B SP1
R100
R38
VH 19
VH 18
VH 17
VH 16
VH 15
VH 14
VH 13
VH
3 OBEN
A-121 200A13B
A-131 200A15B SP1
4 UNTEN
A-121 200A14B
A-131 200A14B SP1
NIETANSCHLUSS BEI
NR 30 GILT BIS NR22
EINZELHEIT Z
M 1:1
MIT GEGENSTUECK ABGESTIMMT
SCHNITT C-C
16 A-121 200A16B
A-131 200A16B SP1
GL.TEILE
Z
VH
BHET
AUFMASS
GILT AUCH FUER UNTERSEITE
SCHNITT A-A
5 A-121 200A15B
A-131 200A15B SP1
9 GL.TEILE
VH
BHET
AUFMASS
GILT AUCH FUER UNTERSEITE
SCHNITT B-B
19
18
VH
AUFMASS

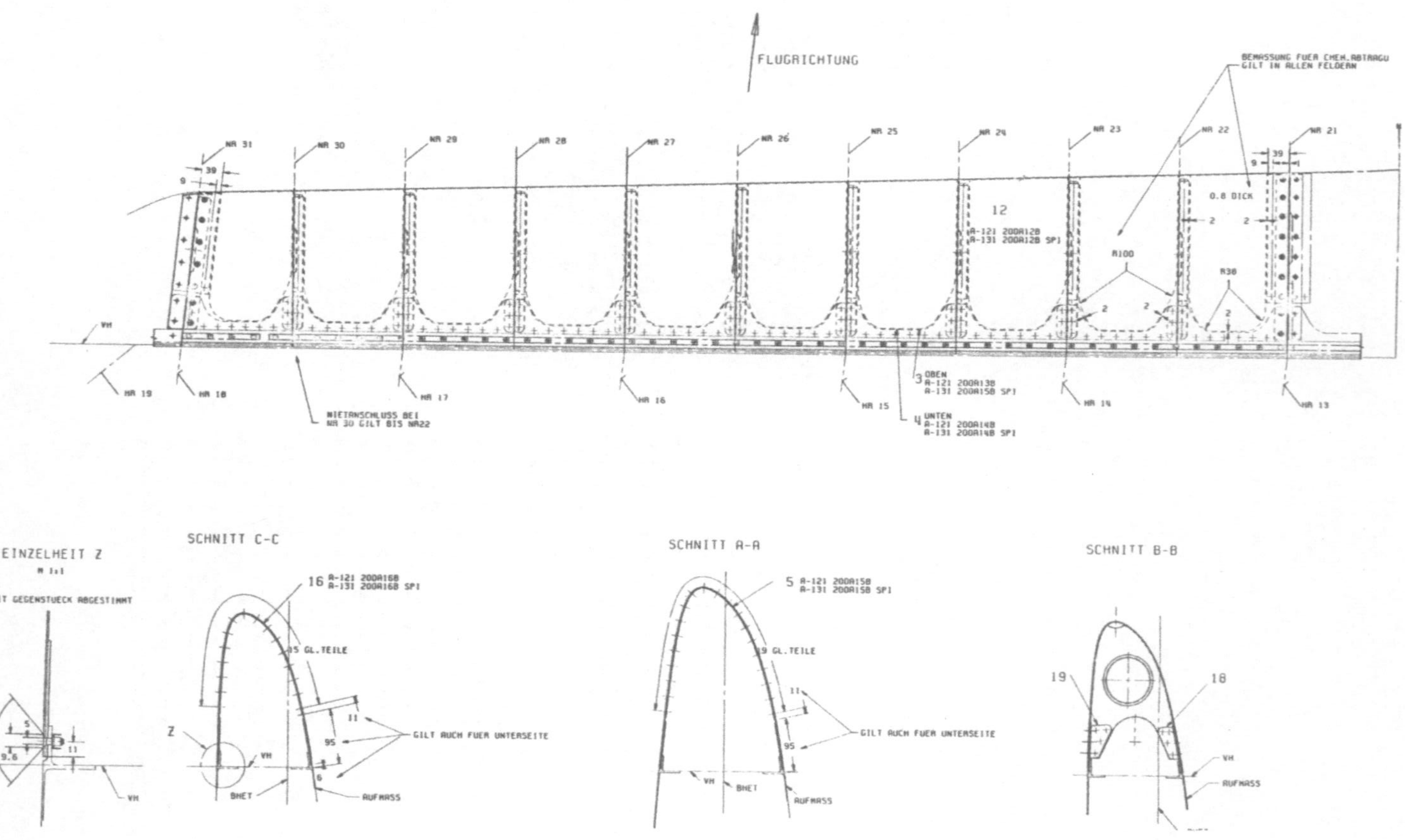

Bild 9

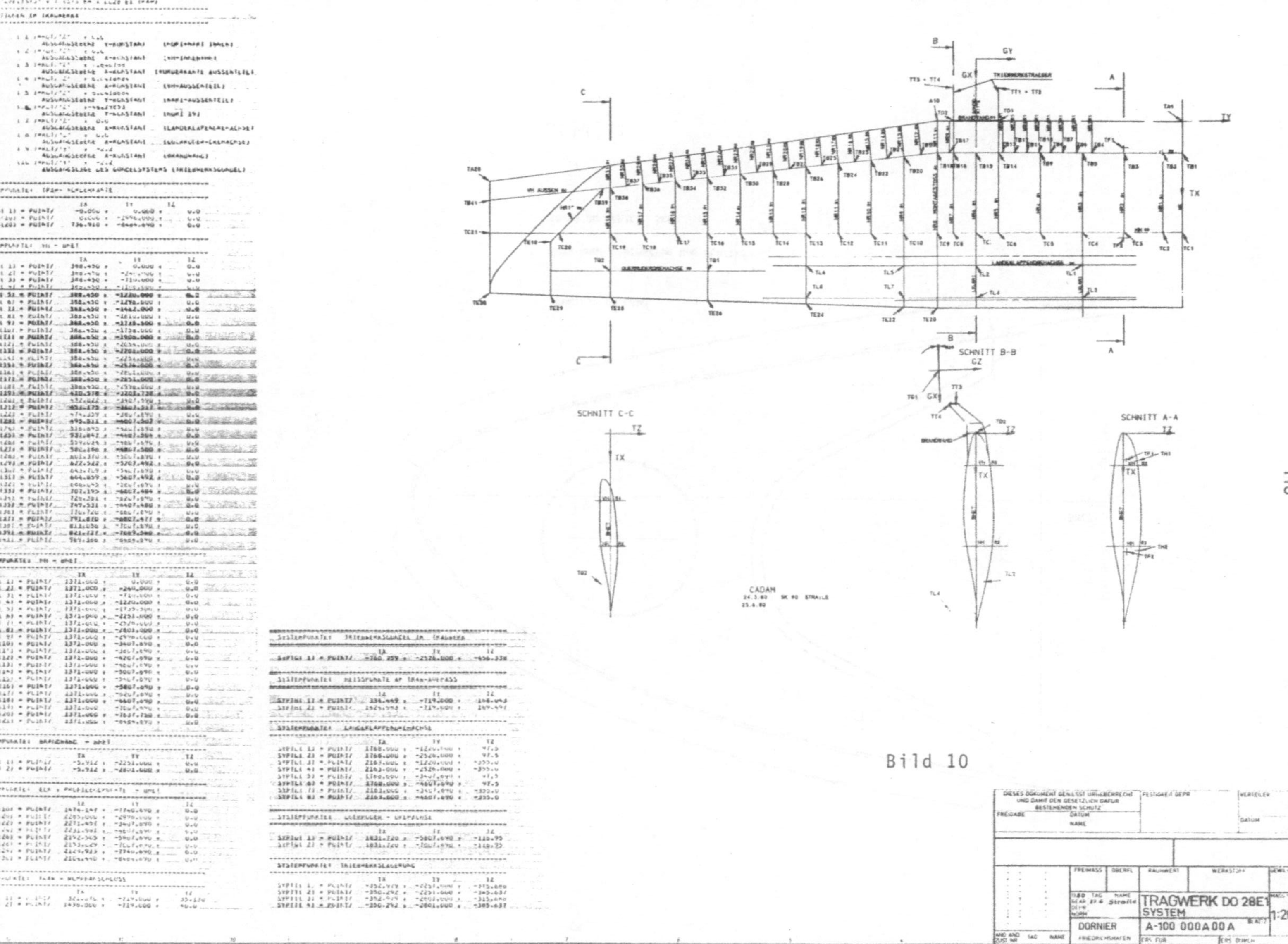

SCHNITT A-A
SCHNITT B-B
SCHNITT C-C
CADAM
TRIEBWERKSTRAEGER
TRAGWERK DO 28E1
SYSTEM
A-100 000A00 A
DORNIER
FRIEDRICHSHAFEN
1:20

Bild 10

BZVH
BMET
AUFMASS
SCHMIEGE 90 GRAD
D228 HARI 2 WERKZEUG UND PLATINE
18.06.80 FRICK SK90

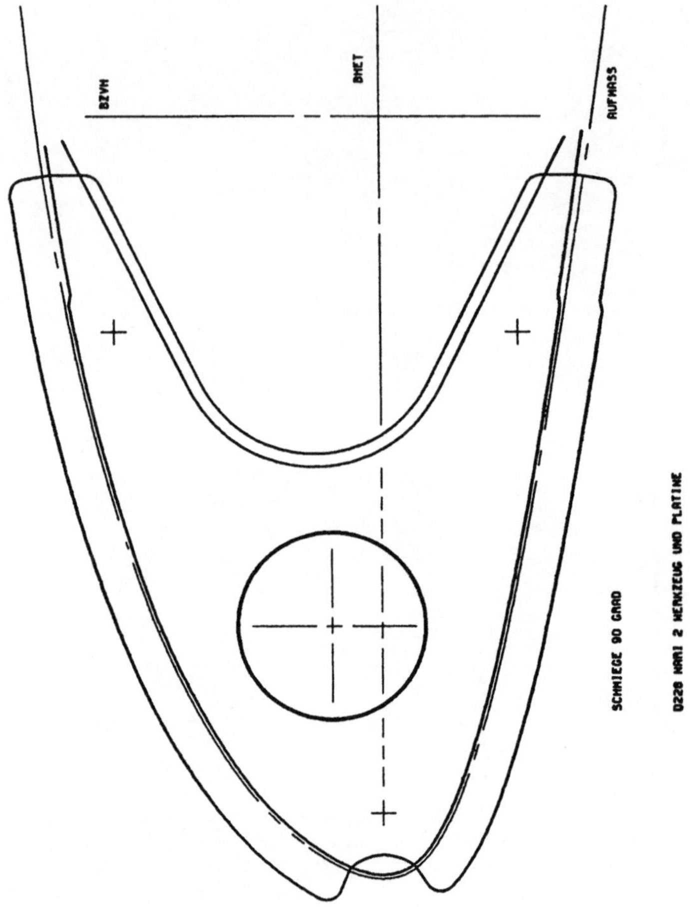

Bild 11

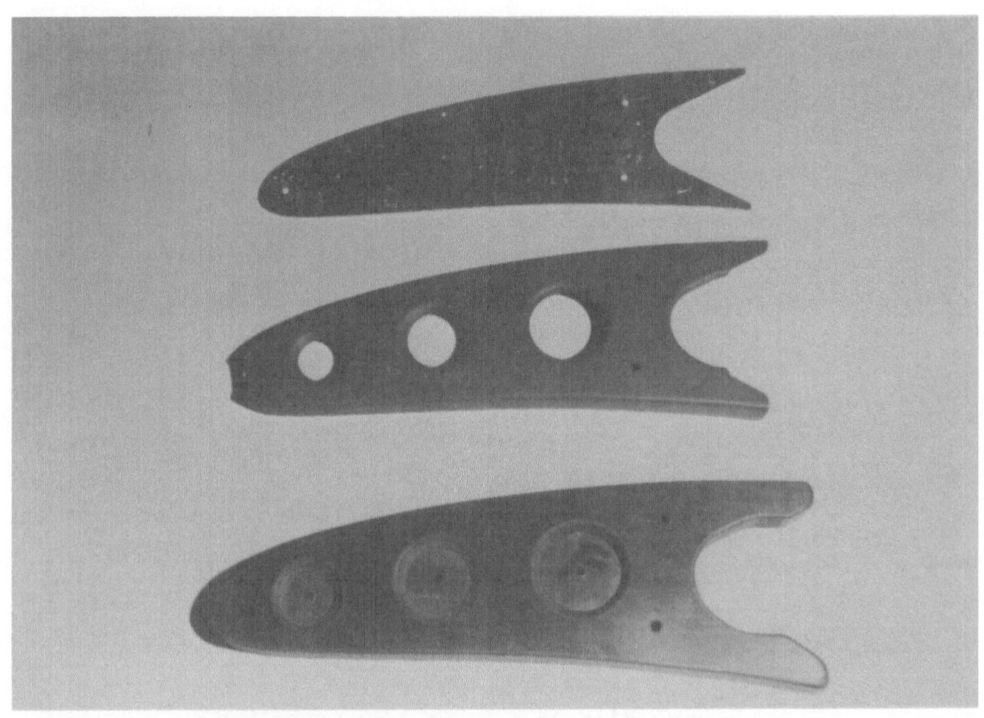

Bild 12

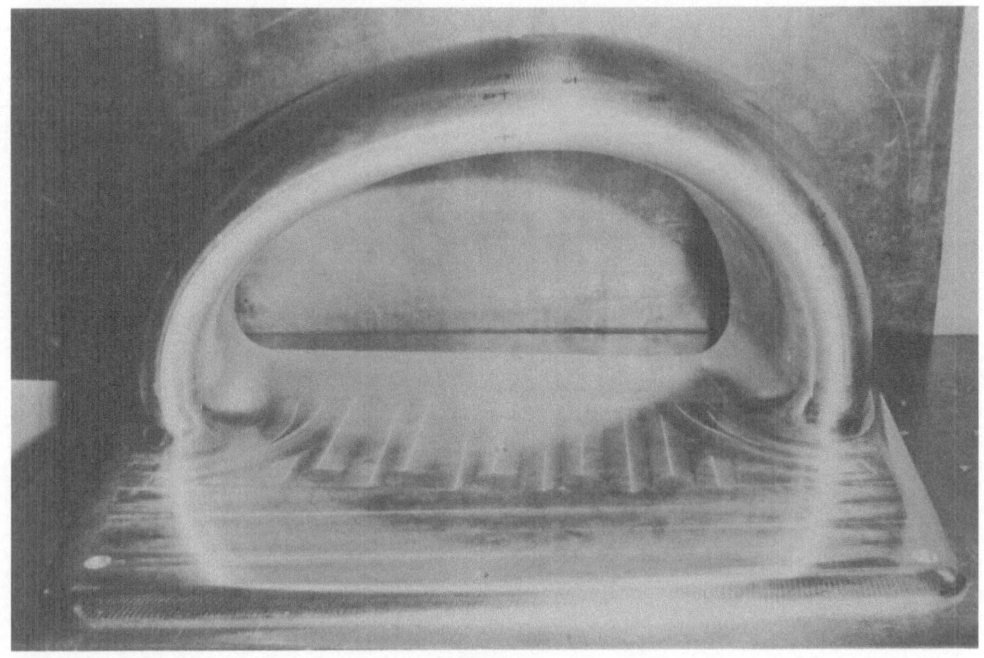

Bild 13

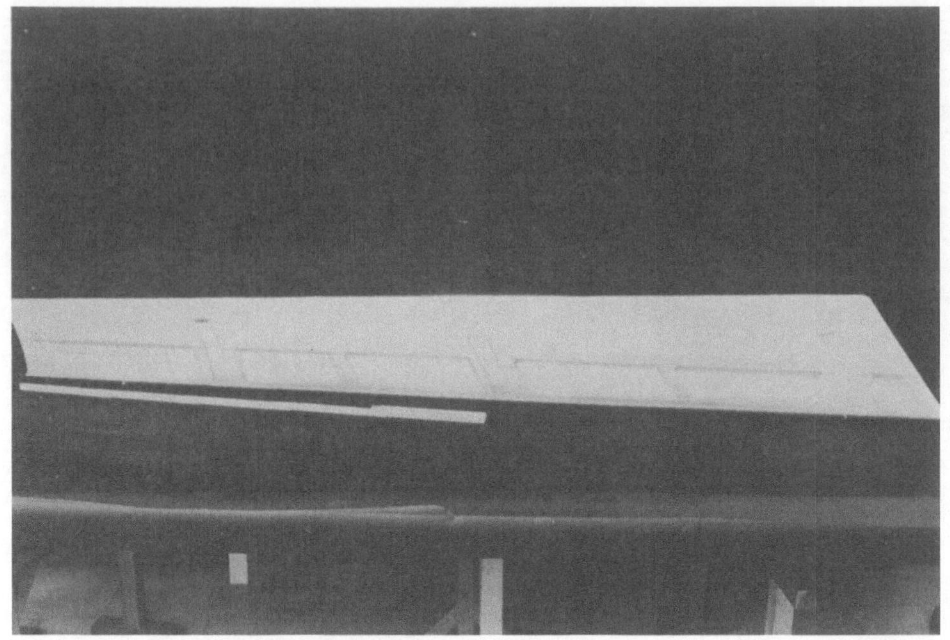

Bild 14

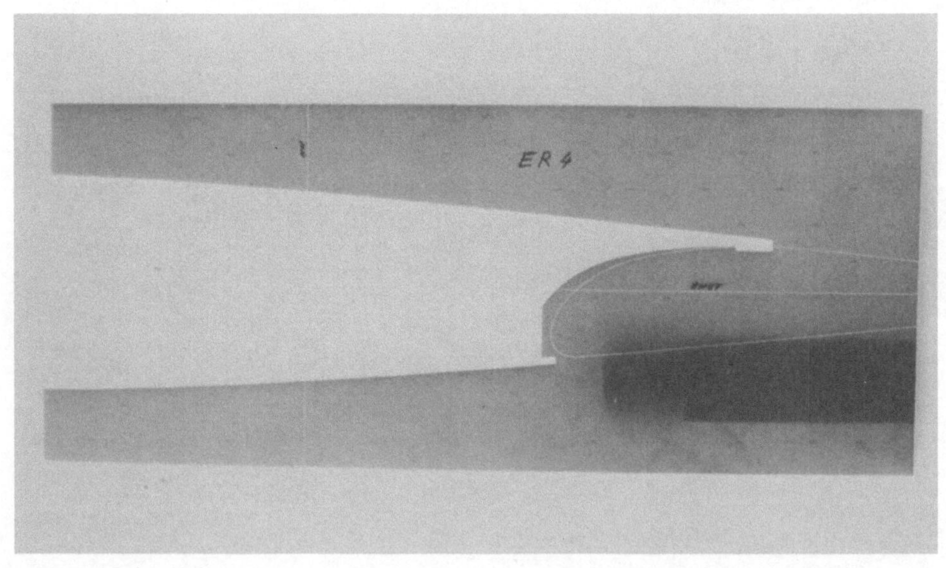

Bild 15

<u>Verwaltung von Methoden für interaktive Berechnung von Bauteilen in
einem Datenbank-orientierten CAD-System</u>

Professor Dr.-Ing. Hans Grabowski[1]
Dipl.-Ing. Helmut Maier[2]

1. <u>Problemstellung</u>

Der Konstruktionsablauf ist ein Prozeß, der in hohem Maße vom Verarbeiten,
Speichern, Wiederauffinden und Prüfen von Daten geprägt ist. Neben der
intellektuellen und algorithmischen Bearbeitung von Daten spielt der In=
formationsfluß innerhalb und zwischen den vier Makrophasen des Konstruk=
tionsprozesses

- Funktionsfindung,
- Prinziperarbeitung,
- Gestalterarbeitung und
- Detaillierung

eine wichtige Schlüsselrolle /1/. Mit der Entwicklung der CAD-Technologie
werden zunehmend schematische Arbeitsvorgänge beim Konstruieren automati=
siert. Die Mehrzahl der existierenden CAD-Softwaresysteme stellt mehr oder
weniger umfassende und problemabhängige Insellösungen dar. Die Schwerpunk=
te liegen dabei auf der Beschreibung der Geometrie technischer Objekte,
ihrer rechnerinternen Abbildung sowie der Generierung von technischen
Zeichnungen und teilweise von NC-Steuersätzen als Fertigungsunterlagen.
Einschränkungen erfolgen in vielen Fällen für den Gültigkeitsbereich der
Systeme wie z.B. rotationssymmetrische Teile, Variantenkonstruktion usw.
/2,3,4/. Die bekanntesten derartigen CAD-Softwaresysteme sind unter an=
deren COMPAC, DETAIL, EUCLID, EUKLID, GEOLAN, OLYKON, PROREN1 und 2,
MOREA, ROMULUS. Die Unterstützung des Konstrukteurs erfolgt dabei punk=
tuell, d.h. meist nur mit der Zielsetzung der automatischen Erstellung
von technischen Zeichnungen (Geometrieverarbeitungssysteme).

Softwaresysteme für einen breiteren Anwendungsbereich stellen die inte=
grierten Programmsysteme wie ICES, AED, IST, GENESYS und REGENT als weit=
gehend problemunabhängige CAD-Systeme dar /5,6,7,8/. Die Vorteile liegen
in einem einheitlichen Verwaltungssystem, systemintern standardisierten

---

1) Leiter des Instituts für Rechneranwendung in Planung und Konstruktion
   an der Universität Karlsruhe (T.H.)
2) Wissenschaftlicher Mitarbeiter am oben genannten Institut

Schnittstellen und Programmierhilfen. Für alle integrierten Subsysteme
ist jedoch eine Ausrichtung an den jeweiligen Systemkern Voraussetzung.
Die erzeugten Datenstrukturen sind problemabhängig und nicht von den An=
wendungsbausteinen losgelöst.

Die neuere Entwicklung für integrierte Informationsverarbeitung in der
rechnerunterstützten Konstruktion geht in Richtung integrierter, opera=
tioneller Informationssysteme. Die rechnerinterne Darstellung der Infor=
mationen technischer Objekte erfolgt mittels formaler Modelle. Die Funk=
tionen der Speicherung und Verwaltung von Modellen übernimmt ein Daten=
banksystem. Aufgrund der operationellen Fähigkeiten eines CAD-Informa=
tionssystems kann der Benutzer nicht nur informell, d.h. anfragend auf
die Datenbank zugreifen, sondern auch die Informationen in ihrer Quantität
und Qualität ändern. Die Änderungen sind das Ergebnis des iterativen Kon=
struktionsprozesses mit der Transformation von Eingabeinformationen (z.B.
aus dem Pflichtenheft, Vorschriften, Tabellen) in Ausgabeinformationen
(z.B. in Konstruktions- und Fertigungsunterlagen). Die Transformation
geschieht durch Methoden, die durch menschliche Interaktionen gesteuert
werden. Die Speicherung und Verwaltung von Methoden zur Informationsnut=
zung oder -transformation übernimmt ein Methodenbanksystem. Zur Steuerung
und zur Kommunikation mit den computerunterstützten Systemteilen Daten=
bank und Methodenbank bedient sich der Benutzer einer geeigneten Bedien-
und Kommandosprache. Somit läßt sich ein operationelles, integriertes
CAD-Informationssystem aus vier autonomen Systemkomponenten definieren
(Bild 1):

- Benutzer,
- Kommunikationssystem zur Dialog-, Menü- und Graphikverarbeitung,
- Datenbanksystem zur Informationsspeicherung und
- Methodenbanksystem zur Informationsnutzung.

Der Unterschied zum integrierten Programmsystem liegt in der getrennten
Verwaltung von Daten und Modellen in einem Datenbanksystem und von Pro=
grammen (Methoden) in einem Methodenbanksystem. Die Integration von Daten-
und Methodenbanksystem muß rückwirkungsfrei auf das jeweilige Teilsystem
erfolgen, d.h. bei einer Verknüpfung von Daten- und Methodenbank müssen
die Forderungen nach Unabhängigkeit und Austauschbarkeit mittels Bildung
von Schnittstellen erfüllt werden. Durch die Definition einer einheitli=
chen Datenbankschnittstelle, über die Werkstückdaten nach einem definier=
ten Schema abgelegt oder gelesen werden können, wird der Informationszu=
griff standardisiert /9,10/. Bei den Schnittstellenbedingungen für die
Methodenbank ist zwischen Problembeschreibung und Methodenauswahl zu

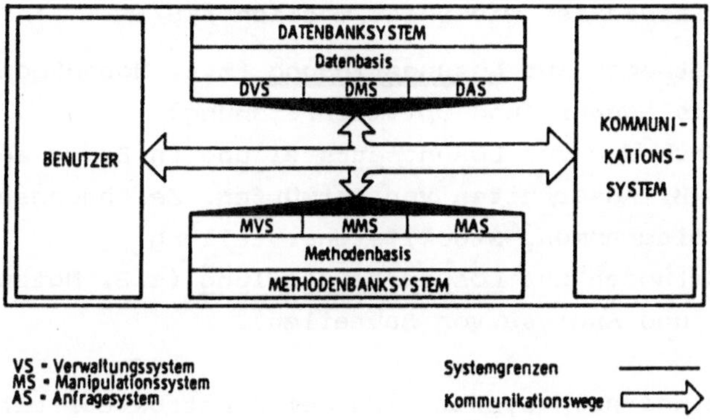

Bild 1: Autonome Komponenten eines operationellen, integrierten CAD-
Informationssystems

unterscheiden.

Ebenso wie Datenbestände als Information in Datenbanksystemen organisiert
werden, lassen sich Programmbausteine als codierte Lösungsmethoden für
Konstruktionsaufgaben in sogenannten Methodenbanken organisieren /11,12/.
Im Gegensatz zur Programmbibliothek steht dem Benutzer ein höheres Ver=
waltungs- und Manipulationssystem zur Verfügung. Mit einer deskriptiven
Bediensprache kann der Anwender Probleme formulieren, Methoden suchen,
sich darüber informieren und diese anwenden. Wesentlich ist bei den
Sprachelementen nicht nur der Aspekt der Methodenverwaltung und -manipu=
lation. Vielmehr soll der Konstrukteur weiter dahingehend unterstützt
werden, sein Problem und das Lösungs<u>ziel</u> und weniger den Lösungs<u>weg</u> zu
beschreiben /13,14/. Daraus ergibt sich die Weiterführung von CAD-Syste=
men als automatisch arbeitende Hilfsmittel hin zu Systemen mit einem
gewissen Grad an künstlicher Intelligenz /14/. Primär soll das CAD-System
den Anwender   beim routinemäßigen Abwickeln laufender Aufträge unter=
stützen. Die tägliche Konstruktionstätigkeit ist weniger geprägt von dem
ständigen Neuerarbeiten von Lösungswegen als vielmehr von der Anwendung
erprobter (= allgemein gültiger) oder spezieller (= firmenspezifisches
Know How) Lösungsmethoden für Ingenieurprobleme.

Eine Methodenbank als eine erweiterbare Sammlung von Programmbausteinen
ist derart strukturiert, daß sie mehrere dedizierte Untersysteme, soge=
nannte Methodenklassen, für bestimmte Anwnedungsgebiete umfassen kann.
Innerhalb dieser Methodenklassen lassen sich Methodengruppen mit einzel=
nen Methoden definieren /15/. Eine Einteilung der Konstruktionstätigkei=

ten in Methodenklassen ist wie folgt möglich /16/:

- Klasse für Methoden zur <u>Lösungsfindung</u> (z.B. Mophologie, Wiederhol=
  teilsuche, Auslegungs- und Optimierrechnung)
- Klasse für Methoden zur <u>Lösungsdarstellung</u> in Bezug auf Lösungsdoku=
  mentation (z.B. Ausarbeiten von Entwürfen, Zeichnungserstellung, Dar=
  stellung in Diagrammen, Stücklistenerstellung)
- Klasse für Methoden zur <u>Lösungsbeurteilung</u> (z.B. Nutzwertanalyse,
  Nachrechnung und Analyse von Bauteilen).

Mit einem CAD-Methodenbanksystem wird dem Konstrukteur ein komfortables
und leistungsfähiges Hilfsmittel zur Analyse, Synthese und Ausarbeitung
von Bauteilen an die Hand gegeben. Als Methodenprogramme oder Moduln der
Methodenbank sind nicht nur Lösungen für komplexe Probleme geeignet,
sondern auch Trivialprobleme sollten mit der Methodenbank erfaßt werden.
Nur so wird eine geschlossene Behandlung von Konstruktionsproblemen mit
dem Rechner möglich. Wesentliche Anforderungen an das Methodenbanksystem
sind durch Einsatzbedingungen der Praxis gegeben:

- Lauffähigkeit auf Kleinrechnern (min. 256 KByte) als Arbeitsplatz=
  rechner,
- Kommunikation mit einem (beliebigen) Datenbanksystem aus den einzel=
  nen Moduln heraus,
- Benutzerfreundlichkeit der Befehls- und Beschreibungssprache sowie
  der Methodenbankhandhabung,
- Möglichkeit des Einbringens neuer Methodenklassen, -gruppen oder
  einzelner Methoden in das System,
- Benutzerunterstützung bei der Problembeschreibung und Aufgabendefi=
  nition durch einen Informationsteil sowie
- Möglichkeit zur Definition höher komplexer Methoden aus elementaren
  Moduln durch den Anwender (Teach-in von Methoden).

Im folgenden soll die Integration eines Methoden- und Datenbanksystems
am Beispiel von Konstruktionsberechnungen als Klasse von Methoden zur
Lösungsfindung (Auslegung, Optimierung) und Lösungsbeurteilung (Nachrech=
nung) abgeleitet werden.

2. <u>Aufbau des Methodenbanksystems</u>

Für die Menge von Berechnungsaufgaben, die im Konstruktionsbereich zur
Auslegung, Nachrechnung oder Optimierung von Bauteilen anfallen, bestehen
ein oder mehrere Lösungswege, die in einer Methodengruppe zusammengefaßt

werden. Einer solchen Gruppe entspricht ein in sich geschlossener, ab=
lauffähiger Programmbaustein (Modul) als Teil der Methodenbank. Diese
Moduln stellen immer nur die spezielle Lösung bereits allgemein gelöster
Probleme dar. Konstruktionsprobleme lassen sich überführen in

- eine oder mehrere Aufgaben,
- mehrere Unteraufgaben und
- mehrere Teilaufgaben.

Die Überführung vom Problem zur Aufgabe erfolgt mit Hilfe bekannter Kon=
struktionslogiken. Eine Aufgabe liegt dann vor, wenn mindestens ein kon=
kreter Lösungsweg (Methode) bekannt ist. Die Formulierung eines Konstruk=
tionsproblemes konvergiert in der Vorgabe von Rand- und Umgebungsbedin=
gungen. Die Beschreibung der Randbedingungen kann gleichgesetzt werden
mit der Definition eines formalen Rechenmodelles als mehr oder weniger
starke Abstraktion des realen Bauteils. Das Rechenmodell ist die forma=
lisierte Darstellung realer Weltausschnitte und dient der Beschreibung
des Systemaufbaues und des Systemzustandes. Bei analytischen Lösungsme=
thoden ist das Rechenmodell zumeist gleichzeitig das Gleichungsmodell.
Bei Näherungsverfahren, insbesondere bei Verfahren der Strukturmethode,
wie z.B. finite Elemente Methode, dient das Netzwerk oder Strukturmodell
als formal logischer Teil des Rechenmodells (Systemaufbau). Daraus wird
das Gleichungsmodell als formal mathematischer Teil des Rechenmodells
(Systemzustand) entwickelt.

Ähnlich wie die Modellierung der Werkstückinformationen nach form- und
funktionsorientierten Gesichtspunkten erfolgt, kann eine Rechenmodellbil=
dung nach struktur- und mathematisch orientierten Gesichtspunkten vorge=
nommen werden. Durch einen Abbildungsprozeß von der semantischen auf die
binäre Ebene werden beide Arten der Informationsmodelle in ihre rechner=
internen Darstellungen überführt. Verknüpfungen beider Modelle sind in
Modelltransformationslogiken definiert. Die Abbildung dieser Logiken auf
die binäre Ebene erfolgt bekanntermaßen durch einen Programmierungspro=
zeß. Auf gleiche Weise gelangt man zu den Moduln als programmierte Lö=
sungsmethoden, die im Falle von Auslegungs-, Optimierungs- oder Nachrech=
nungsmethoden mit einem Rechenmodell kommunizieren. Das Zusammenspiel
sowie die Abstraktion von Modellen und Transformations- oder Lösungslo=
giken ist in <u>Bild 2</u> dargestellt.

Neben den operationellen Daten zur Beschreibung der Werkstückfunktion,
-form und -struktur ergänzen informelle Daten wie z.B. Werkstoffverhal=
ten, Daten von Zukaufteilen, Normen usw. die Gesamtinformation des for=
malen Werkstückmodells. Der Einsatz eines CAD-Informationssystems bietet

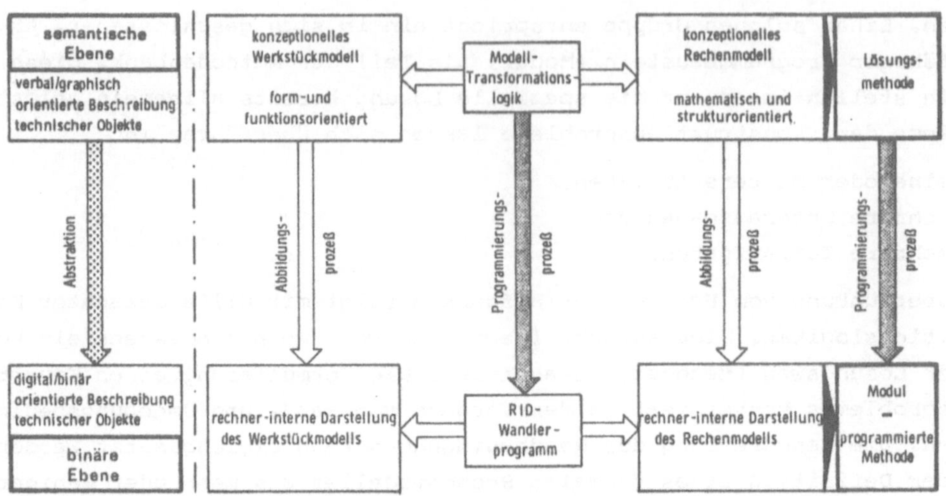

Bild 2: Wechselwirkung von Werkstück- und Rechenmodell auf semantischer und auf binärer Ebene

dem Konstrukteur die Möglichkeit, diese schematischen Suchvorgänge durch entsprechende Programme, die als Datenanfrageschnittstellen mit der Da= tenbank kommunizieren, ausführen zu lassen. Das Eingreifen des Konstruk= teurs in den Ablauf des Informierens und Berechnens hat steuernde Funk= tion und erfolgt an teilweise intuitiven Entscheidungsstellen. Mit Hilfe interaktiver, graphischer Bildschirme und der Menütechnik läßt sich die deskriptive Befehlssprache nahezu vollständig durch Symbole ersetzen, so daß sich der Programmablauf einfach durch Antippen des entsprechenden Menüelementes mit dem Eingabestift (Lichtstift, Tablettstift) steuern läßt.

Beim Erstellen der Programmbausteine für eine dialogorientierte Berech= nung müssen die Fähigkeiten der neuen CAD-Hard- und Softwaretechnologie berücksichtigt werden, um diese Fähigkeiten für das rechnerunterstützte Konstruieren optimal zu nutzen. Diese Aussage bezieht sich nicht nur auf die benutzerfreundliche, an die Arbeitsweise des Benutzers angepaßte Hand= habung der Methodenbank, sondern auch auf die Handhabung und Weiterver= arbeitung der Information, die bis zur konstruktiven Fertigstellung des Werkstückes notwendig sind. Eine entsprechende Einsatzvorbereitung des Systems ist daher immer erforderlich.

Eine wichtige Rolle spielt dabei der Kommunikationsprozeß zwischen Mensch und Maschine. Die hardwaremäßige Schnittstelle bildet das interaktive Terminal. Softwaremäßig wird eine Mensch-Maschine/System-Kommunikations=

schnittstelle durch einen Interaktionsknoten repräsentiert /17/. Dessen
Komponenten bestehen aus:

- Darstellung eines Sachverhaltes in Form von Promptings, Fehlermel=
  dungen, Auswahlmenüs usw.,
- Anforderung eines Eingabekommandos und
- Ausführung dieses Kommandos.

Wenn man die Anwendungsprogramme als Anwendungsknoten betrachtet, lassen
sich im wesentlichen zwei Systemstrukturen vergleichen. Bei einer ein=
fachen Struktur besteht ein hierarchisches Prinzip. Bei einem Netzwerk
von Interaktionsknoten und Anwendungsknoten lassen sich dynamische System=
strukturen aufbauen (Bild 3), so daß eine höhere Flexibilität erreicht
wird.

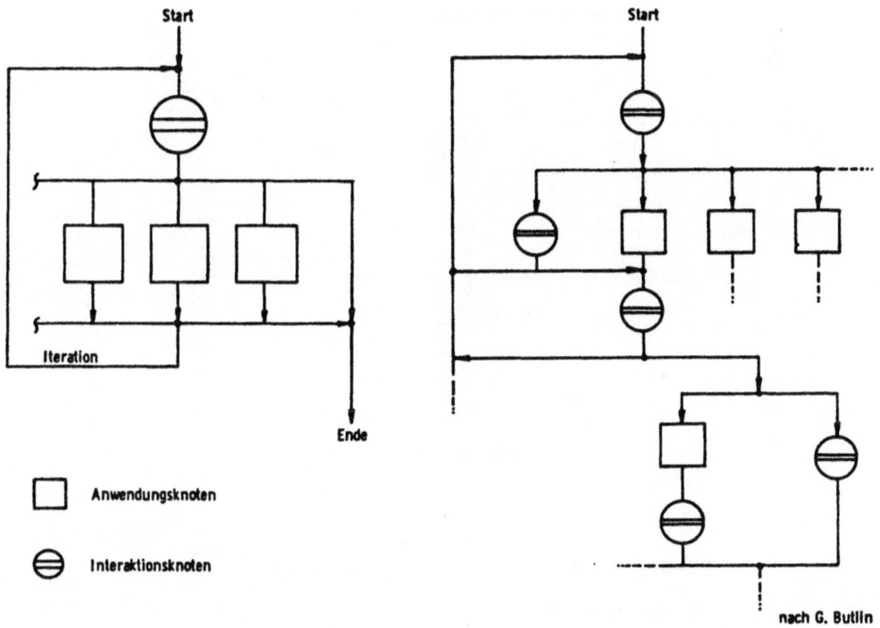

Bild 3: Beispiel einer einfachen und einer Netzwerkstruktur für inter=
aktive Anwendungssoftwaresysteme

3. Programmstruktur der Methodenbank

Die Anforderungen an eine Methodenbank als autonomes System für interak=
tive Berechnungen an Bauteilen sind vielschichtiger Natur. Die primäre
Benutzergruppe des Methodenbanksystems stellen die Konstrukteure dar.
Die Zugriffsrechte dieser Gruppe beschränken sich in erster Linie auf das

Abrufen von Informationen aus dem MBS-Infoteil und dem angeschlossenen
Datenbanksystem sowie auf das Abrufen von Methodenprogrammen (Moduln)
als ablauffähige Tasks. Darüber hinaus werden aber auch Anwenderprogram=
mierer und der MBS-Verwalter bei der Erstellung und Integration neuer
Methoden durch das Methodenbanksystem unterstützt. Aus einer angeschlos=
senen Unterprogrammbibliothek lassen sich neue Moduln aus atomaren Pro=
zeduren zusammenbauen. Aus dem Informationsteil des MBS können Schnitt=
stellendefinition und Programmdokumentation abgerufen werden (<u>Bild 4</u>).

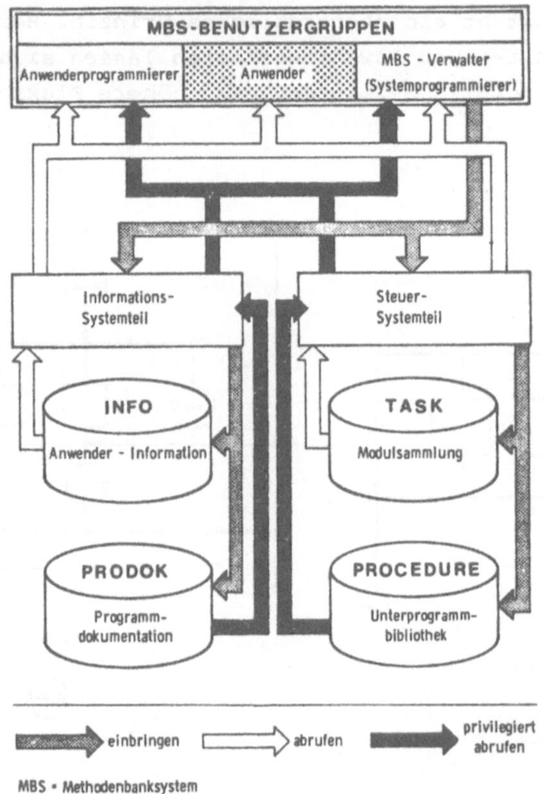

<u>Bild 4</u>: Benutzergruppen des Methodenbanksystems und deren Zugriffsrechte

Zur Problembeschreibung und zur Steuerung des MBS besteht eine syntak=
tisch einfache Kommandosprache.

Kommando = Operator * Operand / Modifikation, Spezifikationen

Die Eingabe des Operators ist zwingend. Ein Operand wird automatisch im=
pliziert, wenn er eindeutig ist. Modifikationen und Spezifikationen sind
optional. Modifikationen sind Steuerdaten, Spezifikationen sind Eingabe=
daten als Attribute des Operanden. Bei Moduln, die eine interaktive

Arbeitsweise erlauben, werden Modifikationen und Spezifikationen direkt
vom Modul abgefragt.

Die Entschlüsselung eines Kommandos übernimmt ein Kommandointerpreter,
auch Methodenbank-Consolroutine (MBCR) genannt. Sie ist Teil des Mensch-
Maschine-Kommunikationssystems. Die MBCR führt eine Kontrolle auf forma=
le Richtigkeit des Kommandos aus. Alle Operatoren-Operanden-Kombinatio=
nen sowie die zugehörigen Aktionen werden in Tabellenform auf Dateien
gehalten. Die Kommandotabellen gewährleisten einen offenen, erweiterbaren
Befehlsvorrat. Gleichzeitig kann bei der Systemgenerierung eine Anpassung
der syntaktischen Grundeinheiten an die Muttersprache der MBS-Benutzer
vorgenommen werden. Die MBCR vergleicht das Eingabekommando mit den ge=
speicherten. Bei positivem Vergleichsergebnis wird die entsprechend dem
Kommando auszuführende Aktion (z.B. Starten eines Moduls) an den soge=
nannten Lader übergeben. Dieser lädt daraufhin das Methodenprogramm und
startet es. Die wahlweise eingegebenen Modifikationen und/oder Spezifi=
kationen werden direkt von der MBCR an das aktivierte Methodenprogramm
in gemeinsamen Speicherbereichen übergeben. Die Abarbeitung eines MBS-
Kommandos ist in <u>Bild 5</u> dargestellt.

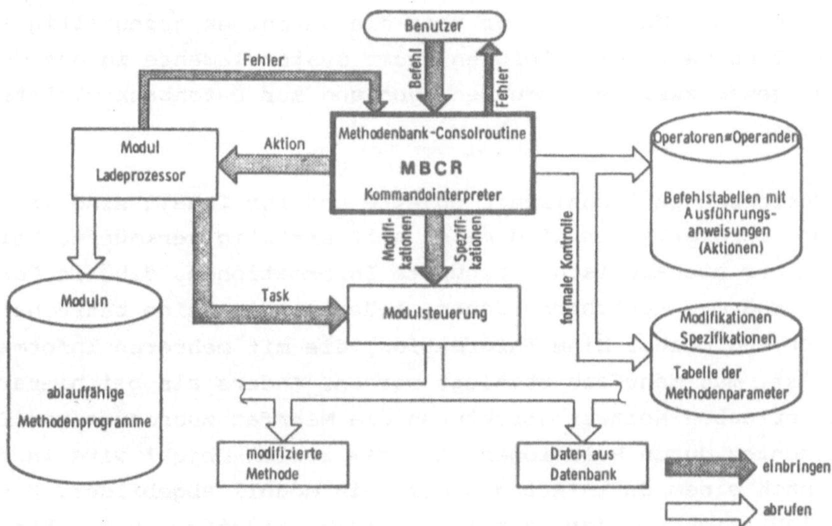

<u>Bild 5:</u> Weitergabe und Ausführung eines Kommandos durch die Methoden=
bank-Consolroutine MBCR

Ein virtuelles Rechnerbetriebssystem oder ein solches mit der Möglichkeit
zur Intertaskkommunikation erhöhen die Effizienz der Methodenbank dadurch,
daß dynamische Programmstrukturen realisierbar sind. Für den Benutzer

besteht die Möglichkeit, einen laufenden Modul A zu <u>unter</u>brechen, um ei=
nen weiteren Modul B zu starten. Dies wird dann notwendig, wenn z.B.
Zwischenergebnisse aus Modul B in Modul A oder Kenndaten aus einer Werk=
stoffdatenbank benötigt werden. Nach beendeter Kommunikation mit der
Datenbank oder nach Erhalt der Ergebnisse aus Modul B wird Modul A an
der unterbrochenen Stelle weitergeführt.

Die Dialogführung zwischen dem MBS bzw. den einzelnen Moduln wird über
Textdateien abgewickelt. Diese sind somit, ebenso wie die Kommandotabel=
len, an die Muttersprache des Benutzers anpaßbar. Außerdem ist die Dia=
logführung leicht einmal für den fachkundigen und einmal für den weniger
geübten Benutzer umschaltbar.

4. <u>Kommunikation zwischen Methodenbank und Datenbank</u>

Voraussetzung für ein funktionales, integriertes CAD-Informationssystem
ist die Kommunikation zwischen den Moduln der Methodenbank und den Daten=
modellen in der Datenbank. Im Gegensatz zu einem direkten Informations=
system bietet das datenbankbezogene System den Vorteil, daß die System=
elemente (hier: CAD-Methoden) nur über die Datenbank gegenseitig Infor=
mationen austauschen. Beim Einfügen neuer Systemelemente in das Gesamt=
system sind genau zwei Verbindungen, von und zur Datenbankschnittstelle,
zu realisieren.

Die Informationsmenge technischer Objekte und ihr Inhalt sind vielfälti=
ger Art. Die Informationen sind meist netzwerkartig verknüpft. Bei Daten=
banken, die nur hierarchisch verknüpfte Informationen, d.h. in Form von
Datenstrukturbäumen speichern können, bedeutet dies eine beträchtliche
Erhöhung der Redundanz. Eine Information, die mit mehreren Informationen
verknüpft ist, muß mehrfach abgelegt werden. Anders als bei hierarchischen
Strukturen erlauben Netzwerkstrukturen die Mehrfachzuordnung von Infor=
mationselementen durch Relationen. Aus dem realen Objekt wird in der
Datenbank nach einem definierten Schema ein Modell abgebildet. Die Abbil=
dung vollzieht sich von der verbal/graphisch orientierten zur binär/di=
gitalen Ebene in mehreren Stufen. Bei diesem Abbildungsprozeß struktu=
rierter Information aus der Realität auf ein Speichermedium darf sich
die objektbezogene Aussage (Semantik) über den beschriebenen Sachverhalt
nicht ändern. Die syntaktische Beschreibung (Abbildungsregeln) ändert
sich von Ebene zu Ebene. Ein reales Bauteil und somit die konkreten
Informationen liegen danach als sogenannte rechnerinterne Darstellung
(RID) des formalen Werkstückmodells, auch <u>internes Schema</u> genannt, vor.

Aus der Forderung, die Komponenten des operationellen CAD-Informations=
systems als autonome Systeme zu knozipieren, läßt sich der Zugriff der
Moduln auf die RID nicht auf direkte Weise vollziehen. Eine Lösung des
Problems wird in zwei Schritten erreicht. Im ersten Schritt wird die
Integration von Anwendungsmethode und Werkstückmodell nicht als Verknü=
pfung von Programm und Datenmodell, sondern ausschließlich nur als Ver=
knüpfung von Datenmodellen (vgl. Bild 2) ausgeführt. Das zentrale Modell
ist die RID des Werkstückmodells (internes Schema), aus dem je nach Be=
nutzersicht eine Untermenge von Daten in eine RID eines unter Umständen
anders strukturierten Datenmodell (auch als Sub- oder <u>externes Schema</u>
bezeichnet) wie z.B. das Rechenmodell transformiert wird. Die Modell=
transformationen sind in Schemawandlerprogrammen festgeschrieben. Die
Schemawandler sind die Schnittstellen zwischen Methoden- und Datenbank=
system.

Der zweite Integrationsschritt liegt in der Kommunikation des Moduls mit
seinem externen Anwendungsmodell in Form einer Subschemadatei als RID
des externen Schemas. Der Modul bleibt somit als autonomes Programmsy=
stem mit einer optimierten, anwendungsspezifischen Datenstruktur beste=
hen. Ebenso können die Schemawandler als eigenständig lauffähige Program=
me implementiert werden (<u>Bild 6</u>).

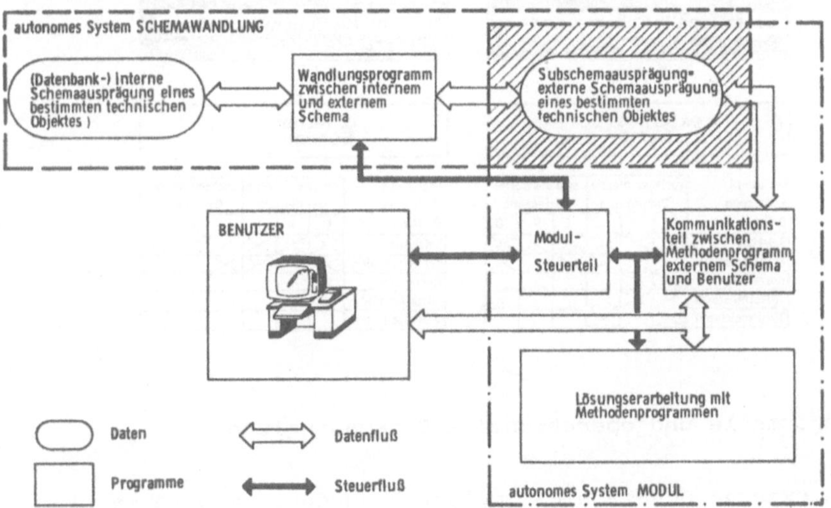

<u>Bild 6</u>: Externes Schema als Schnittstelle zum Methodenprogramm

Die Kommunikation zwischen einem Anwendungsmodul und dem rechnerinternen
Abbild des Werkstückmodell erfolgt somit als Intertaskkommunikation mit

mit einem gemeinsamen Datenbereich für das Wandlerprogramm und den Mo=
dul. Der Datenbereich kann permanent als Datei oder temporär als gemein=
samer Datenbereich im Arbeitsspeicher eingerichtet werden. Die Selektion
und Transformation von Informationen aus dem internen in das externe
Schema kann als eine Art Preprozessor dem Modul vorgeschaltet werden.
Dieses Verfahren ist dann möglich, wenn die Menge der Eingabedaten be=
kannt und fest vorgegeben ist.

In den meisten Fällen wird aber der Bedarf und die Menge an Eingabein=
formatioen vom zeitlichen Bearbeitungsfortgang abhängig sein. Die Wand=
lerprogramme werden dann aus der Modulsteuerung heraus interaktiv auf=
gerufen (Intertaskkommunikation). Sowohl für den informellen Aufbau
eines externen Schemas (informelle Schemawandlung aus Richtung des in=
ternen Schemas) als auch für das zusätzliche, operationelle Zurückschrei=
ben von Information auf das interne Schema (operationelle Schemawandlung)
entfällt auf die Wandlungsprogramme ein mehr oder weniger umfangreiches
Aufgabenspektrum (Bild 7).

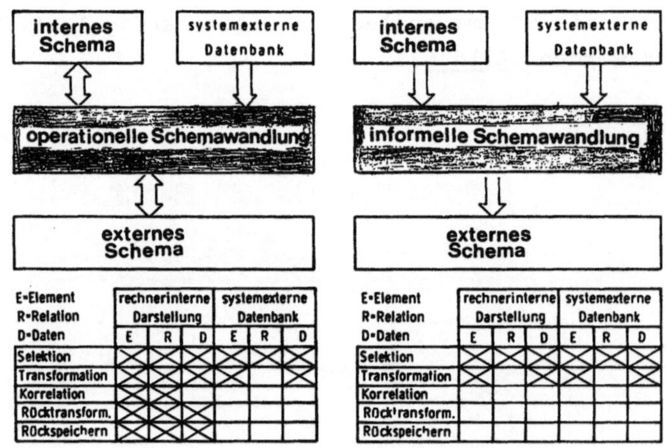

Bild 7: Informelle und operationelle Schemawandlung

Obwohl das externe Schema eine gewisse Redundanz im Gesamtsystem dar=
stellt, bringt die Einführung mehrere Vorteile mit sich:

- Das Anwenderprogramm der Methodenbank kommuniziert nur mit dem ex=
  ternen Schema als eingeschränkte Benutzersicht.
- Die Entwicklung von dedizierten Methodenbanken oder einzelner Moduln
  ist unabhängig von dem Abbildungsschema und der Ausprägung der

zentralen RID des Werkstückmodells.
- Es besteht eine Datenbankbezogenheit, aber keine Datenbankabhängig=
  keit der Methodenbank.
- Die Ausprägung und die Struktur des externen Schema richten sich nur
  nach den anwendungsbezogenen, modulspezifischen Anforderungen.
- Ohne wesentliche Änderungen können bereits vorhandene Programme oder
  Programmbibliotheken eines Anwenders in das MBS integriert und an
  das DBS durch die Definition einer Zwischendatei als externes Schema
  angeschlossen werden.

5. Geräte- und programmtechnische Realisierung

Bei der Realisierung des Systemkonzeptes wird folgende Hardware zugrun=
de gelegt:

- Kleinrechner mit einem Arbeitsspeicher von mindestens 256 KByte,
- Peripherer Magnetplattenspeicher mit einer Kapazität von 80 MByte,
- Alphanumerische Ein-/Ausgabe über Tastatur und Bildschirm/Drucker,
- Graphische Ein-/Ausgabe über interaktiven Bildschirm und Plotter.

Das Rechnerbetriebssystem muß einen Mehr-Benutzer-Betrieb oder Multi=
programming unterstützen. Bei den graphischen E/A-Geräten ist ein Spei=
cherbilschirm mit Tablett und Tablettstift wegen der höheren Digitali=
sierauflösung geeigneter als ein Wiederholbildschirm mit Lichtgriffel,
der bei entsprechender Leistungsfähigkeit um ein Mehrfaches teurer als
ein Speicherbildschirm mit Tablett ist.

Wesentlicher Vorteil bei Wiederholbildschirmen ist dagegen die Realisie=
rung dynamischer Auswahlmenüs. Dadurch ist die Möglichkeit gegeben, dem
Anwender immer nur diejenige Menüebene anzubieten, die für den jeweili=
gen Programmstatus relevant ist. Beim Speicherbildschirm liegen alle
Menüelemente zusammen auf dem Tablett. Die Wahl des richtigen Menüelemen=
tes aus der Gesamtheit obliegt dem Benutzer. Falsche Befehle werden von
der MBCR allerdings abgefangen.

Die programmtechnische Realisierung des Systemkonzeptes baut auf einem
Mehrbenutzer-Betriebssystem des Rechners auf, wobei die Möglichkeit für
Intertaskkommunikation von Vorteil, aber nicht unbedingt Voraussetzung
ist. Die Programmierung wird nach CAD-Richtlinien in Standard-FORTRAN
durchgeführt. Zur Erhöhung der Effizienz werden Programmteile durch
maschinenabhängige Routinen ersetzt.

In <u>Bild 8</u> ist der interaktive Aufbau eines Balkenmodells als Rechenmo=
dell, ausgehend von einem internen Werkstückmodell, sowie die Berech=
nungsergebnisse in graphischer Form als überlagerte Biegelinie darge=
stellt. Die Durchbiegung der vorgegebenen Welle wurde mit einem Modul
aus dem Methodenbanksystem berechnet.

6. <u>Ausblick</u>

Die Grundlage zu CAD-Methodenbanken – Modulbibliotheken für alle mögli=
chen Ingenieuraufgaben – sind in vielfältiger Zahl vorhanden. Auf der
Basis existierender Datenbanksysteme mit der Fähigkeit, formale dreidi=
mensionale Modelle von technischen Objekten zu verwalten, lassen sich
Wandlerprogramme entwickeln, so daß aus diesen Komponenten ein wenn
vielleicht auch heterogenes CAD-System konzipieren. Die Erweiterung um
informelle Datenbestände sowie die Entwicklung einer anwendernahen Kon=
struktionssprache führen zu einem operationalen CAD-Informationssystem.
Nach entsprechender, gut durchdachter Einsatzvorbereitung werden solche
Systeme dem rechnerunterstützten Konstruieren wegen der ausgeprägten
3D-Modellierung, des integrierten Informationsflusses und der darauf
aufsetzenden Simulationsmöglichkeiten zu einem enormen Durchbruch ver=
helfen.

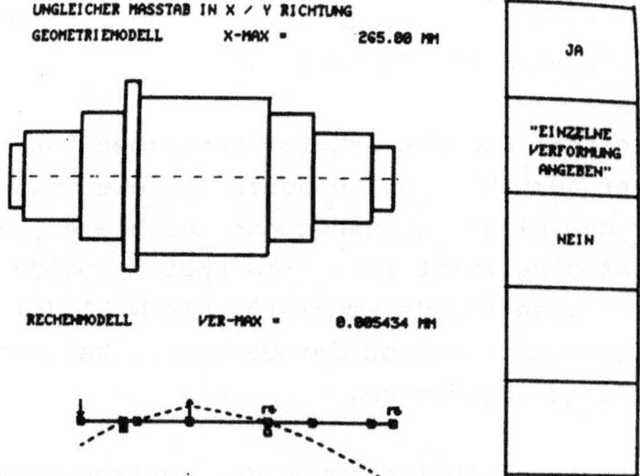

<u>Bild 8</u>: Beispiel für interaktive Rechenmodellbildung durch Kommunikation
mit der rechnerinternen Darstellung eines Werkstückmodells und
Repräsentation der Berechnungsergebnisse als Simulation der
Wellendurchbiegung in graphischer Form

7. Literatur

/1/ Mewes,D., Der Informationsbedarf im konstruktiven Maschinenbau.
     VDI-Taschenbuch 49, Düsseldorf: VDI-Verlag 1973
/2/ Abeln, O. et al., Verknüpfungen von Programmsystemen zur integrier=
     ten Informationsverarbeitung im Betrieb. wt - Z. ind. Fertig. 67
     Nr 3, S. 139-143, 1977
/3/ Lang- Lendorff, G., Mit der Datenverarbeitung konstruieren, berech=
     nen, fertigen. VDI-Z 121, Nr. 7, S. 291-296, 1979
/4/ Spur, G., Rechnerunterstützte Zeichnungserstellung und Arbeitspla=
     nung. ZwF Zeitschrift f. wirtschaftl. Fertigung, Heft 6/7, S. 321-
     324, 367-370, 1978
/5/ Roos, D., ICES System Design. Massachusetts Institute of Technology
     MIT, MIT Press, 1967
/6/ Enderle, G., Schlechtendahl, E.G., The CAD System REGENT. 12th
     Design Automation Conference, Boston, Massachusetts, June 1975
/7/ Pahl, P.J., Structure and Functions of the Information System
     Technology IST. Workshop on General Purpose Computer Aided Design
     Systems, Toulouse, Dec. 1974
/8/ Ross, D.T., The AED Approach to Generalized Computer Aided Design.
     Proceedings ACM National Meeting, 1967
/9/ Lutz, T., Klimesch, H., Die Datenbank im Informationssystem.
     München, Oldenbourg Verlag, 1971
/10/ Grabowski, H., Eigner, M., Anforderungen an CAD-Datenbanken. VDI-Z
     Bd. 121, Nr. 12, S. 621-633, 1979
/11/ Esprester, A.C., Die Entwicklung einer Methodenbank und einer Metho=
     denbanksprache. Angewandte Informatik Nr. 5, S. 203-206, 1978
/12/ Hauer, K.-H., Aufbau und Analyse der Effizienz von portablen Dialog=
     systemen zur Steuerung von Methodenbanken. Dissertation Universität
     Dortmund, 1978
/13/ Latombe, J.-C., Artificial Intelligence in Computer Aided Design:
     The TROPIC System. In Allan III, J. J., CAD-Systems - Proceedings
     of the IFIP Working Conference on CAD Systems, Febr. 1976,
     Amsterdam, North Holland Publishing Comp., 1977
/14/ Freeman, P.A., Newell, A., A Model for Functional Reasoning in
     Design, London 2nd Intern. Joint Conference on Artificial Intelli=
     gence, Sept 1971
/15/ Dittrich, K.R., Hüber, R., Lockemann, P.C., Methodenbanken.
     Zeitschrift Informatik-Spektrum, Bd. 2, Heft 4, 1979
/16/ Grabowski, H., Entwicklung und Integration von Verarbeitungsbau=
     steinen in CAD-Systemen. Informatik Fachbericht, 6. Jahrestagung
     der Gesellschaft für Informatik GI, Berlin, Springer Verlag, 1976
/17/ Butlin, G.A., Techniques for Processing Interactions in FORTRAN.
     IFIP WG 5.2, Working Conference on CAD Systems, 1976

<u>Optimale Produktentwicklung durch rechnerunterstütztes</u>
<u>Auswerten der konstruktiven Erfahrung</u>

K.H. Hirschmann
am Institut für Maschinenelemente und
Gestaltungslehre der Universität Stuttgart

1. Einleitung

Für die Konstruktion im Maschinenbau werden heute, aus bekannten
Gründen, bessere und vor allem schnellere Methoden und Hilfsmittel
zur Entwicklung neuer optimaler Produkte und Produktvarianten ge-
sucht. Die Forderung optimal wird dabei nicht nur für die Funktion,
sondern u.a. auch für die Kosten oder die Umweltbelastung gestellt.
Teilerfolge konnten bereits durch die Einführung des "Methodischen
Konstruierens" bei der Lösungsfindung und des "Rechnerunterstützten
Konstruierens" bei der Parameteroptimierung erzielt werden. Es hat
sich jedoch gezeigt, daß es nicht allein genügt die richtige Funktionsstruktur zu finden, oder die durch ein mathematisches Modell
ersetzte Konstruktion zu optimieren, sondern daß die Qualität eines
neuen Produktes in hohem Maße vom Erfahrungsschatz eines Betriebes
bestimmt wird. Zur möglichst guten Ausnutzung dieses Erfahrungsschatzes in der Konstruktion müssen deshalb geeignete, rechnerunterstützte Methoden erarbeitet werden.

2. Optimierungsverfahren

In Bild 1 sind drei wichtige Optimierungsverfahren für die Konstruktion dargestellt.

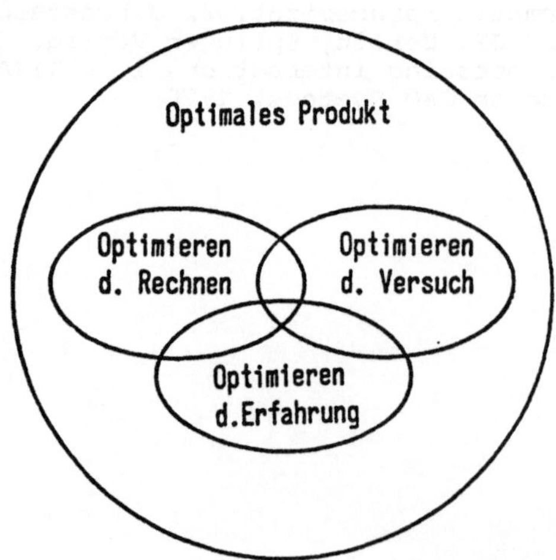

<u>Bild 1</u>: Optimierungsverfahren

Das Optimieren durch Rechnen verwendet die bekannten Methoden zur li-
nearen und nichtlinearen Optimierung /1/. Dazu wird der physikalische
Zustand eines Bauteils oder einer Maschine (z.B. Materialbeanspruchung,
Kinematik) in ein mathematisch beschreibbares Modell abgebildet. Durch
die Modellbildung geht Information verloren, da ein komplexes System
auf seine relevanten Aspekte reduziert werden muß um überhaupt noch
optimierbar zu sein. Die Überlagerung mehrerer Zustände ist meist un-
vollkommen oder nicht mehr realisierbar. Weiter beschränkt sich diese
Optimierung auf das Finden optimaler Parameter (Bild 2).

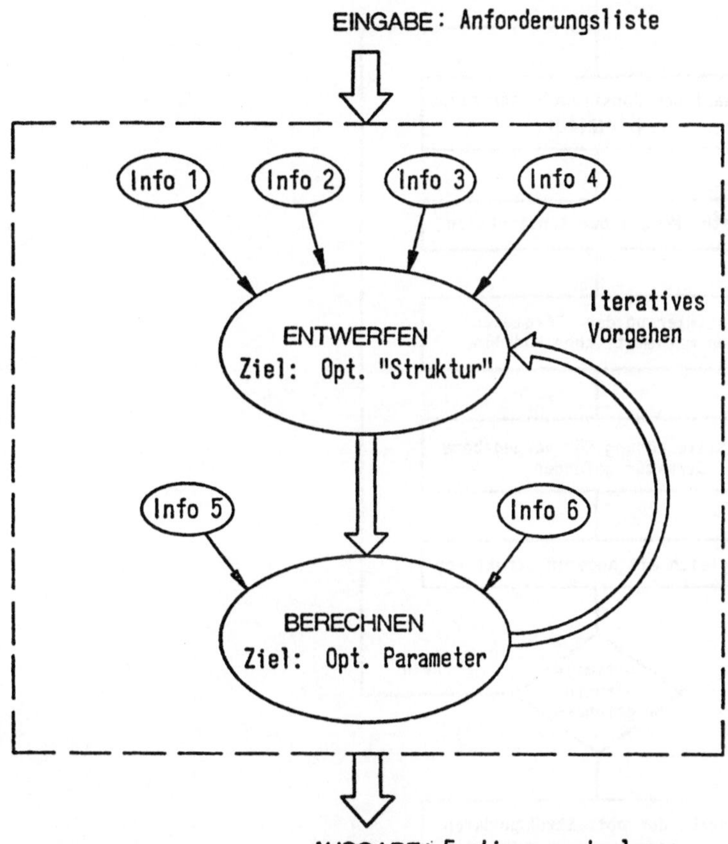

<u>Bild 2:</u> Konstruktionsalgorithmus

Das Entwerfen einer optimalen Struktur (z.B. Funktionsstruktur, Wirk-
struktur, Übertragungsstruktur) bleibt dem Konstrukteur überlassen.
Das Flußdiagramm zeigt den Ablauf bei dem der Konstrukteur im Dialog
darüber entscheiden muß, ob die optimale Struktur gefunden wurde oder

welche neue Struktur er noch optimieren möchte (Bild 3). Dieser Berechnung sind heute teilweise Einzelteile und Baugruppen zugänglich.

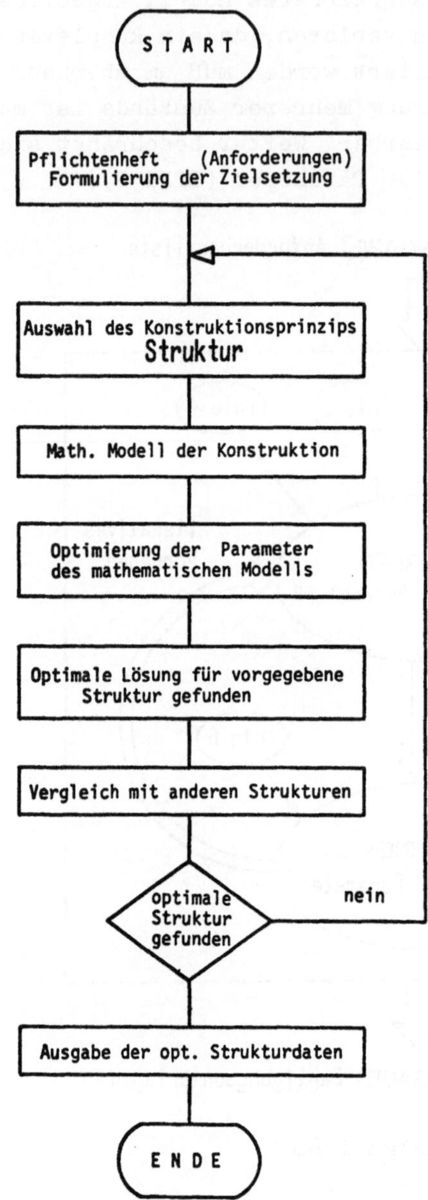

Bild 3: Optimierungs-
algorithmus

Ob damit die Optimierung eines Gesamtproduktes möglich oder erstrebenswert ist bleibt fraglich (Bild 4).

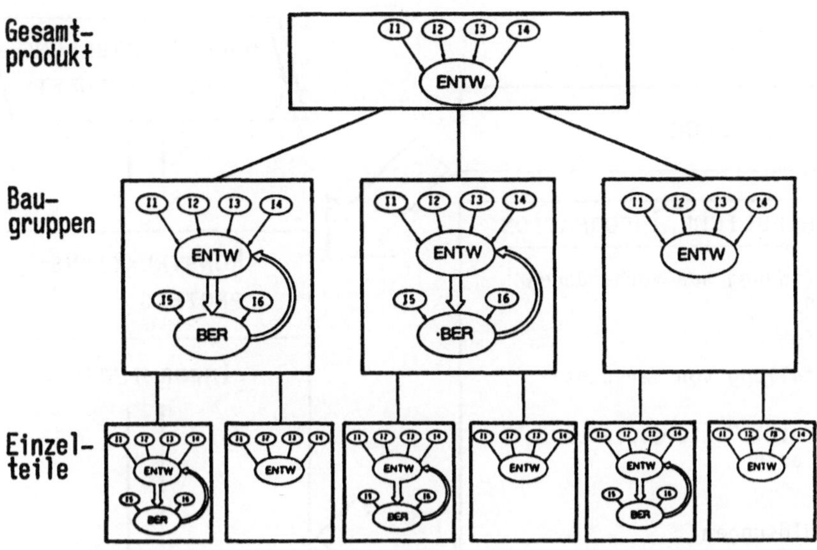

<u>Bild 4:</u> Produktoptimierung

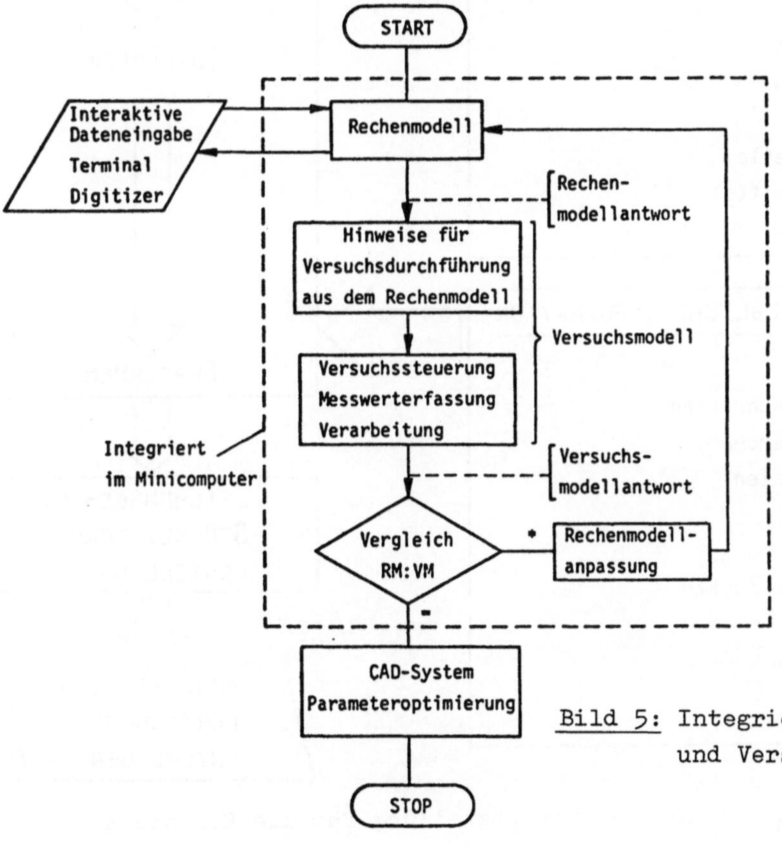

<u>Bild 5:</u> Integriertes Rechen-
und Versuchsmodell

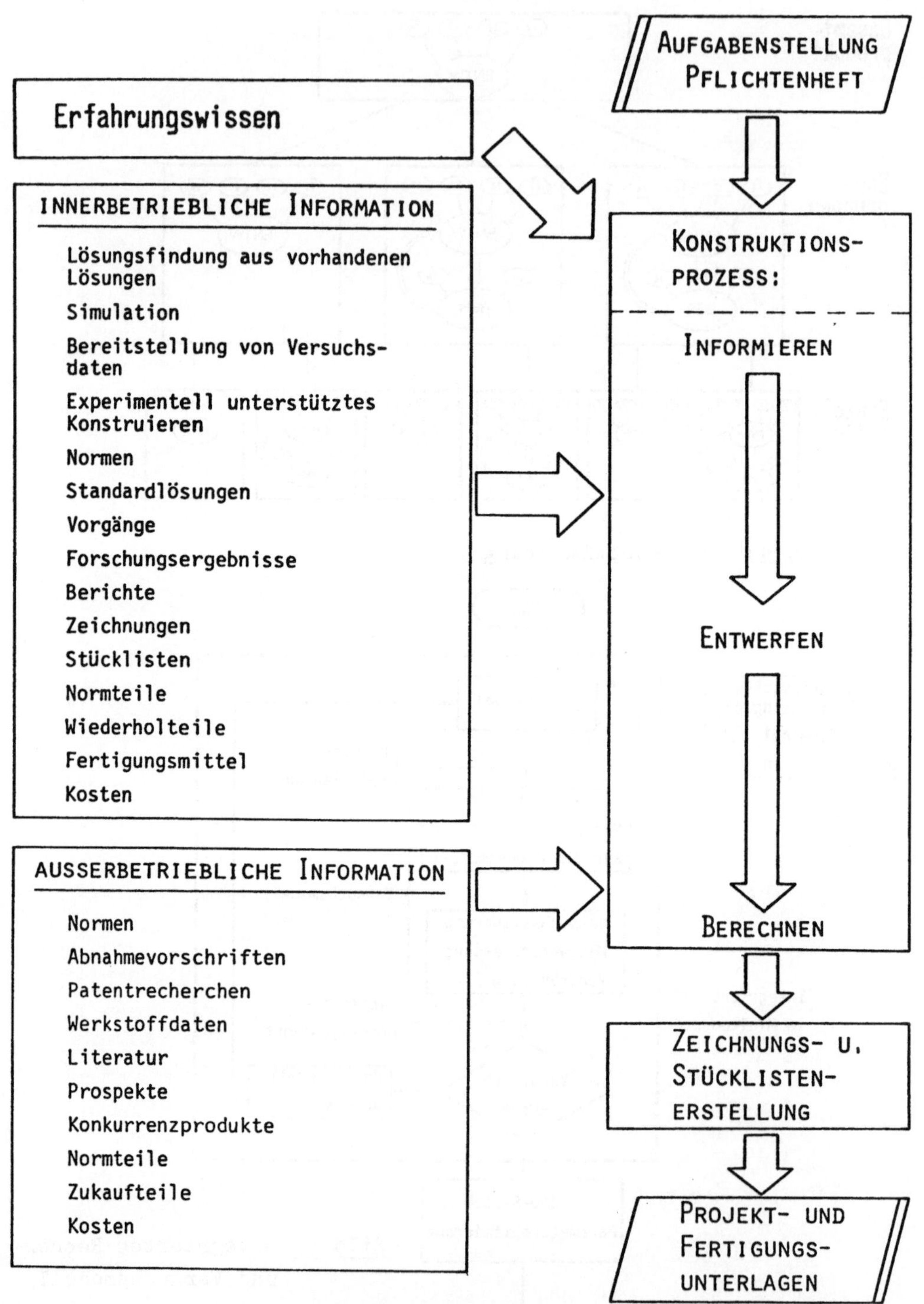

Bild 6: Informationsbereitstellung für die Konstruktion

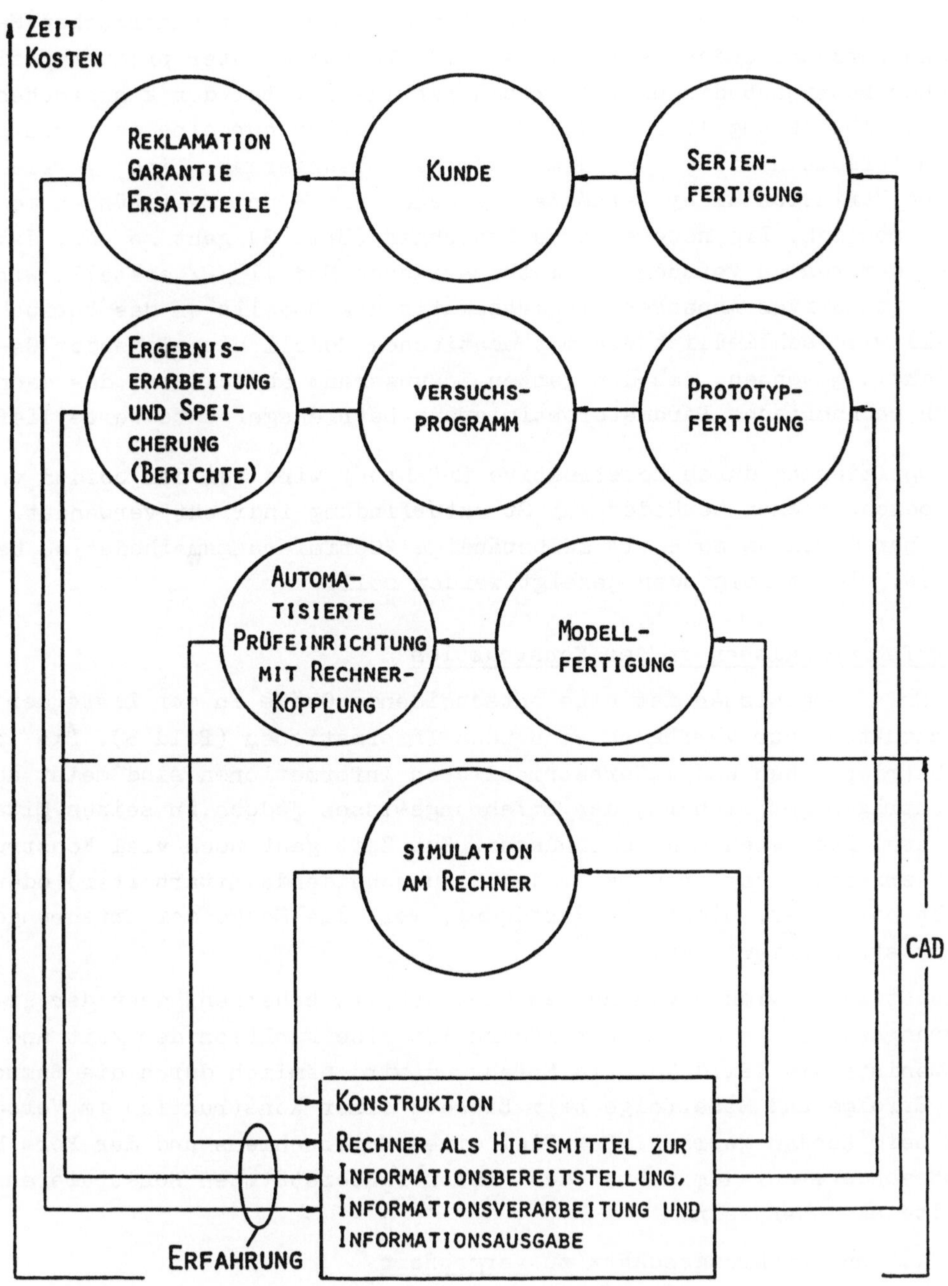

<u>Bild 7:</u> Informationsfluß im Entwicklungsbereich

Das Optimieren durch Versuche bietet gegenüber der rechnerischen Methode den entscheidenden Vorteil, daß sich Versuche unter produktspezifischen Betriebsbedingungen durchführen lassen. Bei der klassischen Versuchsabwicklung liefern die Ergebnisse meist nur eine oder wenige Parameterkombinationen aus dem möglichen Lösungsraum. Eine systematische Variation aller Parameter ist aus Preis- und Zeitgründen meist nicht möglich. Die neuere Versuchstechnik (Bild 5) geht so vor, daß neben dem realen Versuch ein mathematisches Modell /2/ erstellt wird. Durch iteratives Anpassen des mathematischen Modells an das Versuchsmodell wird schließlich ein mathematisches Modell hinreichender Genauigkeit gewonnen, das den ganzen Lösungsraum abdeckt und das dann durch rechnerische Parameteroptimierung betriebsgerechte Werte liefert.

Die Optimierung durch konstruktive Erfahrung wird bei den beiden vorher beschriebenen Methoden zur Strukturfindung indirekt verwendet. Sie ist aber durchaus auch als selbständige "Optimierungsmethode" zu benutzen, wie im folgenden gezeigt werden soll.

3. Erfahrungswissen in der Konstruktion

Das Erfahrungswissen ist eine entscheidende Größe in der Liste der dem Konstrukteur zur Verfügung stehenden Informationen (Bild 6). Die innerbetrieblichen und außerbetrieblichen Informationen sind meist auf Datenträger gespeichert, das Erfahrungswissen jedoch in seinen Mitarbeitern, Produkten und Zeichnungen. Zur Zeit geht noch viel Konstruktionserfahrung verloren (z.B. durch ausscheidende Mitarbeiter) oder steht bei Bedarf nicht zur Verfügung, weil die Menge der Erfahrungen nicht strukturiert ist.

Zukünftige Entwicklungen müssen hier Abhilfe schaffen, denn der Erfahrungszuwachs eines Konstrukteurs ist eine Funktion der Zeit und kostenintensiv (Bild 7). Die Erfahrung wird nämlich durch die Summe der Erfolge und Mißerfolge beim Einsatz einer Konstruktion im Versuch und beim Kunden geprägt. Das Ziel eines Unternehmens und der Forschung insbesondere auf dem Gebiet des "Rechnerunterstützten Konstruierens" sollte es daher sein:

1. den Erfahrungsschatz zu <u>vergrößern</u>
   (z.B. durch Versuche und Softwarekauf)

2. den Erfahrungsschatz zu <u>verbreiten</u>
   (Konstruktionsrichtlinien, Rechenprogramme,
   Weiterbildungsprogramme)

3. Erfahrungsverluste durch <u>Speicherung</u>

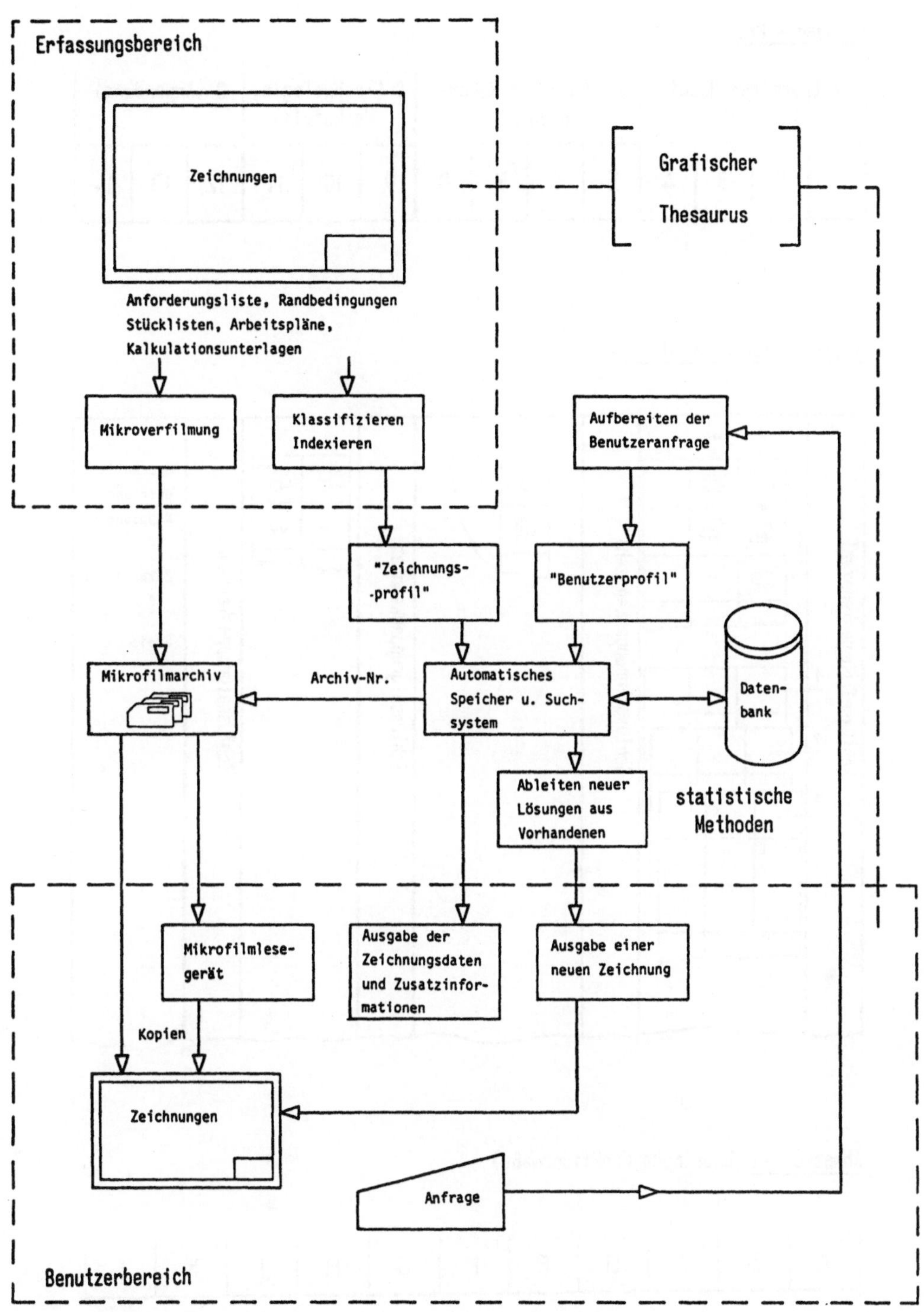

Bild 8: Konstruktionsinformationssystem

Klassen - Nr.

A (Form der Haupt-elemente)				B (Form der Neben-elemente)				C (Technologie, Werkstoff)			D (Anwendung)		
1	2	3	4	5	6	7	8	9	10	11	12	13	14

Klassifizierungsschlüssel

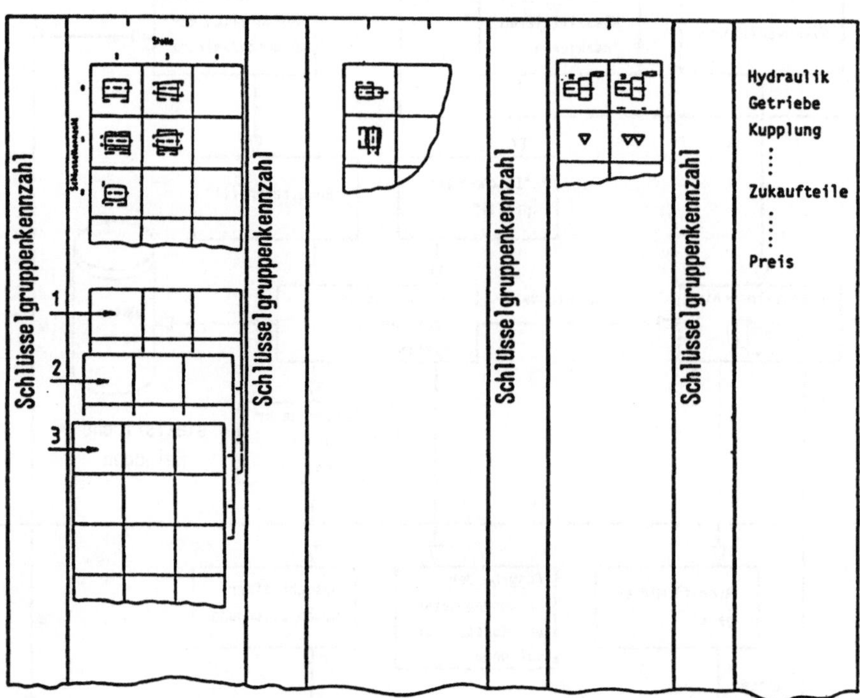

Abmessungen (Hauptmaße, Funktionsmaße)

A	B	C	D	E	F	G	H	I	K	L

Bild 9: Klassifizierungssystem

auf Datenträgern zu vermeiden

4. die bei vielen Mitarbeitern gestreut vorhandene
   Erfahrung zu <u>kumulieren</u>

5. die <u>Zugriffsmöglichkeiten</u> zu Erfahrungsinforma-
   tionen zu <u>verbessern</u>

6. Methoden zur optimalen <u>Auswertung</u> des Erfahrungsschatzes zu entwickeln.

<u>4. Erfahrungsinformation</u>

Die bei den Konstrukteuren und in den Werkstücken gespeicherte Erfahrungsinformation ist nur indirekt zugänglich. Diese Information kann
durch Mitarbeit des Konstrukteurs bei der CAD-Programmentwicklung
teilweise allgemein zur Verfügung gestellt werden. Eine zweite Möglichkeit ist den Dialog des Konstrukteurs beim Arbeiten mit einem
CAD-System zu speichern, auszuwerten und daraus eine Verbesserung der
Methodik abzuleiten.

Die in den Zeichnungen gespeicherte Erfahrungsinformation dagegen ist
direkt zugänglich. Allerdings ist ein manueller, gezielter Zugriff bei
der Menge und Komplexität der Zeichnungen nicht mehr möglich. Zur
Lösung dieser Aufgabe muß ein Konstruktionsinformationssystem zur
Speicherung, Verwaltung und zum Suchen der Zeichnungsinformation
nebst Zusatzinformationen entwickelt werden. Dieses System müßte dann
alle Forderungen entsprechend den Punkten 3 bis 6 im vorherigen Kapitel erfüllen. Die bis jetzt entwickelten Datenbanksysteme für CAD-An-
wendung erfüllen diese Forderungen noch nicht /3/.

Einen Vorschlag für den funktionalen Aufbau eines Konstruktionsinfor-
mationssystems zeigt Bild 8. Zwischen dem Erfassungs- und dem Benutzer-
bereich liegt der Verarbeitungs- und Speicherbereich. Erfassung und
Benutzung ist über einen "Grafischen Thesaurus" logisch miteinander
verbunden. Dieser Thesaurus enthält eine Sammlung von Gestaltmakros,
Technologiemakros etc. und den zugehörigen Klassifizierungsschlüssel.
Ein allgemein gültiger grafischer Thesaurus ist nicht bekannt; firmen-
und anwendungsspezifische Thesauri dagegen (z.B. für rotationssymmetrische Werkstücke) sind verbreitet (Bild 9). Sie dienen vor allem
zur Klassifizierung von Werkstücken für die Wiederholteilsuche. Ein
solcher Thesaurus wird dann sehr einfach, wenn die Werkstücke in geometrische Elementarkörper (Zylinder, Quader) zerlegt werden. Der Be-
schreibungs- und Speicheraufwand dagegen wird sehr viel geringer, wenn
größere Gestaltmakros gebildet werden und damit ein umfangreicherer
Thesaurus notwendig wird. Eine allgemeingültige Regel zur Festlegung

der optimalen Gestaltmakrogröße läßt sich nicht angeben. Es zeigt sich jedoch, daß für 2 1/2D-Teile (Rotations- und Profilteile) größere und differenziertere Makros effektiver einsetzbar sind als bei 3D-Teilen, da die konstruktive Gestaltungsfreiheit bei Rotationsteilen (Maschinenwellen, Zahnrädern) durch Randbedingungen stark eingeschränkt wird. Die Verknüpfung der einzelnen Makros erfolgt bei Rotationsteilen einfach über die Symmetrieachse; sie muß bei 3D-Teilen definiert und gespeichert werden. Nimmt man die Wiederholteildatei als Basis für ein Konstruktionsinformationssystem, so erfolgt das Suchen in dieser "Datei" durch Schlüsselvergleich. Dabei kann durch Hinzufügen und Wegnehmen einzelner Schlüsselelemente die Suchtiefe vergrößert oder verkleinert werden. Im Dialog läßt sich damit die Zahl der nachgewiesenen Werkstücke vergrößern oder verkleinern. Für einen bestimmten Schlüssel handelt es sich jedoch um das sogenannte Boolsche Retrieval.

Da es in den meisten Fällen jedoch nicht darum geht ein bestimmtes Teil zu finden, sondern nur ein ähnliches, so liegt es nahe das Retrieval mit Ähnlichkeitsmaßen zu verwenden, wie es von Salton /4/ eingeführt wurde. Die Retrievalfunktion wird mit Hilfe von Ähnlichkeitsmaßen definiert, z.B. dem Produktmaß oder Cosinusmaß. Der Vorteil dieser Methode gegenüber dem boolschen Retrieval liegt darin, daß sich die Ähnlichkeit explizit darstellen läßt, und durch die Einführung einer Gewichtung der Einfluß nicht wesentlicher Bauteildaten reduziert werden kann. Ihre Anwendung bei der Wiederholteilsuche steht aber noch aus.

Geht man davon aus, daß alle Teile die in Produkten eingesetzt werden, durch Versuche und in der Serie erprobt sind, so wird die Verwendung von Wiederholteilen nicht nur wegen der Fertigungsstückzahl, sondern auch wegen der darin gespeicherten konstruktiven und fertigungstechnischen Erfahrung angestrebt.

Wird kein Wiederholteil gefunden, so sollte aus einer Teilmenge ähnlicher Werkstücke automatisch ein ähnliches, neues Werkstück abgeleitet werden können. Die Automatisierung des als Variantenkonstruktion bekannten Prozesses ist dann besonders interessant, wenn wie z.B. bei einem Fahrzeugkolben eine Vielzahl geometrischer Daten vorliegen und diese durch ein umfangreiches Versuchsprogramm optimiert wurden. Liegt eine ausreichende Anzahl von ähnlichen Werkstücken vor, die alle denselben Randbedingungen genügen, so läßt sich mit statistischen Methoden, wie für Fahrzeugkolben gezeigt wurde /5/, mit guter Genauigkeit die Grob- und Feinkontur eines neuen Kolben ableiten und direkt eine neue Konstruktionszeichnung erstellen. Da bei technischen Produkten meist ein, wenn auch oft nicht bekannter, funktionaler Zusammenhang

zwischen den einzelnen Parametern besteht, liefert die Regressions-
analyse z.B. bessere Daten für einen neuen Prototyp als herkömmliche
Methoden. Dabei ist es wichtig, daß bei der Festlegung der Teilmenge,
aus der die neuen Daten abgeleitet werden, alle signifikanten Randbedingungen erkannt und berücksichtigt werden.

In beiden Fällen, den Wiederholteilen und der automatischen Variantenkonstruktion, wird die in den Werkstücken und damit in den Zeichnungen
gespeicherte Erfahrung bei der Entwicklung eines neuen Produktes aus-
genutzt. Unter der Voraussetzung, daß die im Konstruktionsinformationssystem gespeicherten Zeichnungsdaten durch Versuche und im
Serieneinsatz optimiert wurden, liefern beide Methoden Zeichnungen
von optimierten Werkstücken.

5. Zusammenfassung

Eine bessere Ausnutzung der Konstruktionserfahrung ist eine wichtige
Aufgabe, die auch durch das Rechnerunterstützte Konstruieren unterstützt werden muß. Durch die Wiederverwendung erprobter und optimierter
Werkstücke und Baugruppen oder der Ableitung neuer Werkstücke aus vorhandenen, optimierten Werkstücken lassen sich erhebliche Entwicklungs-
kosten einsparen. Hierzu sind die Methoden zur Ermittlung der Ähnlichkeit der Merkmalprofile von Werkstücken zu verbessern. Eine Verknüpfung mit dem rechnerunterstützten Zeichnungserstellungsprozeß ist
anzustreben.

Literaturverzeichnis

/1/ Kanarachos, A., Zur Anwendung von Parameteroptimierungs-
    verfahren in der rechnerunterstützten Konstruktion
    Konstruktion 31 (1979) H. 5, S. 177-182

/2/ Ibanez, P., Review of analytical and experimental
    techniques for improving structural dynamic models
    Applied Nucleonics Company, Inc. Santa Monica,
    California 1977

/3/ Blume, P. Fischer, W.E., Datenbanksystem für CAD-Anwen-
    dung CAD-Bericht 111, KfK, Karlsruhe 1978

/4/ Salton, G. Dynamic Information and Library Processing,
    Englewood Cliffs, 1975

/5/ Franz, D., Eine Methode zum rechnergestützten Entwurf
    von Varianten
    IBM Nachrichten, 28 (1978) H. 239, S. 44-52

<u>Auswirkungen des technischen Wandels</u>
<u>auf berufliche Qualifikationen am Beispiel von CAD</u>

B. Wingert

Kernforschungszentrum Karlsruhe
Abteilung für Angewandte Systemanalyse
7500 Karlsruhe, Postfach 3640
Bundesrepublik Deutschland

<u>Zusammenfassung</u>

Um die quantitative Bedeutung der mit EDV-Techniken verbundenen Auswirkungen zu belegen, wird auf eine Ergebniszusammenstellung des Instituts für Arbeitsmarkt und Berufsforschung zurückgegriffen. Im Vergleich zu diesen für einzelne Branchen jeweils
repräsentativen Erhebungen haben sozialwissenschaftliche Untersuchungen der vergangenen zehn Jahre den Vorteil, detaillierter auf arbeitsorganisatorische Randbedingungen einzugehen, jedoch den Nachteil, daß der Einsatz unterschiedlicher Methoden
und die Verfolgung unterschiedlicher Fragestellungen nicht zu einheitlichen Tendenzen führt, was die Auswirkungen des EDV-Einsatzes auf Arbeitsplätze und Arbeitsanforderungen betrifft. Bei den beruflichen Qualifikationen wird im allgemeinen von
einem Polarisierungseffekt ausgegangen.

Im zweiten Teil des Beitrages werden nach einer Kommentierung des Qualifikationskon-
zeptes Ergebnisse einer eigenen sozialwissenschaftlichen Untersuchung zu CAD berichtet, die jedoch noch nicht abgeschlossen ist. Die Auswirkungen fallen je nach
betrieblichen Gegebenheiten anders aus. Substitutionseffekte des CAD-Einsatzes werden sich aller Voraussicht nach auf die mittleren und unteren Qualifikationsgruppen
im Konstruktionsbereich auswirken. Dieser Befund stimmt mit einer Problemanalyse des
Bundesinstitutes für Berufsbildung überein. Je nach Tätigkeitsgebiet können jedoch
nach unseren Ergebnissen auch Ingenieure von Freisetzungseffekten erfaßt werden. Die
arbeitsorganisatorischen Auswirkungen deuten eine Straffung der Organisation der
Konstruktion an und eine Zunahme planerischer Anforderungen.

In den Schlußfolgerungen wird der Versuch unternommen, die berichteten Tendenzen in
allgemeinere Entwicklungen einzuordnen. Viele Autoren greifen dabei auf Arbeitsformen zurück, wie sie sich unter dem Stichwort "Taylorismus" zusammenfassen lassen.
Obwohl damit wichtige Merkmale getroffen sind, erscheint es nach unseren Ergebnissen
fruchtbarer, die Veränderung des Prozesses der Erfahrungsgewinnung selbst zu be-
trachten.

1. Einführung

Eine Beschäftigung mit den Problemen, die eine fortschreitende und durch CAD (Computer Aided Design) sich verstärkende Technisierung mit sich führt, ist aus mehreren Gründen lohnend. a) Der Konstruktionsbereich umfaßt ein großes Spektrum an Anforderungen, Aufgaben und Tätigkeitsformen, die von hochkomplexen und anspruchsvollen Aufgaben (z.B. bei Neukonstruktionen) bis zu wenig attraktiven Detailarbeiten reichen. Es liegt die Frage nahe, welche Arbeiten von der Technikeinführung erfaßt und substituiert, welche nur am Rande verändert werden und welche unberührt bleiben. b) CAD kann als ein Schritt einer zunehmenden Durchdringung der Unternehmensbereiche mit EDV angesehen werden. Daten- und informationsverarbeitende Technologien sind Schlüsseltechnologien, die für eine Vielzahl von Einzelanwendungen offen sind. Mit CAD kann der Konstruktionsbereich Anschluß an schon "computerisierte" Unternehmensbereiche erlangen und kann selbst weiter ausgebaut werden. Das Muster solcher Systeminnovationen kann mit anderen Innovationsabläufen verglichen werden. c) Ein weiterer Vergleich drängt sich auf: der Produktionsbereich im engeren Sinne hat eine lange Geschichte der technisch-ökonomischen Umgestaltung hinter sich. Das Übergreifen von EDV-Techniken auf den Konstruktionsbereich wird von vielen als eine Entwicklung verstanden, die in diesem Sektor nur Arbeitsformen nachvollzieht, die in der Produktion schon gang und gäbe sind. Können "tayloristische" Arbeitsformen hier in gleicher Weise eingeführt werden, oder gibt es Grenzen solcher Mechanisierung? d) Der Konstruktionsbereich ist von großer wirtschaftlicher Bedeutung für ein Unternehmen, nicht so sehr in dem Sinne, daß er viel kostet, sondern in jenem, daß er Kosten festlegt. Der eigentliche Engpaß liegt jedoch in der Zeitökonomie. Die Umgestaltung dieses Unternehmensbereiches mithilfe von EDV- und CAD-Komponenten sowie nach EDV-gerechten Maßstäben berührt unmittelbar die Innovativität der Unternehmen. Kann der Prozeß der Technikeinführung so gesteuert werden, daß diese Innovativität nicht gefährdet wird?

Die aufgeführten Fragen (und einige andere) bilden den Hintergrund einer laufenden empirischen Untersuchung, aus der im folgenden einige Ergebnisse und Überlegungen dargestellt werden. Sie befaßt sich mit den Innovationsbedingungen, der Implementation und den Auswirkungen der Einführung von Verfahren des rechnerunterstützten Konstruierens und Entwickelns. Dieses Projekt wurde 1977 mit einer Pilotuntersuchung begonnen, die 14 Unternehmen bzw. Unternehmensteile aus dem Automobilbau (2 Fälle), der Elektrotechnik (3 Fälle), des Maschinenbaus (4 Fälle), der EDV-Dienstleistung und des Ingenieurbaus (4 Fälle) und des Bauhauptgewerbes (1 Fall) umfaßte. Eine überarbeitete Fassung der Projektergebnisse ist inzwischen zugänglich (Bechmann, Vahrenkamp, Wingert 1979). Bei 9 der 14 Fälle waren (1977/1978) die CAD-Vorhaben der Routineanwendung zuzuordnen, 4 der Planung, 1 Fall dem F+E-Bereich.

Das Projekt wird weitergeführt, wobei eine breitere empirische Basis und eine detailliertere Konzeption angestrebt wird. Das Design unserer Untersuchung zielt darauf ab,

denselben Anwendungsfall mehrmals zu untersuchen. Damit begegnen wir einer der Haupt-
schwächen bisheriger Untersuchungen in diesem Bereich, wie Dostal (1980) belegt. Da
unsere Untersuchung noch nicht abgeschloosen und ihre empirische Basis recht schmal
ist, werden im folgenden auch Ergebnisse aus anderen Studien berichtet.

Anhand der von Dostal (1978) zusammengestellten Ergebnisse soll zunächst die quantitative Bedeutung des EDV-Einsatzes beleuchtet und einige Ergebnisse zu den Veränd-
rungen von Arbeitsanforderung und -belastungen dargestellt werden. Es folgen einige
Oberlegungen von Dostal (1980) sowie Schlußfolgerungen aus der Problemanalyse zur Änderung der Ausbildungsordnung von technischen Zeichnern von Buschhaus (1978). Danach
werden wir auf die Ergebnisse unserer eigenen Untersuchung eingehen, wobei zuvor einige grundsätzliche Bemerkungen zum Qualifikationskonzept zu machen sind.

2. Einige Ergebnisse der IAB Untersuchungen

In den Jahren 1971 bis 1976 wurden vom IAB (Institut für Arbeitsmarkt und Berufsforschung der Bundesanstalt für Arbeit) in repräsentativen, nach Betriebsgrößenklassen
geschichteten Stichproben folgende Industriezweige auf jeweils im Jahre vorher erfolgte technische Umstellungen befragt: Kunststoffverarbeitende Industrie, Ernäh-
rungsindustrie, Metallverarbeitende Industrie, Druckindustrie.

Die Fragen umfaßten:

a)   die im Jahre vor der Befragung erfolgten technischen Umstellungen und ihr Ge-
     genstand (z.B. Einsatz von neuen Technologien, Einführung von EDV, organisato-
     rische Änderungen, Errichtung neuer Betriebsteile, Stillegungen);

b)   die Gründe der Änderung, d.h. die Ziele, die man mit einer technischen Umstel-
     lung verfolgte;

c)   die Arbeitsplatzeffekte sowie die Auswirkungen auf Arbeitsanforderungen, Ar-
     beitsaufgaben und Arbeitsbedingungen.

Die gewonnenen Angaben wurden jeweils auf die Industriezweige hochgerechnet. Bis dato
sind damit 44 % der Industriebeschäftigten erfaßt. Im Schnitt über die Jahre geht es
dabei um etwa 12 Mio Arbeiter und 9 Mio Angestellte. Der Angestelltenanteil liegt
im Schnitt bei den einzelnen Industriezweigen bei 29 %. Die Auswertung von Dostal bezieht sich speziell auf die Angestellten. Für unseren Zweck hier geht es vor allem um
die Auswirkungen, die mit dem EDV-Einsatz verbunden sind. Dabei ergibt sich folgendes
Bild:

1.   Angestellte werden in geringerem Maße von den Auswirkungen technischer Umstel-
     lung.betroffen als Arbeiter.

2.   Wenn Angestellte betroffen sind, dann hängt dies mit EDV-Einführung zusammen.
     Sie trifft fast ausschließlich Angestellte. Etwa 1/3 aller freigesetzten Ange-
     stellten werden wegen EDV-Einführung entlassen.

3. Jährlich werden etwa 0,8 % aller Arbeitsplätze von Angestellten bei EDV-Einfüh-
    rung aufgelöst bzw. eingespart.

4. Produktionsausweitungen haben keine nennenswerten Auswirkungen auf die Einrich-
    tung neuer Angestelltenarbeitsplätze.

5. Wenn Angestelltenarbeitsplätze von technischen Umstellungen erfaßt werden, dann
    stehen Veränderungen der Arbeitsanforderung an erster Stelle. Hierbei dominiert
    eine Zunahme geistiger Belastung.

Mit diesen Ergebnissen ist der Substitutionseffekt des Einsatzes von EDV eindeutig
belegt. Offen ist allerdings, ob diese Rationalisierungseffekte auf den Einsatzgebie-
ten von EDV-Technik durch Wachstumseffekte in anderen Gebieten ausgeglichen oder gar
übertroffen werden, so daß insgesamt ein positiver Beschäftigungseffekt erzielt werden kann. Offen ist ebenfalls, wie sich die Beschäftigungswirkungen technischer Änderungen auf dem Hintergrund von Personalbewegungen darstellen, die auf konjunkturel-
le Einflüsse, die Unternehmensführung und auf Veränderungen internationaler Märkte
zurückgehen.

Die Ergebnisse, die in Punkt (5) zusammengefaßt sind, seien im folgenden etwas detaillierter ausgebreitet. Beschränkt man sich nur auf die Angestelltenarbeitsplätze
(nur diese sind in unserem Rahmen wichtig), so erfaßte laut Dostal (1978, S. 29) der
technische Wandel diese Arbeitsplätze wie folgt:

Tabelle 1:   Änderung der Arbeitsplatzgegebenheiten
              Einheit: Arbeitsplätze

Arbeitsplatz-gegebenheiten	Insgesamt	Ange-stellte	Angestell-tenanteil (%)	Anteil an den besch. Angest. (Basis 1 088 000) (%)
Arbeitsanfor-derungen	248 172	21 072	8,49	1,94
Arbeits-aufgaben	117 668	11 824	10,05	1,09
Arbeitsbe-dingungen	64 273	3 724	5,79	0,34
Summe	430 113	36 620	8,51	3,37

Quelle: Dostal 1978, S. 29

Differenzieren wir die Arbeitsanforderungen nach inhaltlichen Gesichtspunkten, so erhalten wir die Aufstellung in Tabelle 2 (Dostal a.a.O., S. 30).

Die Ergebnisse zeigen, daß bei den Veränderungen der Arbeitsanforderungen eine Abnah-
me von Lärmeinflüssen auf die Arbeit und eine Zunahme der geistigen Belastung dominieren. Bei Berufsausbildung und -erfahrung ist eher eine Zunahme zu registrieren,
die Verantwortung für die eigene Arbeit nimmt gleichermaßen zu wie ab, diejenige für
den Arbeitsablauf nimmt dagegen ab.

Diese Ergebnisse seien hier nur als Anhaltspunkte zitiert, denn sie sind mit einigen
Schwächen behaftet, die z.B. die Aggregierung der Daten über Industriezweige hinweg
betreffen (was Dostal selbst diskutiert; a.a.O., S. 20). Gravierender für uns ist,
daß die Effekte der mit der **EDV-Einführung** zusammenhängenden Veränderungen hier
nicht gesondert aufgeschlüsselt sind. Dies wäre jedoch durch eine erneute Sekundär-
analyse der Daten des IAB möglich. Die Arbeitsplatzauswirkungen, die wir in unserer
eigenen Untersuchung erfassen konnten, sind zusammen mit einigen Thesen zum Arbeits-
marktverhalten von Unternehmen bei Werle (1979) zusammengestellt.

Tabelle 2:   Änderung der Arbeitsanforderungen für Angestellte

Arbeitsplatz-anforderung	Zu-nahme	Ab-nahme	Änderungsanteil an allen Ange-stellten (‰)*)	
			Zu-nahme	Ab-nahme
Berufsausbildung	1 063	86	0,98	0,08
Berufserfahrung	1 467	30	1,34	0,03
Verantwortung				
f. eigene Arbeit	555	443	0,51	0,41
f. Arbeitsablauf	1 816	7	0,66	0,01
f. Betriebsmittel	190	–	0,18	–
f. Sicherheit	17	14	0,02	0,01
Belastung				
geistig	4 217	1 660	3,88	1,52
körperlich	122	683	0,11	0,63
Umgebungseinflüsse				
Lärm	290	5 448	0,27	5,00
Hitze/Kälte	13	302	0,01	0,28
Schmutz	–	33	–	0,03
Unfallgefahr	–	665	–	0,61
Strahlung/Blendung	–	523	–	0,48
Summe	9 750	9 894	8,96	9.09

*) Der Änderungsanteil an allen Angestellten ergibt sich aus der Anzahl der
Arbeitsplätze, an denen sich die Arbeitsplatzgegebenheiten geändert haben,
bezogen auf alle Angestelltenarbeitsplätze in den untersuchten Industriezweigen (N = 1.088.000 Personen).

Quelle: Dostal 1978, S. 30

3. Auswirkungen von EDV auf Beschäftigung und Qualifikationen

In einer weiteren (noch nicht abgeschlossenen) Arbeit beschäftigt sich Dostal (1980)
mit den Ergebnissen, die bisherige technologie- und sozialwissenschaftlich orientier-
te Studien über die Auswirkungen von Datenverarbeitungstechniken gewonnen haben. Verglichen mit dem Zeitraum der Forschung (die vergangenen 10 Jahre) mag das Gesamter-
gebnis sehr unbefriedigend sein, denn einheitliche Tendenzen schälen sich nur wenige
heraus. Daran sind neben der notwendigen Begrenzung auf einen empirischen Ausschnitt,
der Verwendung unterschiedlicher Methoden und theoretischer Ansätze und Präferenzen
vor allem auch sachliche Schwierigkeiten schuld. Diese umfassen methodische Probleme
der Zurechnung von Auswirkungen zu operativen Faktoren und Randbedingungen, die Abhängigkeit der Wirkungen vom Innovationsverhalten des Unternehmens und insbesondere
des Managements und die mangelnde Berücksichtigung arbeitsorganisatorischer Variablen, die entscheidend die jeweilige Technikeinführung bestimmen. Kubicek (1975)
kommt in seiner Synopse der EDV-Wirkungen und der theoretischen Konzepte vor allem
zu dieser Forderung, die Variablen der Arbeitsorganisation zu kontrollieren. Keine
einzige der von Dostal durchgesehenen Studien verwendete ein längsschnittliches Un-
tersuchungsdesign, d.h. untersuchte die EDV-Einführung in wechselnden Stadien ihrer
Realisierung. Aussagen über die Wirkungen bleiben damit auf den aktuellen Zeithori-
zont beschränkt, späte und indirekte Wirkungen bleiben dem Blick entzogen. Dieser
Mangel - ob nun forschungspraktisch oder - ökonomisch zu begründen oder nicht -
wiegt allerdings schwer, denn eine prozeßorientierte, begleitende Forschung ergibt
sich fast von selbst, wenn man designtechnische Überlegungen ernst nimmt, wie sie
gerade für sozialwissenschaftliche Forschungsansätze im Rahmen der Evaluationsfor-
schung und der Unterrichtsforschung entwickelt wurden (vgl. Bechmann, Vahrenkamp,
Wingert 1979, Kapitel 3).

Zwei Feststellungen von Dostal (1980) sind uns in unserem Zusammenhang wichtig: zum
einen der Hinweis auf die Bedeutung frühzeitiger Information an die von EDV-Umstel-
lungen betroffenen Arbeitnehmer und die Einrichtung von Weiterbildungs- und Umschu-
lungsmöglichkeiten, damit sich die Beschäftigten der Forderung nach Flexibilität
stellen können. Zum anderen:

"Den meisten Studien ist gemeinsam, daß sie eine Polarisierung in den Anforderungen
entweder konstatieren oder voraussagen. Weiterhin wird angenommen, daß Berufserfah-
rung im Vergleich zur Ausbildung an Stellenwert verliert und daß aus diesen Gründen
vorhandene Beschäftigungsstrukturen so verändert werden, daß jüngere Arbeitnehmer
mit guter Ausbildung Vorrang bekommen vor älteren Arbeitnehmer mit umfangreicher
Erfahrung. Dabei geht die Verwertbarkeit von Berufsqualifikation, die auf Erfahrung
begründet ist, zurück, und für diese Arbeitskräfte ergeben sich deshalb Probleme in
der individuellen Arbeitsplatzabsicherung. Diese Erkenntnisse weichen aber kaum ab
von den Erkenntnissen, die in Studien über die allgemeine technische Entwicklung
ermittelt worden sind. Die Datenverarbeitung scheint also keine neue Qualität von

Arbeitsplatzwirkungen hervorzubringen, beschränkt man den Blick auf die Beschäftigten der Fachabteilung" (a.a.O., S. 54). Uns scheint, daß die Technisierung des Kon-
struktionsbereiches doch spezifische Gefahren enthält, wenn komplexe Erfahrungs-
strukturen durch Einsatz bestimmter CAD-Programme ersetzt werden.

Buschhaus befaßt sich in einer Problemanalyse mit den Wirkungen des CAD-Einsatzes un-
ter dem Gesichtspunkt der Ausbildungsinhalte und ihrer notwendigen Revision (1978).
Eine der wesentlichen Schlußfolgerungen, die gleichzeitig versucht, die infolge EDV-
Einführung kritische Qualifikationsgrenze zu nennen, gibt folgendes Zitat wieder:

"Da ein Rechner nur die algorithmierbaren Arbeiten übernehmen kann, sind von dieser
Innovation vorwiegend Arbeitskräfte berührt, die keine planerisch-konstruktiven Qualifikationen besitzen. Bei der Einführung von EDV-Systemen werden weiterhin technische Zeichner benötigt, um die Daten für den Rechner in geeigneter Weise aufzuberei-
ten. Da diese Arbeiten meist ein hohes Abstraktionsvermögen und technisches Verständnis voraussetzen, können nur solche Arbeitskräfte die Ausführung übernehmen, die
entsprechende Voraussetzungen besitzen. Für technische Zeichner, die nur nach detaillierter Anweisung arbeiten können, wird die Nachfrage auf dem Arbeitsmarkt immer geringer" (a.a.O., S. 95).

4. Unsere sozialwissenschaftliche Begleitstudie zu CAD

Der Vorteil der IAB-Untersuchungen liegt darin, daß nach einem identischen Muster
eine Anzahl von Industriezweigen befragt wurde. Auf diese Weise läßt sich ein guter
Überblick gewinnen. Von Nachteil ist jedoch, daß keine eigenen Primärerhebungen vorgenommen wurden, sondern Befragungen auf der Managementebene des Unternehmens. Die
Kontrolle arbeitsorganisatorischer und sonstiger Rahmenbedingungen bleibt damit außer Reichweite. Läßt sich eine Untersuchung jedoch auf diese Bedingungen ein, muß sie
aus forschungsökonomischen Gründen ihren Generalisierungsanspruch meist aufgeben. In
unserem eigenen Ansatz versuchen wir, einen Mittelweg zu beschreiten, nämlich in aufeinander abgestimmten und nach ausgewählten Gesichtspunkten zusammengestellten Fall-
studien den Einführungsprozeß von CAD zu begleiten. Damit würden wir einen der entscheidenden Schwächen begegnen, die Dostal (1980) für alle der durchgesehenen Studien
konstatierte, daß sie nämlich die Auswirkungen des EDV-Einsatzes nicht in einem aus-
gedehnteren zeitlichen Rahmen untersuchen. Bei der Implementations-/Wirkungsanalyse
richten wir unser Augenmerk vor allem auf die Veränderung der Arbeitsanforderungen
bzw. Qualifikationen. Bis dato liegen jedoch nur Ergebnisse aus der Pilotstudie vor.
Die Fortsetzung des Projektes erfolgt auf der Grundlage von Branchenanalysen, einer
Bestandsaufnahme des aktuellen CAD-Technologiestandes, einer Befragung ausländischer
CAD-Experten (Rader u. Wingert 1980) und eines ausgearbeiteten Konzeptes der Quali-
fikationsanalyse. Bevor wir auf einige unserer Ergebnisse eingehen, einige grundsätzliche Bemerkungen zum Qualifikationsbegriff.

a)   Die Schwierigkeiten des Qualifikationsbegriffes

Wenn wir die in der Tabelle 2 aufgeführten Aspekte zu den "Arbeitsanforderungen"
durchgehen und uns vorstellen, wir müßten die teils technisch, teils organisatorisch
bedingten Anforderungen in einer Konstruktionsabteilung analysieren und gleichzeitig
herausfinden, inwieweit die dort Beschäftigten den Anforderungen gerecht werden, so
dürfte uns eine solche Liste nicht sehr hilfreich sein. Damit sind die von Dostal
gesammelten Ergebnisse nicht wertlos, doch reicht die analytische Differenzierung für
Forschungszwecke nicht aus. Das scheint uns ein grundsätzliches Problem: berufliche
Qualifikationen sind sowohl Gegenstand naiver als auch professioneller Erfahrung,
Planung und Erklärung. Der für eine Forschungsfrage zu fordernde Aufwand an analy-
tischer Differenzierung kann bei den betrieblichen Innovatoren, die mit dem Technik-
einsatz auch Arbeitsplätze und Qualifikationen planen, nicht vorausgesetzt werden.
Auch die berufliche Selbsterfahrung von Konstrukteuren ist als Qualifikationsindi-
kator nicht verläßlich. Das Qualifikationskonpezt ist - wenn überhaupt - nur im Rahmen eines multivariaten Modells zu retten. Zu diesem Modell gehören das Produktions-
system, das Ausbildungssystem und das personale Handlungssystem.

Wesentlich ist nun die Erkenntnis, daß zwischen diesen Systemkomponenten keine direkten Übersetzungsverhältnisse bestehen: Weder können die betrieblichen Ziele nahtlos in eine wohldefinierte Menge von Aufgaben herunterbuchstabiert werden, noch können die schulischen und beruflichen Ausbildungs- und Lerninhalte exakt spezifiziert
werden, noch können die personalen kognitiven und motivationalen Voraussetzungen der
Arbeitsleistung hinreichend verläßlich diagnostiziert werden. Diese Unschärferela-
tionen sind der Grund der häufig vorgetragenen Kritik an bisherigen Qualifikations-
konzepten (vgl. Hegelheimer u.a. 1975, Fricke 1975). Man kann diese Schwierigkeiten
zum Anlaß nehmen, das Qualifikationskonzept nicht mehr zu verwenden oder sich heraus-
fordern lassen, integriertere und theoretisch besser fundierte Konzepte zu entwickeln.
Ansätze hierzu finden sich bei Hacker (1973), Volpert (1974), Mickler u.a. (1976),
Frei u. Baitsch (1979).

In der folgenden Ergebnisdarstellung werden einige Aspekte dieses Konzeptes erscheinen. Eine systematische Darstellung ist an dieser Stelle nicht möglich. Da wir es mit
Konstrukteurstätigkeiten zu tun haben, sollen lediglich einige Differenzierungen zu
den Denkanforderungen skizziert werden. Sie werden bei Mickler u.a. (1976) nach zwei
Dimensionen geordnet: einmal nach dem "Denkaufwand", der bei Vorliegen einer Pro-
blemlage betrieben werden muß, um zu einer Lösung zu kommen, insbesondere ob nach
einem eingeübten Schema ("empirisch-adaptiv") oder nach einer bestimmten Systematik
("systematisch-optimierend") verfahren werden kann, oder ob eine Such- bzw. Lösungs-
strategie selbst entwickelt werden muß ("strategisch-innovierend"). Die zweite Differenzierung bezieht sich auf die Art der intellektuellen Leistung, nämlich ob es
sich um Einschätzungen regelmäßig zu erwartender Situationen ("Beurteilung"), um
die Anwendung einer Regel auf neue Situationen ("intellektuelle Transformation"), um

die Wahl eines angemessenen Aktionsprogramms ("Verfahrenswahl") oder um die eigene Arbeitsplanung handelt.

b)   Qualifikationsveränderungen infolge CAD-Einsatz

Bei der tätigkeitsbezogenen Analyse der CAD-Auswirkungen ergab sich bei unseren Befragungen, daß vor allem mittlere und weniger qualifizierte Gruppen in der Konstruktion durch CAD betroffen sein werden. Das bedeutet, daß vor allem technische Zeichner und Detailzeichner(innen) die Last der Auswirkungen zu tragen haben. Dieses Ergebnis stimmt weitgehend mit der erwähnten Problemanalyse überein, welche Buschhaus (1978) am Bundesinstitut für Berufsbildung durchgeführt hat. Im folgenden werden einige qualitative Aspekte der Qualifikationsveränderungen unserer Untersuchung dargestellt:

1)   Qualifikationsänderungen im Bereich sensumotorischer Fertigkeiten

Ein Großteil der von uns befragten CAD-Anwendungen bezieht sich auf entweder schon laufende Programme zur automatischen Zeichnungserstellung, sei es in Form von Angebotszeichnungen oder Detailzeichnungen, oder auf Programme, die für die kommenden 2 bis 3 Jahre projektiert sind. Entsprechend dürfte die Bedeutung sensumotorischer Fertigkeiten zurückgehen. In neuer Form könnten sie jedoch wichtig werden, wenn technische Zeichner und Detailzeichner stärker an Datensichtgeräten und interaktiven Bildschirmen arbeiten.

Eine Intensivierung der sensumotorischen Fertigkeiten kann sich beim Arbeiten mit der sog. Menütechnik ergeben, wobei der Konstrukteur von einer leitenden Platte Symbole abnehmen und positionieren kann. Die höhere Signal- und Informationsdichte läßt hier die Qualifikationsanforderungen steigen.

2)   Qualifikationsänderungen im Bereich kognitiver Anforderungen

Die angesprochene Art des Arbeitens mit der Menütechnik kann eine völlig neue Art des Konstruierens zur Folge haben, die entsprechend auch kognitiv erhöhte Anforderungen stellt. Zu hohen Konzentrationsleistungen kommen dann Fähigkeiten wie Flüssigkeit im Umgehen mit Symbolen oder die Fähigkeit, in mehrfach verschachtelten Bearbeitungsebenen zu denken.

In bezug auf neue Kenntnisse, die infolge des CAD-Einsatzes erforderlich wurden bzw. werden könnten, wurde relativ übereinstimmend berichtet, daß die mit CAD arbeitenden Konstrukteure nicht über spezielle Programmier- oder Operatingkenntnisse zu verfügen brauchen, dagegen über Grundkenntnisse der jeweils verwendeten Kommandosprachen, um Programme und Daten eingeben und abrufen zu können.

Abhängig von dem Ausmaß der durch CAD erzielten Freisetzungseffekte kann es jedoch für Ingenieure notwendig werden, sich in Spezialprogramme einzuarbeiten und sich die Kompetenz zu erwerben, sie selbst fahren zu können.

Für die Beurteilung der Auswirkungen von technischen Innovationen in ihrem Verhält-
nis zu beruflichen Qualifikationen ist besonders wichtig zu wissen, ob jene komplexen Produkte beruflicher Erfahrungsbildung in der veränderten Arbeitssituation
eine Funktion behalten oder ob sie ihren Wert völlig einbüßen. Solche komplexen Er-
fahrungsstrukturen werden z.B. mit dem Begriff der "technischen Sensibilität" um-
schrieben. Sie hat in unserem Zusammenhang (Konstruktion) allerdings nicht die Bedeutung eines "richtigen reaktiven Disponierens" (vgl. Mickler u.a. 1976, S. 381),
denn dazu fehlt in der Konstruktion die Präsenz einer technischen Apparatur. Wichtig ist für uns jedoch die andere Komponente des "Einfühlens in technische Zusammenhänge". Einer unserer Interviewpartner äußerte die Sorge, daß im Zuge einer zunehmenden Automatisierung des Konstruktionsprozesses durch den Einsatz von EDV-Pro-
grammen jenes "konstruktive Fingerspitzengefühl" verloren gehe, welches nach wie
vor benötigt, jedoch nur noch schwer angeeignet werden könne. Ein anderer Gesprächs-
partner konstatierte für seinen elektrotechnischen Bereich, daß der "Entwickler",
dessen Aufgabe es früher war, den Leitungsgang zu optimieren, den "sechsten Sinn"
nicht mehr brauche; das erledige jetzt der Rechner, jedoch auch nicht immer zufrie-
denstellend, wie er ausführte.

Zieht man das Raster zu den Denkanforderungen heran, so würde die von vielen Ge-
sprächspartner herausgestellte und auf Konstrukteure und Ingenieure bezogene Entwicklung bedeuten, daß in Zukunft weniger "empirisch-adaptive" sondern "strategisch-
innovierende" Denkleistungen gefordert werden. Nicht mehr konstruktive Einzelkompo-
nenten sondern ganze Systeme wären zu optimieren; nicht mehr das eigene Durchrech-
nen oder Durchkonstruieren von Varianten wäre gefordert - das erledigt jetzt das
Programm - sondern das abwägende Entscheiden und das Auswählen der besten geliefer-
ten Lösung; nicht mehr der gute Einfall, sondern die richtige Entscheidung und die
sinnvoll eingesetzte Heuristik wären verlangt. Dabei können auch Qualifikations-
schwächen sichtbar werden, wenn Ingenieure Aufgaben aufgeben müssen, die sie bisher
sicher beherrscht hatten.

Der zunehmende Einsatz von CAD könnte mit zwei Entwicklungen verbunden sein, für
die sich beide im Untersuchungsmaterial Hinweise finden und die gleichermaßen für
Ingenieure und technische Zeichner wichtig sind. Eine Entwicklung bezieht sich auf
das abstrakter Werden der Arbeit. Dies drückt sich in den Interviews teilweise
direkt aus, indem von einer größeren Abstraktheit der Arbeit gesprochen wird und
ausdrücklich als Komponente einer Mehrbelastung beurteilt wird. Es kommt in dem Hinweis zum Ausdruck, daß die Konstrukteure in Zukunft lernen müßten, "in Zahlen zu
denken" und nicht in Zeichnungen und Skizzen, und es offenbart sich als Qualifika-
tionsbarriere für Modellschreiner, wenn sie mit einem nichtlinear aufgebauten Programm umgehen sollen, das mit Verzweigungen und Subroutinen arbeitet.

Für technische Zeichner dokumentiert sich dieser Trend in Tätigkeitsverschiebungen, die von selbst hergestellten Zeichnungen wegführen. Der gemeinsame Zug dieser Entwicklung liegt darin, daß Arbeitsinhalte (Aufgabe), Arbeitsgegenstand (Konstruktionsunterlage) und Arbeitsmittel (Rechenschieber, Bleistift) "abstrakter" werden, d.h. durch nicht mehr direkt manipulierbare technische Mittel mediiert werden: Arbeitsinhalt ist nicht mehr eine zu erstellende Entwurfskizze oder ein abzuzeichnender Detailplan, sondern die Manipulation entsprechender Programme; Arbeitsgegenstand ist nicht mehr die anschauliche Konstruktionsunterlage, sondern ein bestenfalls nur auf einem Bildschirm visualisiertes Abbild; Arbeitsmittel ist nicht mehr der Rechenschieber, sondern ein Vorrat von Befehlen, die über ein Terminal eingegeben werden. Diesen Trend der technischen Vermittlung könnte man mit "Mediatisierung" umschreiben. Der anschauliche Inhalt der Konstruktionstätigkeit und das Umgehen mit ikonischen Modellen weicht einer Manipulation von symbolischen Modellen. Der Prozeß des herstellenden Probierens wird durch explizite Planungsschritte seiner Herstellung (Konstruktion) zum ersten Mal gebrochen; er scheint nun durch den Computereinsatz zum zweiten Mal gebrochen.

Die zweite Tendenz liegt darin, daß die Arbeit - infolge des CAD-Einsatzes - "starrer" wird, spontane Abweichungen vom geplanten Ablauf sind nicht mehr möglich, Vorabinformationen an die Fertigung schon vor Beendigung der Konstruktion, früher noch möglich, gehen nicht mehr; die Konstruktions- und Fertigungsvorbereitungsschritte sind stärker durchgeplant; Termine verbindlicher; die Planungsingenieure müssen, bevor ein Auftrag auf die CAD-Anlage genommen werden kann, selbst erst einmal alle Informationen zusammen haben; die Arbeit auf einer CAD-Anlage selbst will sorgfältig vorbereitet sein.

Damit ist eine Palette von arbeitsorganisatorischen Auswirkungen umrissen, die im wesentlichen zwei Komponenten haben:

-   Die individuelle Arbeitsplanung geht von einer Planung in der Arbeit zu einer Planung vor der Arbeit über. Damit wird auch die Konstruktionsmethodik verändert.

-   Die Arbeitsorganisation innerhalb der Konstruktionsabteilung und über sie hinaus geht von einer Sequenz mit mehreren Vor- und Rückschleifen über in eine lineare Sequenz, einer schrittweisen Bearbeitungsfolge, in der die vorgeschaltete Phase erst durchlaufen sein muß, bevor die nachfolgende beginnen kann.

5. Schlußfolgerungen

Wir haben aus den derzeit laufenden Forschungen einige Aspekte zu den Auswirkungen des CAD-Einsatzes herausgegriffen. Im Thema des Beitrages ist jedoch auch der übergeordnete Zusammenhang angesprochen, auf den wir kurz eingehen möchten.

Die gängigste Haltung gegenüber der Einführung von CAD ist eine optimistische. Mit
großem Einsatz wird an der Verfeinerung bestehender technischer Mittel und an der
Entwicklung neuer gearbeitet, und wenn Geräte mal nicht so funktionieren, wie sie
können sollten, wird auf den technischen Fortschritt verwiesen, daß in mindestens
soundsoviel Jahren ein neuer technologischer Stand erreicht sei. Es geht im Moment
nicht darum, die Berechtigung dieser Trost-Formel zu prüfen. Der Optimismus bekommt
jedoch auch in diesem Bereich Risse, wie sich an einigen Zeichen untrüglich ablesen
läßt, z.B. im Bundesbericht Forschung VI (BMFT 1979) mit seiner Betonung einer tech-
nologiebewertenden und -begleitenden Forschung, oder in den Förderrichtlinien des
kürzlich vorgestellten Förderungsschwerpunktes zur Fertigungstechnik (BMFT 1980).
Auf der anderen Seite ist zu beobachten, daß gerade Experten von EDV- und CAD-Anwendungen nachdrücklich vor den arbeitsbezogenen und gesellschaftlichen Folgen war-
nen: Cooley als Ingenieur und Gewerkschaftsvertreter (vgl. 1976, 1979), Rosenbrock
als Fertigungstechniker mit einem eigenen alternativen Ansatz (vgl. 1977, 1979),
Weizenbaum als Computer Science Spezialist (1977, 1978). Schließlich könnte man -
als Sozialwissenschaftler - L. Mumford anführen (1977).

Eine andere Einordnung, die häufig vorgenommen wird, bedient sich des Stichwortes
"Taylorismus". Die These besagt dann, daß der Konstruktionsbereich heute nur jene
Entwicklung nachvollzieht, die der Produktionsbereich im engeren Sinne schon hinter
sich hat. Der Computer könnte für die Angestelltentätigkeiten jene Funktion einnehmen, die das Fließband für die Arbeiter hat. Es lohnt sich, dem Taylorismus eine
ausführliche Analyse zu widmen (vgl. Braverman 1977), da er neue Aktualität zu gewinnen scheint (vgl. Volpert u. Vahrenkamp 1977) und vor allem in Bereiche wie z.B.
das Management und die Konstruktion eindringt, die sich einem solchen Zugriff bisher entzogen glaubten (vgl. Kirsch 1973; Kirsch u. Klein 1977). Wenn man auf den
Taylorismus als Gefahr hinweist, trifft man wichtige Momente der Intensivierung und
Kontrolle von Arbeit. Man übernimmt jedoch ein historisch gebundenes Modell und
läuft Gefahr, mit dem Taylorismus zugleich jede Form von "Wissenschaftlichkeit"
über Bord zu werfen, die Taylor selbst nur in einem sehr engen Sinne für sich re-
klamieren kann.

Eine dritte Einordnung kann die Konstruktion selbst als Bezug wählen und das Ver-
hältnis zwischen Konstrukteur, seinen Qualifikationen und seinem Arbeitsinhalt the-
matisieren. Lenkt man den Blick auf die durch technische Mittel möglichen unterschiedlichen Grade der Unterstützung und Vermittlung, so könnte man folgendes Modell
aufstellen: Auf der "vor-handwerklichen" Stufe war Konstruktion zugleich Machen und
Herstellen eines Gegenstandes. Objekt, Erfahrung, Methode des Handelns und Verarbeiten der Veränderungen sind noch eine Einheit. Das Wissen ist sowohl persönlich
gebunden als auch implizit. b) Die nächste Stufe könnte vielleicht die "handwerkli-
che" genannt werden. Sie wird bestimmt von erfahrungsgeleiteten und -fundierten Regeln. Diese vereinigen Wissen über Materialeigenschaften, Verfahrensweisen und das

zweckvolle eigene Tun. Das kann als erfahrungsgeleitete Methodik angesprochen werden.
c) Auf der nächsten Stufe wird der Prozeß der Erfahrungsgewinnung selbst einer (wissenschaftlichen) Methode unterworfen. Die Gefahr besteht, daß Erfahrung nur noch <u>nach</u> <u>Maßgabe des Modells</u> gemacht wird, daß der gesetzte Rahmen nicht mehr transzendiert wird, daß die menschliche Erfahrung keine "Umwelt" mehr hat.

Es hat den Anschein, als befänden wir uns derzeit mit einem zunehmenden CAD-Einsatz beim Übergang von der Stufe zwei zur Stufe drei. Technik kann Erfahrung anleiten und führen, aber auch behindern und verstellen. Eine ähnliche Sorge äußert für den Entwurfsbereich im Bauwesen mit Blick auf die Funktion technischer Normen Ekardt (1978): "Es ist jedem Praktiker bewußt, ... daß die Tragwerksbearbeitung in großem Umfang durch technische Normen reguliert wird. Die Bedeutung dieser büroexternen Handlungsregulierung nimmt eher zu als ab, und die befragten Interviewpartner stellen diesen Sachverhalt sogar als Quelle eines Qualifikationsdilemmas dar. Uns kommt es hier auf den folgenden Punkt an: Indem der Bauingenieur sich in seinem Handeln an technischen Normen orientiert, schieben sich diese zwischen ihn und die physische Realität. Letzten Endes geht es ja um die reale Standsicherheit eines Bauwerkes, und nicht um die Einhaltung von Normen. Der zunehmende Umfang technischer Normen absorbiert aber die Aufmerksamkeit des Bauingenieurs, die Einhaltung von Normen droht ihm der Inbegriff verantwortungsvollen Ingenieurhandelns zu werden" (S. 104).

Die Qualität der Konstruktion und die Innovativität eines Unternehmens speisen sich aus jenem schwer faßbaren Erfahrungsschatz, welchen jeder Konstrukteur in seinem Beruf und in Auseinandersetzung mit seinen Aufgaben entwickelt. Welches der heute verfügbaren CAD-Programme wurde unter ausdrücklicher Berücksichtigung dieses Erfahrungsschatzes entwickelt?

Literatur

BECHMANN, G., VAHRENKAMP, R., WINGERT, B.: Mechanisierung geistiger Arbeit. Eine sozialwissenschaftliche Begleituntersuchung zum Rechnereinsatz in der Konstruktion. Frankfurt a.M.: Campus 1979

BRAVERMAN, H.: Die Arbeit im modernen Produktionsprozeß. Frankfurt a.M.: Campus 1977 (Labor and Monopoly Capital. New York 1974)

BUNDESMINISTER FÜR FORSCHUNG UND TECHNOLOGIE: Bundesbericht Forschung VI. Bundestagsdrucksache 8/3024. Bonn 1979

BUNDESMINISTER FÜR FORSCHUNG UND TECHNOLOGIE: Programm Fertigungstechnik der Bundesregierung. Bonn 1980

BUSCHHAUS, D.: Problemanalyse zur Neuordnung der Berufsausbildung für Technische Zeichner, Teil 2. Bundesinstitut für Berufsbildung: Berichte zur beruflichen Bildung, Heft 8, Berlin 1978

COOLEY, M.: CAD: a trade union viewpoint. In: CAD Proceedings 1976, S. 308-312

COOLEY, M.: The Designer in the 1980's - The Deskiller Deskilled. 1979 (Manuskr.)

DOSTAL, W.: Freisetzungen von Arbeitskräften im Angestelltenbereich aufgrund technischer Änderungen. In: K.M. Bolte u.a. (Hrsg.), Mitteilungen aus der Arbeitsmarkt- und Berufsforschung, 1978,11, S. 19-33

DOSTAL, W.: Datenverarbeitung und Beschäftigung. Teil 1/ Empirische Befunde. In: K.M. Bolte u.a. (Hrsg.), Mitteilungen aus der Arbeitsmarkt- und Berufsforschung 1980, 13, S. 39-56

EKARDT, H.-P.: Entwurfsarbeit. Organisations- und handlungstheoretische Ansätze zur soziologischen Analyse der Arbeit von Bauingenieuren im Tragwerksentwurfsbereich. (Diss.) Darmstadt 1978

FREI, F. u. BAITSCH, C.: Konzeption einer Untersuchung zur Entwicklung und Validierung einer Taxonomie von Qualifizierungsaspekten. Karlsruhe: Fachinformationszentrum Energie, Physik u. Mathematik 1979

FRICKE, W.: Arbeitsorganisation und Qualifikation. Ein industriesoziologischer Beitrag zur Humanisierung der Arbeit. Bonn-Bad Godesberg 1975 (Band 119 der Schriftenreihe des Forschungsinstituts der Friedrich-Ebert-Stiftung)

HACKER, W.: Allgemeine Arbeits- und Ingenieurpsychologie. Berlin (Ost): VEB Deutscher Verlag der Wissenschaften 1973

HEGELHEIMER, A. u.a.: Qualifikationsforschung. Eine Literaturexpertise über ihre Bedeutung für die Berufsbildungsforschung. Hannover 1975 (Band 33 der Schriften zur Berufsbildungsforschung)

KIRSCH, W.: Auf dem Weg zu einem neuen Taylorismus? IBM-Nachrichten 1973,23, S. 561-566

KIRSCH, W. u. KLEIN, H.K.: Management-Informationssysteme (Teile I u. II). Stuttgart: Kohlhammer 1977

KUBICEK, H.: Informationstechnologie und organisatorische Regelungen. Berlin: Duncker u. Humblot 1975

MICKLER, O. u.a.: Technik, Arbeitsorganisation und Arbeit. Eine empirische Untersuchung in der automatisierten Produktion. Frankfurt a.M.: Aspekte Verlag 1976

MUMFORD, L.: Mythos der Maschine. Kultur, Technik und Macht. Frankfurt a.M.: Fischer Taschenbuch 1977 (The Myth of the Maschine, Vol. I: Technics and Human Development 1966; Vol. II The Pentagon of Power 1964)

RADER, M. u. WINGERT, B.: Computer Aided Design in Great Britain and West-Germany. Current trends and impacts. Kernforschungszentrum Karlsruhe, Abteilung für Angewandte Systemanalyse 1980 (im Druck)

ROSENBROCK, H.H.: The Future of Control. Automatica 1977,13, S. 389-392

ROSENBROCK, H.H.: The Redirection of Technology. Paper at IFAC Symposium at Bari, Italy, 1979 (Manuskr.)

VAHRENKAMP, R.: Frederick Winslow Taylor - Ein Denker zwischen Manufaktur und Großindustrie. In: Volpert u. Vahrenkamp 1977, S.LII-IXC

VOLPERT, W.: Handlungsstrukturanalyse als Beitrag zur Qualifikationsforschung. Köln: Pahl-Rugenstein 1974

VOLPERT, W.: Von der Aktualität des Taylorismus. In: Volpert u. Vahrenkamp 1977, S. IX-LI

VOLPERT, W. u. VAHRENKAMP, R.: Frederick Winslow Taylor: Die Grundsätze wissenschaftlicher Betriebsführung. Weinheim: Beltz 1977

WEIZENBAUM, J.: Die Macht der Computer und die Ohnmacht der Vernunft. Frankfurt a.M.: Suhrkamp Taschenbuch 1978, 1977 1. Aufl. (Computer Power and Human Reason. From Judgement to Calculation. 1976)

WERLE, R.: Arbeitsmarktentwicklung, Personalbedarf und betrieblicher Einsatz neuer Technologien. Soziale Welt 1979,30, S. 369-487

**Integration and Implementation of Computer-Aided Engineering
and Related Manufacturing Capabilities
into the Mechanical Product Development Process**

Jason R. Lemon, Ph.D.
Chairman, SDRC

S. K. Tolani, Ph.D.
Senior Technical Consultant, SDRC

Albert L. Klosterman, Ph.D.
Director, Technical Development, SDRC

TABLE OF CONTENTS

ABSTRACT

Technologies to automate computer-aided drafting and computer-assisted N/C tape preparation are available and are beginning to be used widely to help reverse the alarming trends of declining productivity in many industrial economies. However, automating isolated tasks in today's "build-and-test" product development process, while cost-effective, will not achieve significant time savings, productivity gains and/ or strategic benefits, as anticipated by most companies.

The overall mechanical product development process itself must be automated. Products must be developed within the computer. Prototypes should be built to verify and validate computer predictions, instead of being used to find out how a product performs, as is common today.

Extended reaches to improve product performance and quality can be achieved in significantly shorter time through the effective implementation and integration of existing computer-aided engineering and related manufacturing capabilities. Indeed, strategic benefits impacting a company's overall market share, quality image, return on investment and profitability can result from effective CAE implementation.

Benefits do not come easily, however. The CAE process requires change, including change in organizational structure. CAE methods cannot be implemented quickly; three to ten years are required in most companies and industries. CAE implementation and maintenance is expensive; at least 10% of total product development budgets each year are required for CAE software, hardware, maintenance, support and training. An entire new way of thinking about mechanical product development is necessary in most companies.

Two representative examples of the CAE approach are described. Finally, the recommended steps to implement and integrate computer-aided engineering and related manufacturing capabilities within a company's product development activities are defined.

INTRODUCTION

If one asks a typical engineering manager which new technologies have the potential to significantly impact engineering productivity, the typical answer is likely to be computer-aided drafting and manufacturing (CAD/CAM). Government studies[1] suggest that most productivity improvements will come from CAD/CAM, and Merrill-Lynch[2] a respected financial advisor, reports that 3-to-1 or 4-to-1 improvements in productivity are common. Nevertheless, experience of the authors suggests that this typical answer may be misleading.

Have CAD and CAM really had significant impact on new mechanical product development? For example, does it cost less to develop a product today than it did ten years ago? Do our companies develop improved mechanical products in much less time to meet new market demands? Is the quality, performance, and reliability of today's mechanical products far superior to products designed ten years ago?

If one examines details, contributions of computer-aided drafting and manufacturing are small compared to total product development costs, time, and quality requirements. For example, the cost of developing and introducing a new automobile has risen to more than one billion dollars, and even very large automotive companies find it difficult to develop full lines of products. Automakers agree, particularly in the United States, that development and introduction of energy-efficient vehicles takes much too long, regardless of cost. Similarly, problems with quality, performance, reliability, and product liability have not been resolved by any manufacturer.

Automakers are not unique. Companies with businesses in agricultural, construction and mining machinery, machine tools and manufacturing equipment, petrochemical and process machinery, appliances, power distribution, aircraft, aerospace and nuclear industries face the same problems. Product development is more complex today than ever before. Engineering managers must be concerned not only with performance, but increasingly important factors like energy efficiency, material shortages, government regulations, product liability, rising costs of engineering manpower, and test and manufacturing facilities, as well as tougher worldwide competition. These complexities naturally tend to increase costs, cause delays, and increase risks associated with product development.

Traditional product design, development and production methods cannot cope with demands for improved engineering and manufacturing productivity. Likewise, automation of today's methods using CAD/CAM technologies, will not provide sufficient engineering effectiveness to meet our needs. The new CAE approach attempts to integrate and automate the various engineering functions in the entire product development process, i.e., design, analysis, test, drafting, documentation, project management, data management. process planning, tool design, numerical control, and quality assurance. Improved product quality, increased market share and improved profitability depend upon efficient and effective CAE integration and implementation. Thus, CAE implementation has become a strategic issue within many companies in mechanical-related industries worldwide.

THE PRODUCT DEVELOPMENT PROCESS

One way of viewing mechanical product development is to consider engineering applications and design phases, along with traditional engineering functions in a three-dimensional matrix, Figure 1. Almost every block of the matrix is needed to develop a product. And each involves tasks that cost money, consume time and have potential for errors and delays. A company, to improve its product development process significantly, must identify and improve the combination of applications, functions and design phases which most critically impact success. Ideally, and after long effort, integrated computer-aided engineering and related manufacturing methods can streamline the entire process.

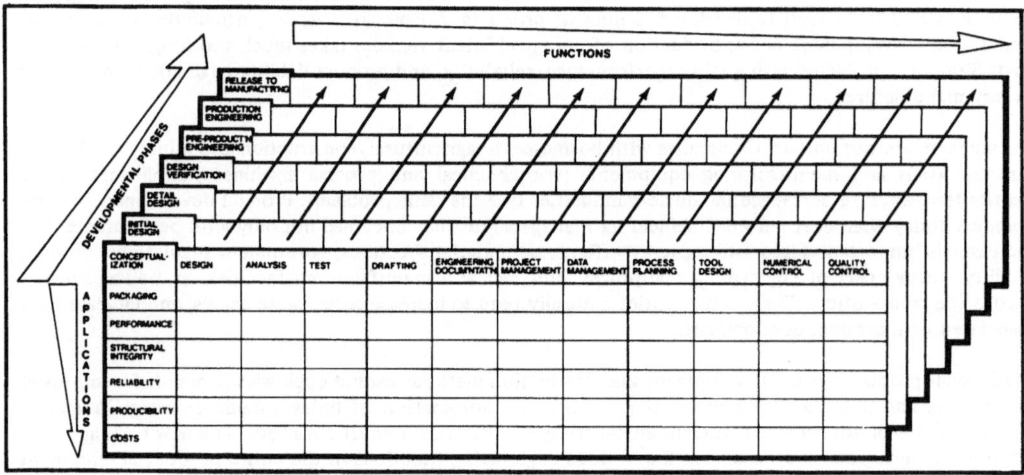

Figure 1. CAE Matrix for the Mechanical Product Development Process

Most products today are designed by drawings, then built and tested for performance. The build-and-test cycle is repeated until satisfactory product functional specifications are achieved. Usually one concept is selected early in the design program and the single concept is iterated upon, using prototype cut-and-try development methods, until the product meets requirements . . . or until the development project runs out of time and/or money.[1]

The CAE approach to mechanical product development, Figure 2, emphasizes use of system analytical modeling and analysis techniques at the earliest phase of design, i.e. conceptual design. The process starts with an integrated set of total system simulations of the entire product (mathematically assembled from analytical descriptions of the numerous components and subassemblies[3] making up the individual product alternatives) Each alternative product concept is mathematically modeled as an entire system. At this point, overall product designers have the flexibility of defining significantly varying or revolutionary concepts in order to minimize weight, reduce energy consumption, or attempt to maximize performance.

System simulations are used for evaluating three-dimensional space layouts and interference considerations; weight and inertia distributions; product performance considerations; stability, noise and vibration considerations; load flow and structural concerns; durability and life estimates, operational convenience and product safety; reliability; efficiency; producibility, serviceability and maintainability, and finally, costs.

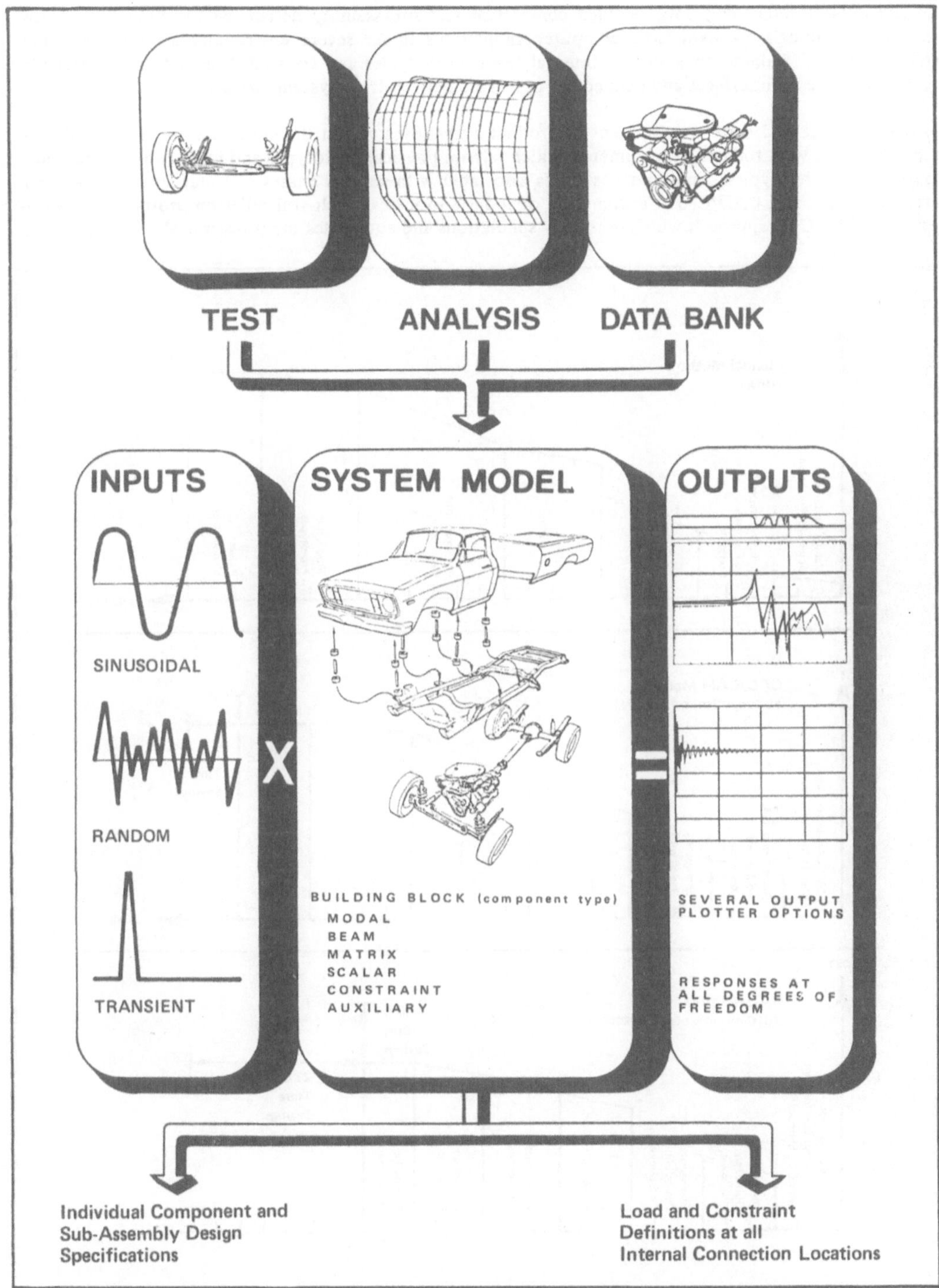

Figure 2. System Simulation via the Building Block Approach

For acceptable product concepts, detailed component and subassembly design specifications are derived from system models by exercising computer simulations under severe environmental conditions and external product loadings. In addition, internal loads, duty cycles and constraints acting on components and subassemblies at interfaces and connection points are derived from system models.

System modeling and early development of product alternatives within the computer are essential differences compared with today's developments which rely on physical prototypes and build and test methods. Figure 3 compares typical time and cost rates associated with various phases of today's manual product development process, CAD/CAM's automation of today's process (which still relies on prototype developments), and the CAE approach which uses early simulations and automates the process itself.

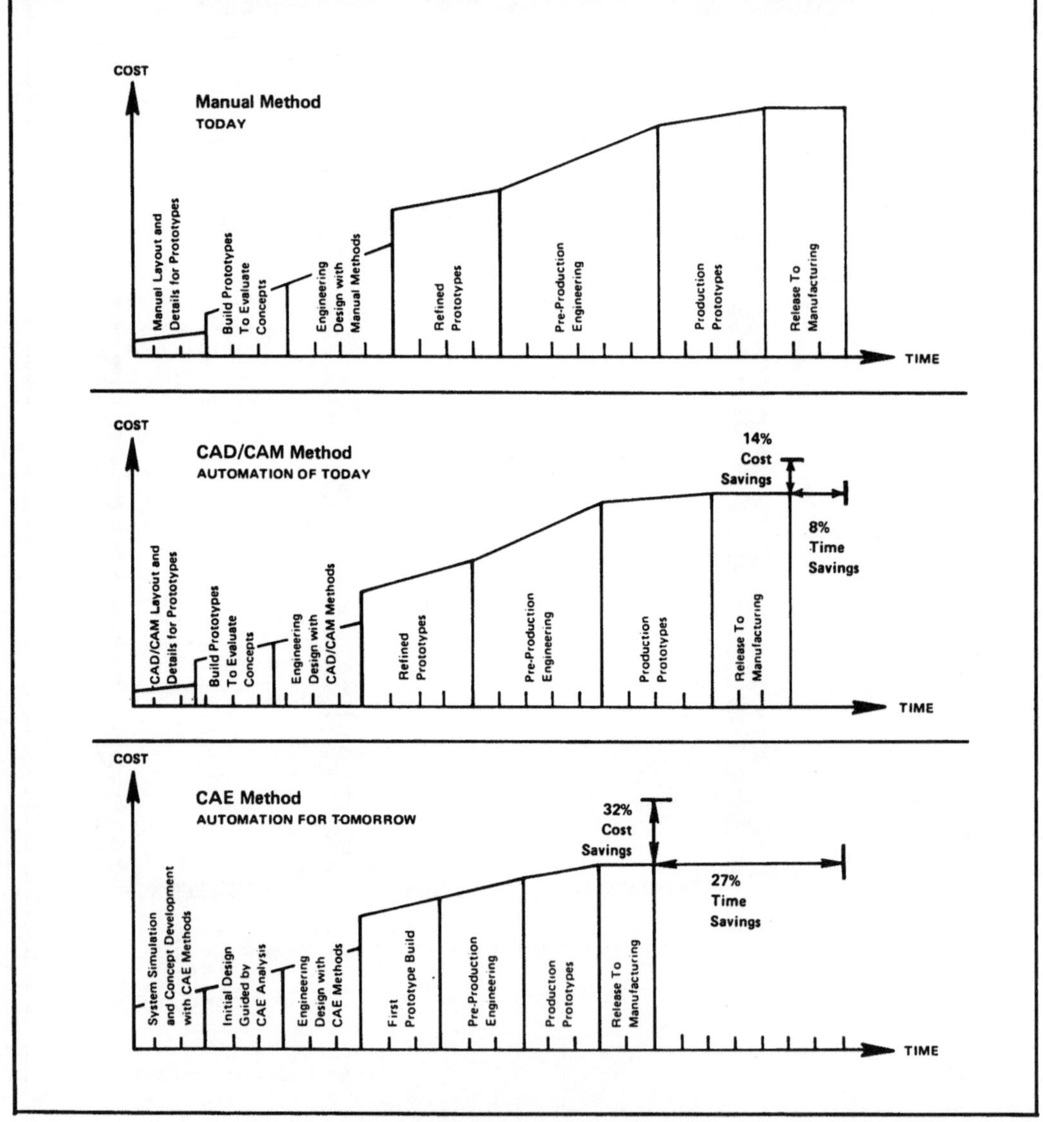

Figure 3. Mechanical Product Development Time versus Cost Rate of Manual, CAD/CAM and CAE Methods

WHAT IS CAE?

Computer-aided engineering is a product design and development philosophy integrating key engineering design, test, analysis, drafting/documentation and related manufacturing functions into each phase of the mechanical product development process. The essential elements of CAE are:

- Integrated applications software for packaging, performance, structural integrity, reliability, producibility and cost evaluations.
- Distributed facilities, i.e., integrated computer hardware and graphics for each engineering design, drafting/documentation and related manufacturing function.
- Engineering data, technology and project management systems for overall project and product control.

The CAE approach shown in Figure 4 is extremely flexible since it relies on information from each component as well as how components connect in a system. A change in one or more components can be evaluated easily by modifying the mathematical description of those components, and re-running the system model.

To prepare a system model, component information is obtained from coarse finite element analyses, modal testing and/or directly from stored data banks. A great amount of work has gone into development of application software to make this process practical. Interactive graphics, geometric modeling and automatic finite element mesh generation capabilities permit rapid assembly of coarse analyses of components for system modeling. The system modeling software makes it relatively easy to exercise the computer simulation of an alternative concept under various environmental and operating loading conditions. Results and displays are in exactly the formats required for decision making and use in component concepting after achieving acceptable system performance.

Testing software has been automated and refined to a very significant degree for quick and effective testing of reference products and components. It is essential that similar products and components from prior company designs, from suppliers, as well as from potential competitors be tested and built into a design data bank for use and for comparison within system models. Since vast amounts of data are involved, the collection, processing, formatting, and storage of test data must be totally automated. System analysts want to select various components and/or subassemblies (in-house, new in concept, from suppliers and/or from competitor's products) to try in several system models. This means the data must be available in exactly the format required by the system model and in a form that can be checked, edited, changed and/or accessed rapidly.

Only after detailed component specifications and internal loads and constraints have been defined from system models does component design work begin. Each component and/or subassembly designer must be given precise functional specifications and loads for his or her component and/or subassembly to design against, if predictive analytical tools are to be used to guide design decision making.

After system analysis interactions, Figure 4, each concept goes through a decision modeling process to evaluate trade-offs between given component requirements (component functional specifications derived from exercise of the system model) versus alternatives such as configuration, material, costs, manufacturing, etc. From the decision model designers select one or more component concept alternatives for analysis and initial design refinement. The purposes of coarse analyses are to get overall understanding of load paths and to develop a balanced configuration for comparison with other component concepts. Coarse analyses are not intended to give precise results, but rather to guide design decision making. Changes in concepts are fed back into corresponding system models to update and refine component load and functional performance specifications. Compromises in component functional specifications are often required as component design groups attempt to achieve initial specifications under prescribed load conditions.

Testing must guide computer modeling methods and procedures, thereby minimizing modeling time and effort, but at the same time assuring that meaningful results are obtained. Thus, testing and analysis application software must have many·features in common . . . especially graphic formats and desplays . . . to verify modeling methods without the costs and delays of expensive physical prototypes. Fast and inexpensive tests that validate predictions are required, as opposed to expensive and lengthy tests which attempt to simulate physical environments and loadings in cut-and-try development processes.

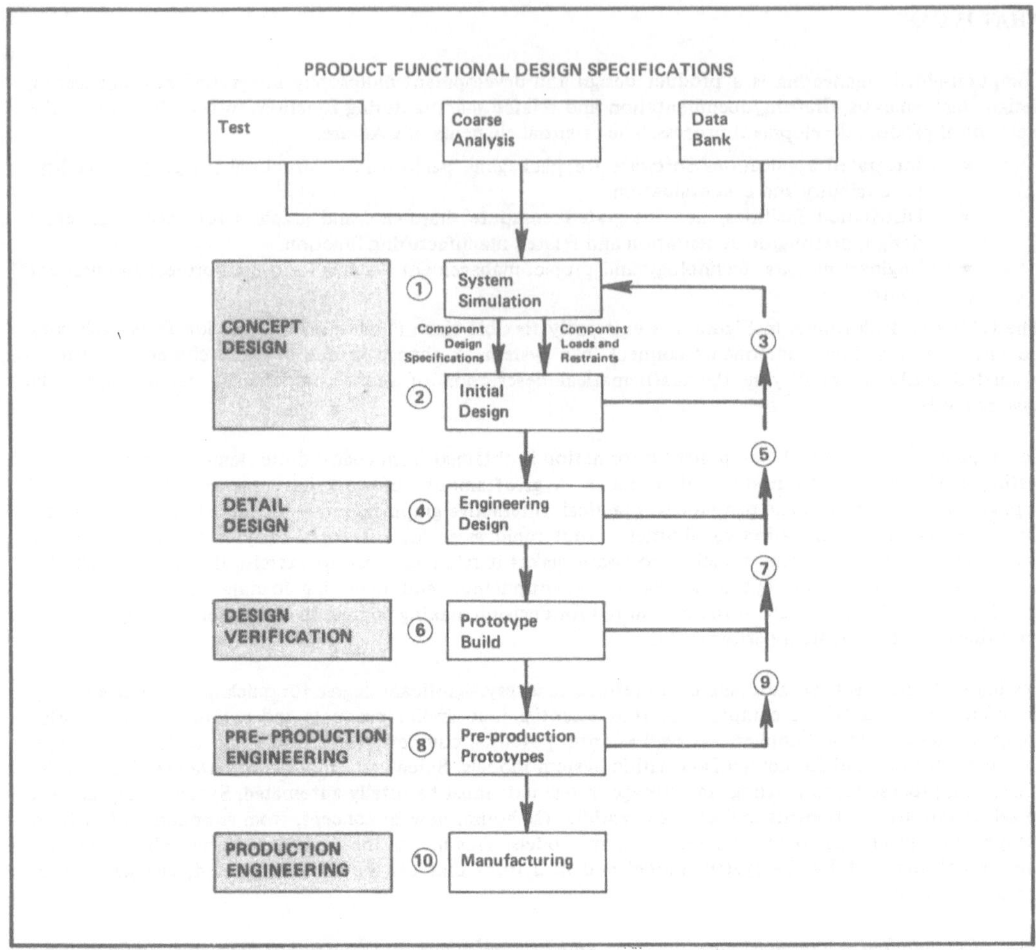

Figure 4. CAE Approach to Mechanical Product Development

Through coarse finite element analyses, integrated testing methods, and system simulations, designers can select one (at'most two) product concepts to be taken through detailed design phases with significant confidence that desired and expected product performance will be achieved. The key is to examine design alternatives efficiently and cost-effectively in the computer, without the necessity of building expensive prototypes.

The need for product prototypes is not eliminated but reduced and delayed to the product verification phase after detail design is completed. Prototypes are built to validate and confirm predictions and tested accordingly. Accelerated testing methods and procedures become practical and effective.

Finally, long lead items, such as tooling and complex parts, can be procured earlier in the design cycle with a higher level of confidence. Manufacturing and cost considerations can be given much more attention and priority in early phases. Processing, tool design, N/C and quality assurance activities can be initiated with higher confidence that parts and components will be right the first time, and that only minimum rework and change will be required in the pre-production and production engineering phases.

Thus, by investing more time and effort in the conceptual design and initial design phases, and by using integrated predictive CAE tools and methods, major time and cost savings can be achieved. Fewer prototypes and fewer changes in the design verfication, pre-production engineering and production engineering phases can be expected.

EXAMPLE 1 – ROBOTIC DESIGN

In creating designs for the next generation of high-performance industrial robots, computer-aided engineering techniques prove cost-effective at each stage of the development process — from evaluating alternative machine geometries to analyzing stress distribution in structural components and predicting system time-response characteristics.

For certain of these problems, computer-aided engineering proves indispensible; that is to say, one is not able to develop design solutions on a practical time schedule without a well-considered application of these tools.

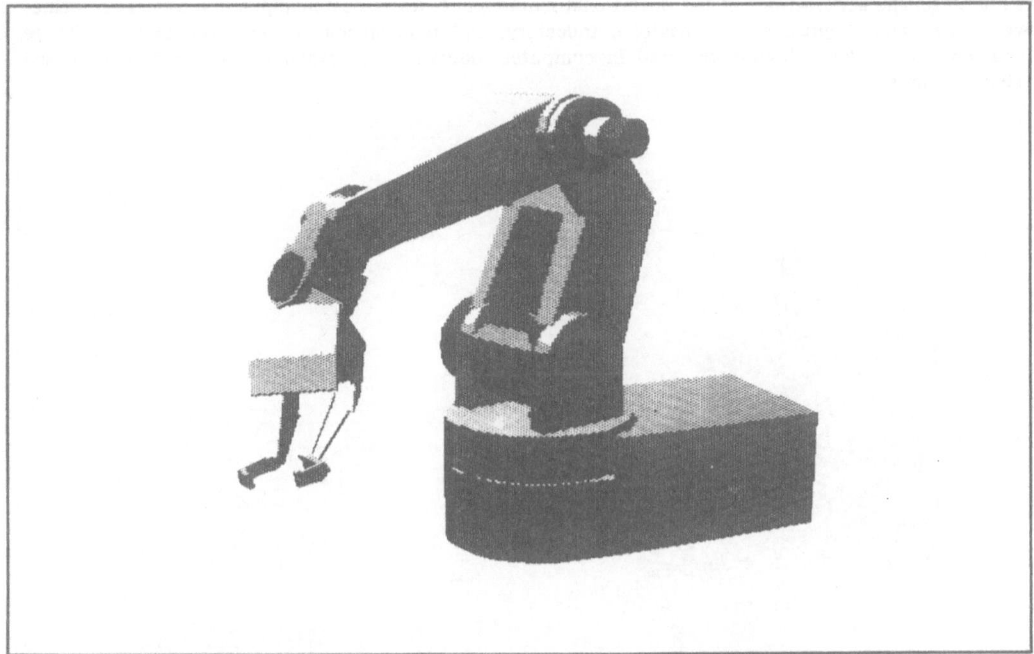

Figure 5. Computer Output Display of a High-performance Robotic Manipulator

In this example a set of functional specifications was outlined for an advanced industrial robot which demonstrated performance capabilities superior to contemporary devices. For example, a one-meter device having a maximum payload of 20 kg, was required to accelerate a typical 3 kg payload at over 3 g's in an arm-sweep motion commencing in any linkage orientation within the working envelope of the linkage. Additionally, the manipulator was to have the capability to achieve terminal velocities at the tool point exceeding 3 meters per second with a static position error of 0.20 mm. A design was to be developed which could act as a prototype for a line of commercial products having a range of sizes and payloads. Preliminary design specifications for the servomechanism called for a versatile, anthropomorphic configuration, Figure 5, providing as many degrees of freedom as proved useful for applications like descrete-parts assembly, but having a modular construction which permitted the elimination of joints and actuators not required for any particular application. The system was to utilize electric servomotors. The design was to permit the incorporation of advanced-technology subsystems, such as passive or instrumented compliant wrists, integral-stress-strain feedback for overload protection, and so on.

Based on these and other functional specifications, a hypothetical development program was undertaken in which computer-aided engineering methods were utilized to solve key structural and servomechanism design problems which determine robot performance.

The general CAE applications strategy outlined in the text, Figure 4, commences with accumulating certain engineering data necessary for preliminary simulation and design efforts. Since this project involved the development of a device which was in many respects the first of its kind . . . that is, it was not a redesign but incorporated many new mechanical elements . . . the engineering data base which would normally be available as input to conceptual design was not extensive. In order to establish standards, commercially-available manipulators of similar configuration were used for reference testing. Key performance values for the systems and certain components were derived using modal analysis testing to collect, analyze and display data from excitation tests, and using interactive systems analysis software to generate system models. Gear reducer performance, for example, which was anticipated to be critical to system response and positioning, was thus characterized prior to design.

At this stage, characterizations of the operational requirements for typical manipulation processes, such as "worst-case" and "representative" payload, trajectory, and time standards were also defined. These characterizations were subsequently used in computer simulations to evaluate and compare proposed system concepts.

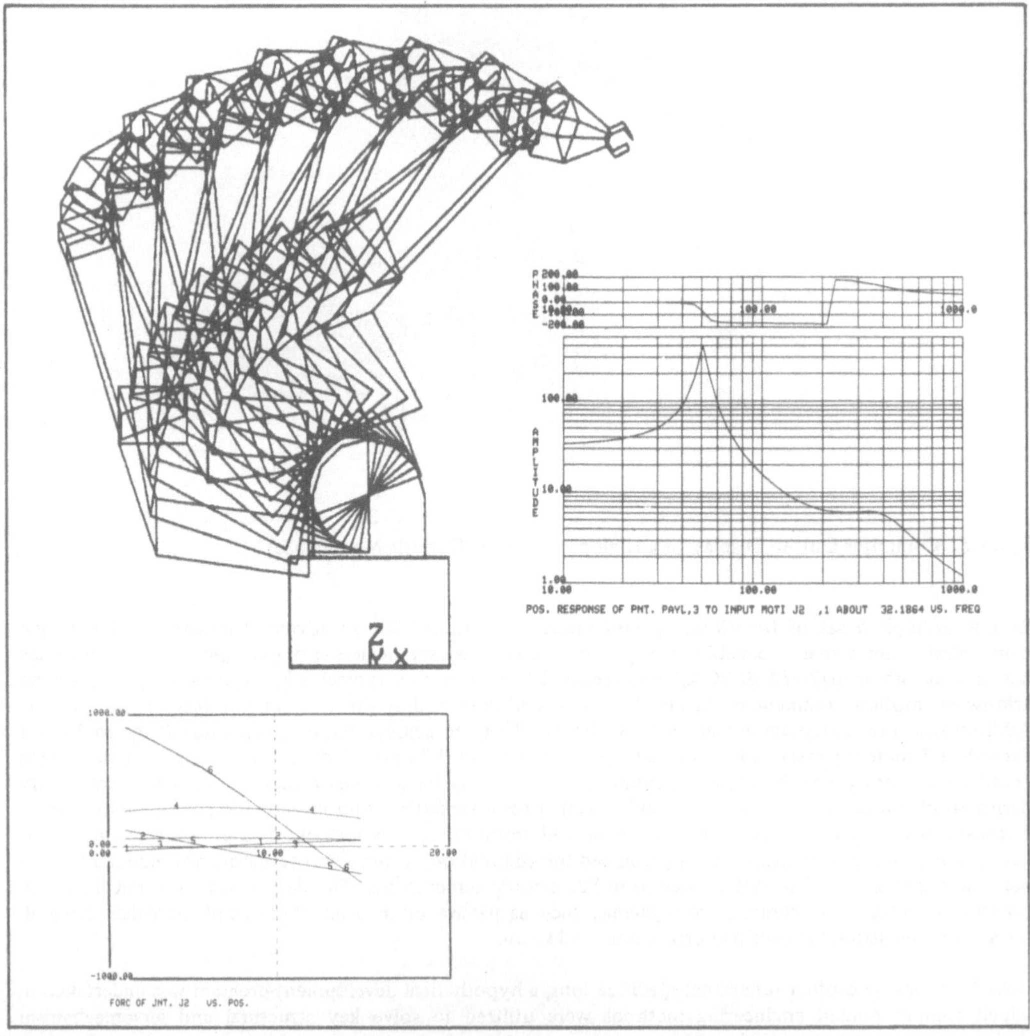

Figure 6. Graphic Output from Integrated Mechanism Program

The conceptual design phase began with the definition of alternative system concepts, each describing a mechanism geometry, drive scheme, packaging concept, control scheme, etc. These machine concepts were developed in parallel and were analyzed on an interactive basis to the degree of detail necessary for decisions to be made, weighing the relative merits of the alternatives as to which concept was generally most optimal. Some pencil and paper work was involved in this effort, but at an early stage solid volumetric models were created and a design data base began to form. The main analytical tool employed during conceptual design was an integrated machanisms program. This program, run on a superminis through an interactive graphics terminal, was used both to evaluate linkage kinematics, including such characteristics as link/joint disposition and volumetric interferences, and also to examine linkage kinetics.

Figure 6 shows an example of the integrated mechanism program output. For example, the actuator torque requirements and induced loads were determined given certain prescribed linkage topologies and payload accellerations.

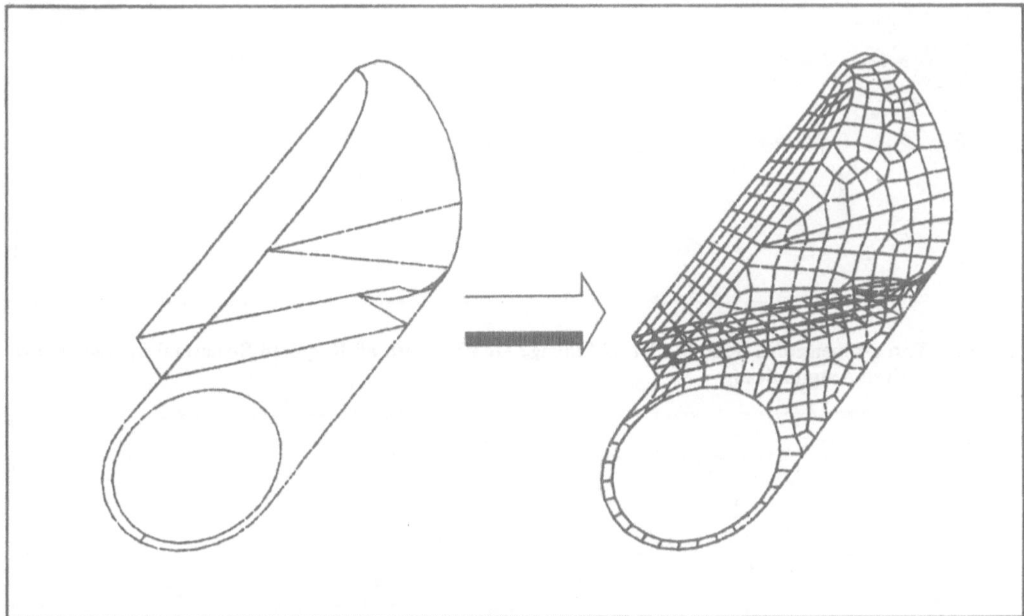

Figure 7. Boundary Edge Description of Robot Component—Left
Automatically Generated Finite Element Mode—Right

Following the selection of system concepts which held potential for meeting overall product specifications, the system models were exercised to develop detailed component design specifications and design loads,i.e., component space, connection degrees of freedom and characteristics, component weight objectives, relative center of gravity and principal axes locations and directions, desired strength, stiffness, fatigue-life, joint damping, etc. Engineering then focused on two related aspects of structure/servomechanism interaction: component structural design and analysis, and control system design and analysis. Individual component designs were geometrically modeled in the computer and analyzed using finite element methods with automatic mesh generation software, Figure 7. A solid model, hidden-surface display of a linkage member with all associated structural properties derived automatically from geometry, in exactly the form necessary to compare against component design specifications is shown in Figure 8.

Strength, stiffness, weight, fatigue life and damping are critical structural characteristics of individual components and influence speed, accuracy and stability of the overall manipulator significantly. In this context, it can be seen that geometric modeling of components with automatic analysis capabilities, to assure component behavior at the earliest design stages, is an extremely useful and productive tool in these applications.

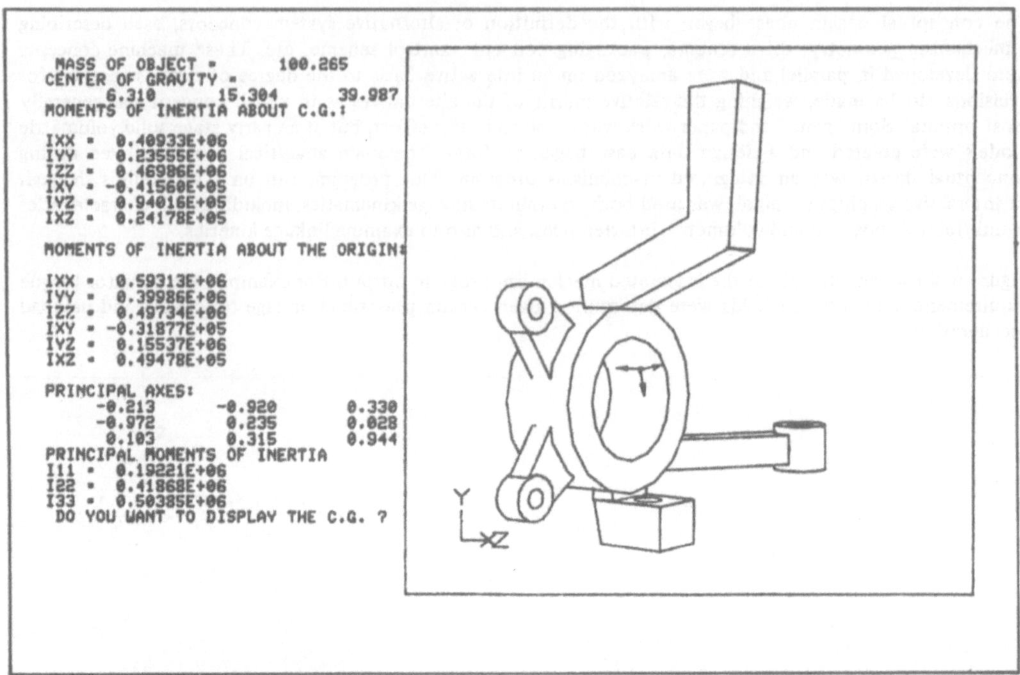

Figure 8. Three-dimensional Solid Model of Linkage Member with all Required Structural Characteristics Derived Automatically

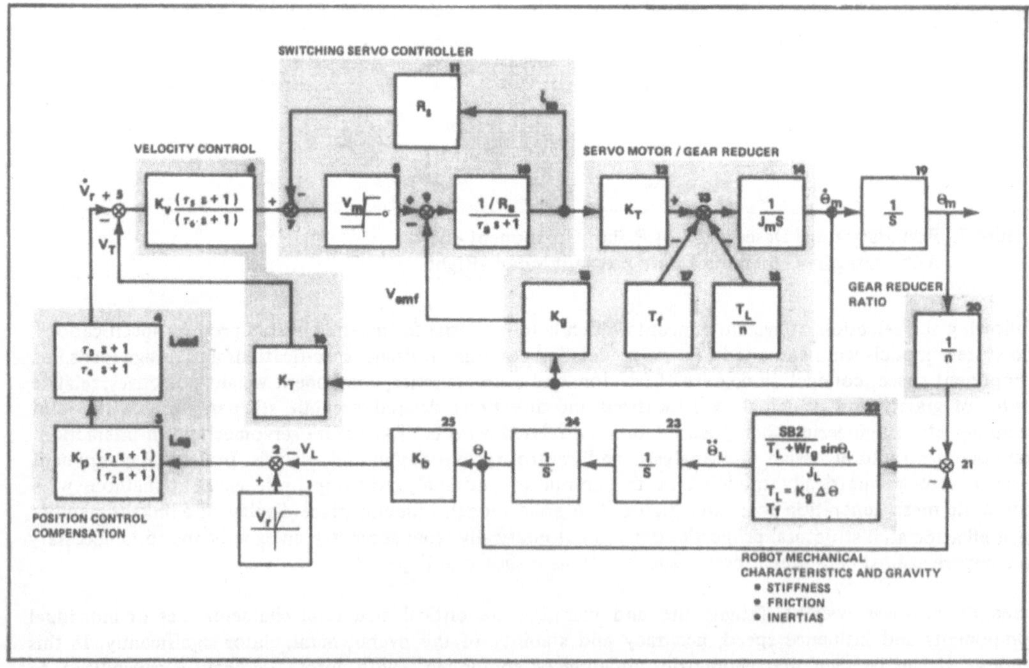

Figure 9. Control System Model for Single Joint

Servocontrol systems were designed and system performance evaluated using a block-oriented system simulation digital computer program. In this approach, a very comprehensive and accurate model was created of the control system for each joint, Figure 9. The model includes values for all key parameters of the servo-control, actuator and system kinetics — such as time-constraints, gains, friction torques, reflected inertias, gravity, and so on. The model was exercized with various control values and modified as necessary to establish the proper design for each joint control to assure an overall system demonstrating the levels of performance described in the functional specifications. System response, stability, path-following capabilities and settling times were all investigated repeatedly as individual component designs and joint controls became detailed.

Computer-aided drafting systems were utilized for the first time in the detailed design phase to accomplish both mechanical and electrical system layouts. The design data base was futher expanded as part drawings and associated manufacturing data, i.e., process planning, N/C tapes, tool designs, etc., were created for prototypes of the final proposed manipulator.

EXAMPLE 2 – FRONT END LOADER

The objective of this hypothetical study was to design the lift arm assembly of a front end loader, Figure 10, giving priority consideration to durability. Figure 11 shows an overall CAE flow chart for structural durability design of systems and/or components. The product durability data base is available from past experience, measurements, etc., and yields design duty cycles, which are used in system/component durability design studies. Reference vehicle tests are conducted to evaluate vehicle design loads and obtain an understanding of vehicle behavior. Strain histories are input to a fatigue software package for rainflow counts and reference life estimation. Next, simple system models are prepared and exercised in the computer. Many varying concepts are tried and the one which performs best is selected. This leads to innovation with confidence.

Geometrical modeling software and integrated mechanism programs are used to address kinematic and interference problems. The integrated mechanism program provides linkage acceleration, corresponding geometry and internal loads for all severe operating conditions.

Acceptable concept system models are refined and exercised in the computer to define detailed component design specifications. With component specifications and loads defined, the component design itself is fairly straightforward. Coarse finite element models, based on geometric modeling and automatic mesh generations followed by detailed analysis, lead to optimum structures developed totally in the computer in a fairly short period of time.

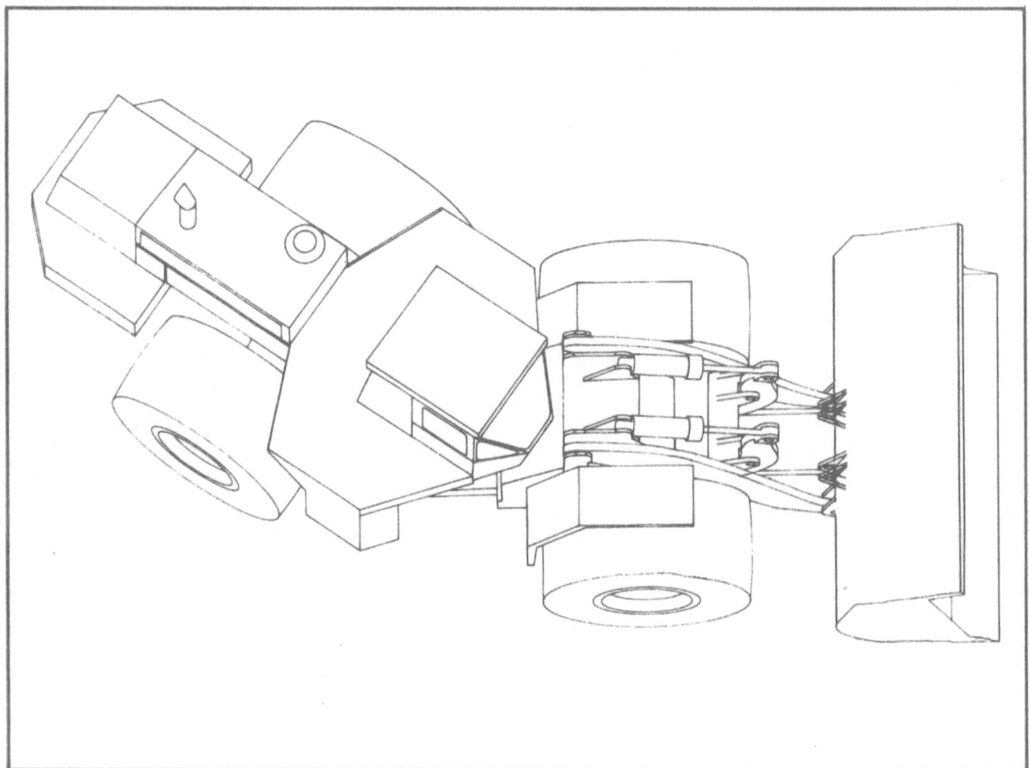

Figure 10. Front End Loader

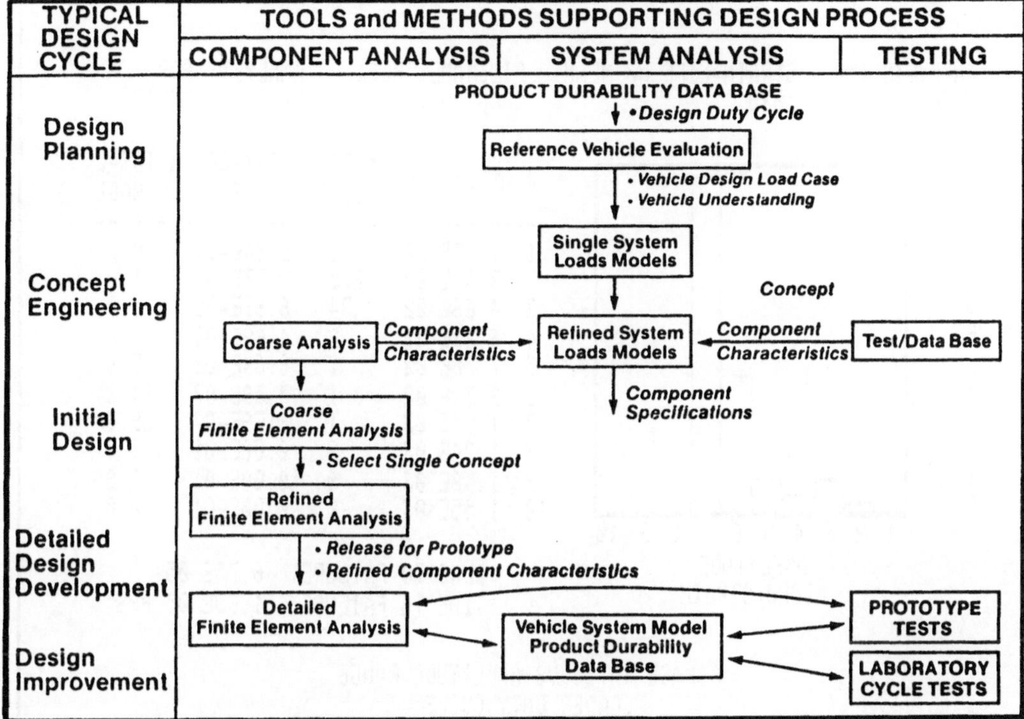

Figure 11. CAE Approach for Structural Durability Design

Fatigue analysis software is important both to establish reference life estimates and to predict durability of the new component design. Figure 12 shows fatigue material constants and strain-life curves for SAE 1020 steel stored in the corporate (or divisional) engineering data base. This material might be chosen for durability, producibility, availability and cost reasons. A damage ratio histogram is shown in Figure 13.

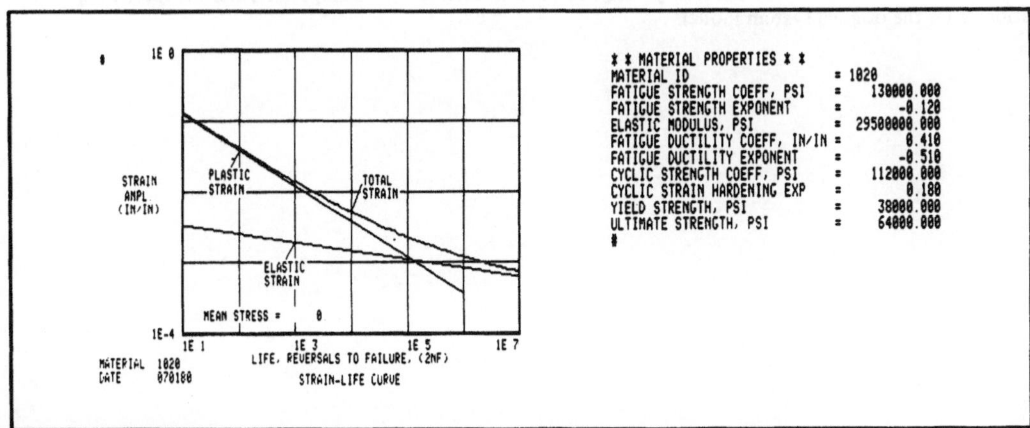

Figure 12. Material Properties from the Corporate (or Division) Engineering Data Base System

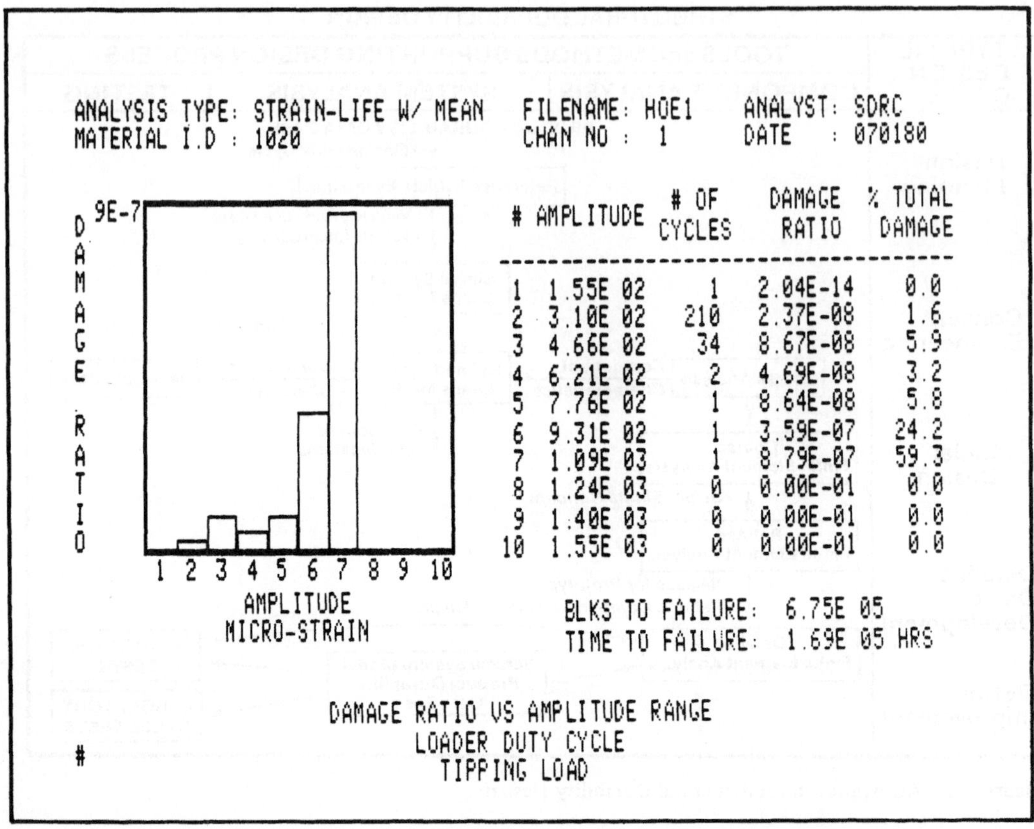

Figure 13. Damage Ratio Histogram and Life Estimate from the Fatigue Analysis Applications Software Package

After computer simulation, component prototypes can then be built for controlled laboratory testing and field testing to confirm predictions. The test output information loops back to the component finite element analysis to refine procedures and methods as necessary. With this data base, it is also a relatively straightforward task to modify the newly designed lift arm assembly, if changes in other component specifications alter the original system model.

SUGGESTED FACILITIES

The CAE facility implemented by most companies is a distributed hardware system, Figure 14. This facility consists of one or more large mainframes for batch computing, large system analyses, and corporate (or division) archival engineering data management systems.

Digital Equipment VAX 11/780 and/or IBM 4341 (supermini) mid-range mainframes are used as dedicated product or project computers for interactive analysis to guide design decision making, and to manage all product data while active design and development programs are in progress. The product computers are interfaced with mainframes via effective network communication capabilities.

Various intelligent graphic workstations are dedicated to particular engineering and/or manufacturing functions. These all interface with the mid-range product computers via high-speed cable communications.

All devices are integrated into an overall CAE hardware system in which data can be generated, processed, formatted, communicated and stored as required for efficient and effective execution of each function and application in the total CAE product development process. (See Figure 1.)

The role of the worldwide network (GE Information Services Company, for example) is vital as part of the overall CAE facility. The network neither competes nor conflicts with in-house facilities, but rather provides supplemental services that are important within an overall CAE implementation. It provides access to common capabilities and applications software for all divisions and/or departments around the world. A major benefit is telecommunicated information to and from suppliers for worldwide sourcing.

The network can be used as a single site to maintain and enhance numerous application software packages and can download software automatically from the worldwide network to machines of various types, with different operating systems, and in different locations within a company's CAE installation. A company also can integrate a new application capability into its CAE system prior to purchase, as part of the process of cost justification.

Finally, the network provides access to extensive CAE data banks, as well as common and compatible back-up resources for cost-effective management of peak loads on internal systems.

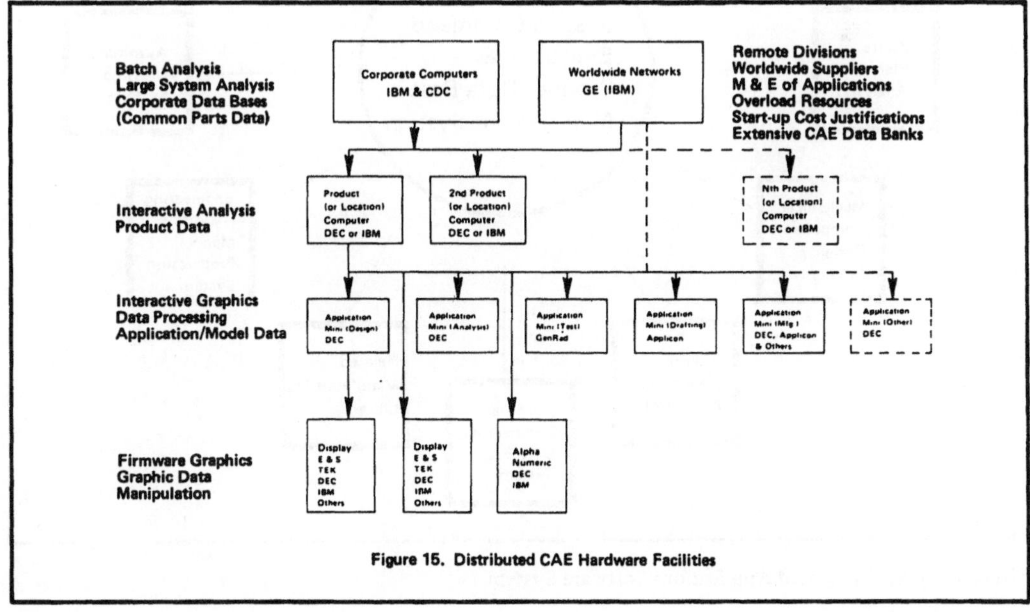

Figure 15. Distributed CAE Hardware Facilities

CAE APPLICATIONS SOFTWARE

The CAE integrated applications software system likewise must address at all functions and applications required in mechanical product development. The software must be distributed and portions of each package must run on intelligent graphic workstations, supermini product computers, large mainframes in a batch mode, and on network foreground and background processors.

The core of the applications software runs in an interactive mode on the new virtual memory "super mini" mid-range mainframes, i.e., DEC VAX 11/780 and/or IBM 4341, as shown in Figure 15. When these machines get loaded, or large computations are required, processing is automatically deferred to large in-house mainframes and/or to network computers. Such processing is performed in a batch mode and returned to the product computer when completed. The system command executive and product data base management system automatically "spawn" particular application software packages and provide all appropriate data required (available) for the application.

Particular applications on interactive graphics minicomputer workstations are used to offload the product computer with those input/output graphic and computational activities that require the highest level of interactivity with the operator.

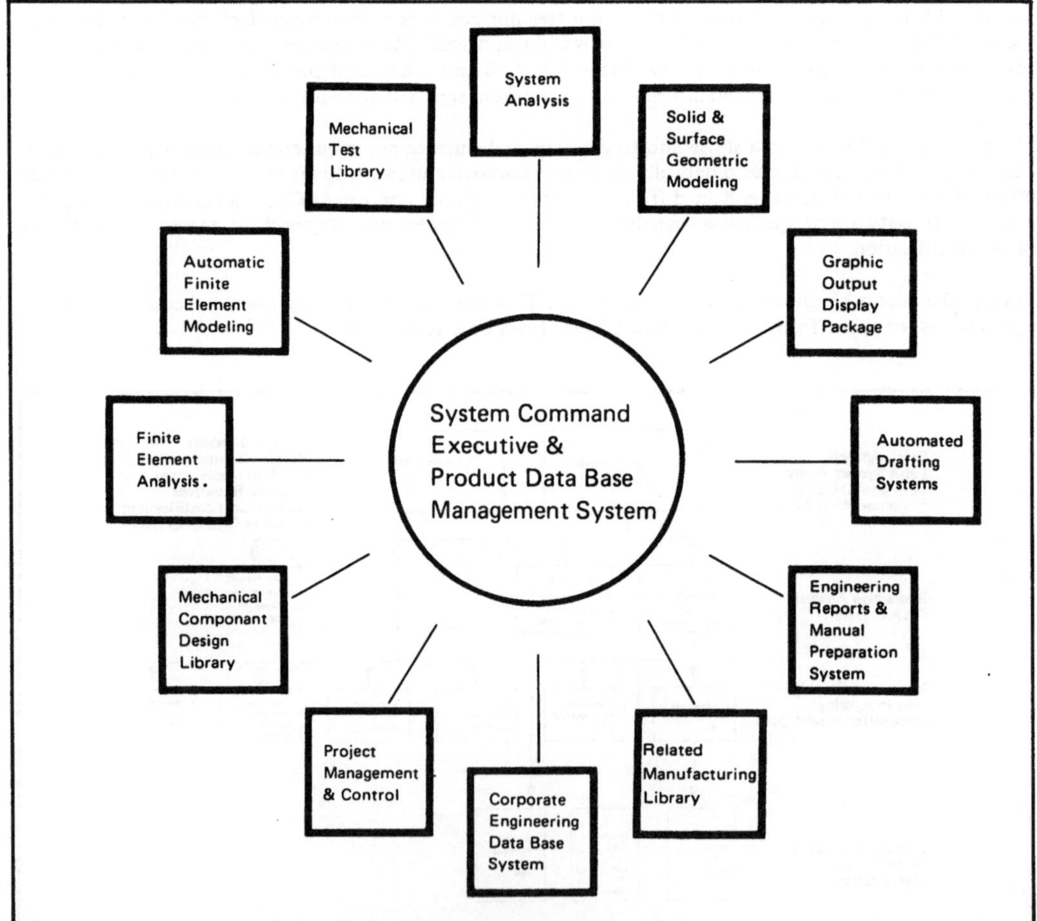

Figure 15. CAE Integrated Applications Software System

INTEGRATED CAE ENGINEERING DATA BASE MANAGEMENT SYSTEMS

Engineering data base management systems, like CAE facilities, are "distributed" as well, Figure 16. Corporate and/or divisional common parts data, material data, engineering data systems, etc., reside on a large mainframe (and/or on the network). These are tied to the product data management system which operates on the "supermini" mid-range product computers. The product data management system has different functional requirements from the corporate (divisional) data systems. While they must communicate effectively, they are separate systems. Finally, each application has its own tailored data management system, again greatly different in capability, but which is able to communicate with both corporate and product data management systems.

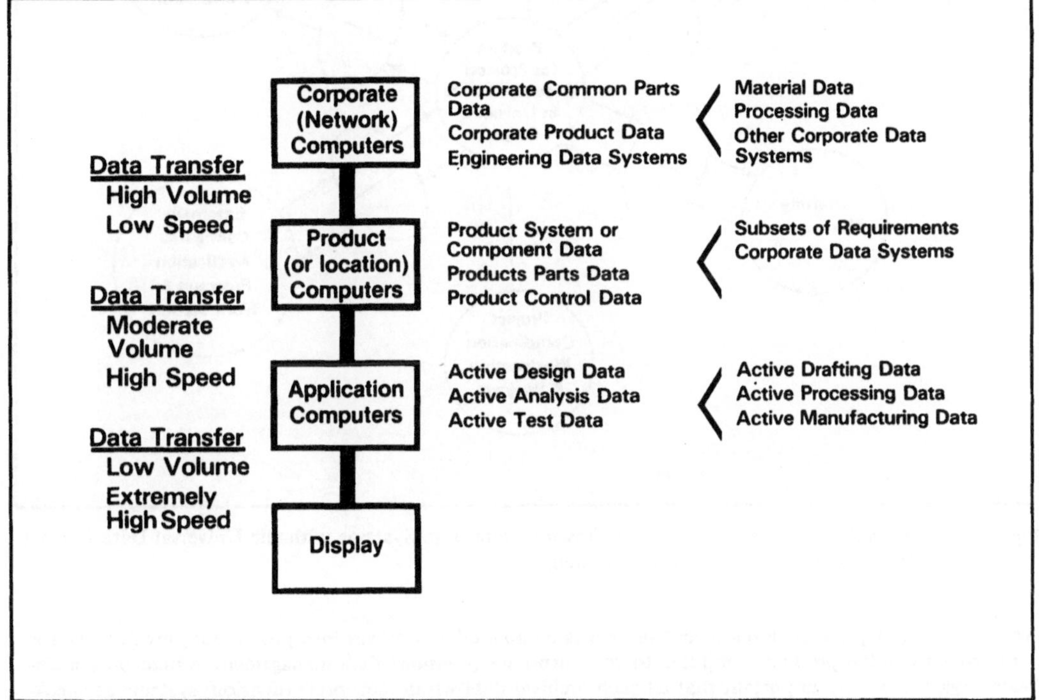

Figure 16. Integrated Corporate, Product and Application Data Base Capabilities from the Overall Distributed CAE Data Management System

Various application workstations and turn-key systems are interfaced via translators to the universal data format of the product data management system, as shown in Figure 17. This communication capability forms the basis of effective integration of test, analysis, design, drafting, documentation and manufacturing functions.

The application data base management systems associated with each particular application workstation handle "active" data required and/or developed by the application itself. When a particular application task is completed, appropriate data is transferred to the product computer and is used at the product level in conjunction with data and information developed by other applications. When data is transferred from an active applications status, it is processed and checked through an intermediate set of procedures and techniques to assure that it conforms to requirements, desired formats, completeness, etc. on the product computer.

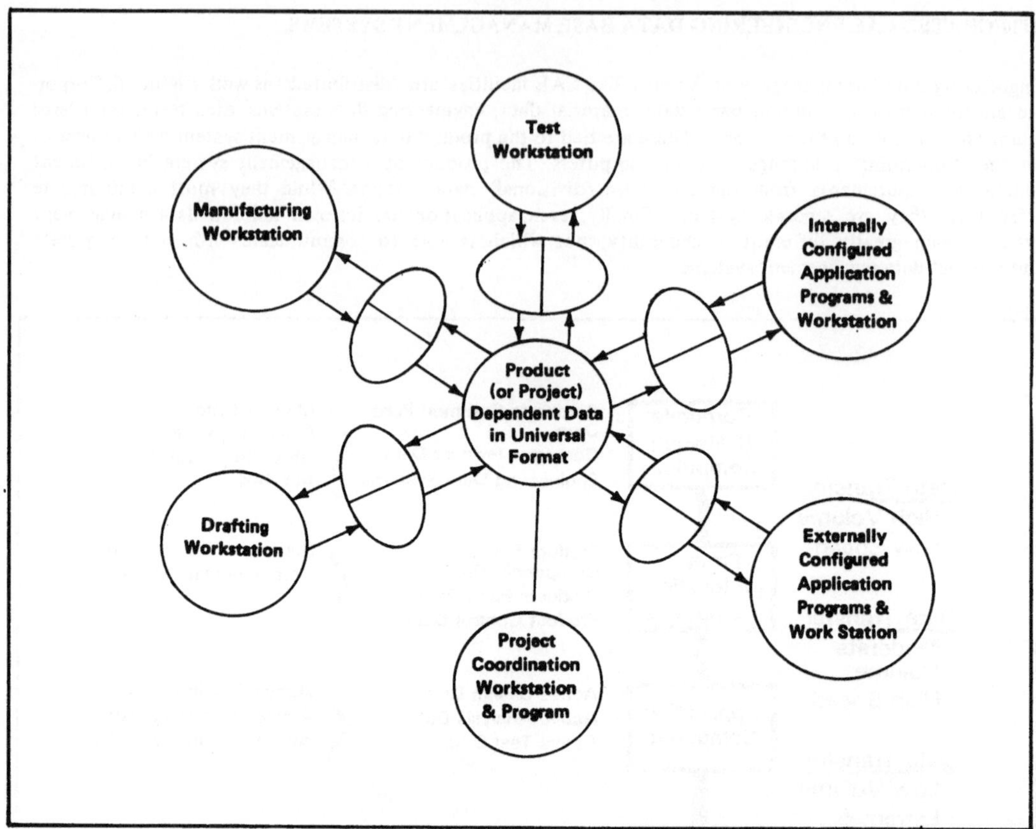

Figure 17. Translators Interface Various Application Data Base Systems with the Universal Date Format of the Product Data Management System

Likewise, when a product development project is completed and moves into production, product data is transferred from the product computer to the corporate (division) data management system on a mainframe. Again, it is very important that all such archival data within corporate (division) systems be checked and scrutinized very carefully to assure 100% validity and completeness. Such data must not be device and/or application-dependent in any way whatsoever. Corporate (division) data must be secure and protected for very long periods of time, especially in particular industries where liability requirements are important.

CAE IMPLEMENTATION

Implementation of an overall CAE system and its associated technologies must be planned carefully. Implementation should proceed step by step since it is not possible to "switch off" today's design, development and manufacturing processes and "switch on" the CAE approach at the same time. Depending on the product application, it requires three to ten years, Figure 18, before a fully integrated CAE system implementation can be completed.

As a first step toward implementing CAE, existing problems should be solved to gain knowledge in the new capabilities and methods. This is classified as troubleshooting, using some or all of the new tools to solve particular problems cost-effectively. Simultaneously, existing designs should be audited to evaluate performance and behavior within the computer. A design audit is not simply a learning exercise, but should be an important step to extend a basic product to a family of new products or to fix problems that may have developed, for example. These two implementation steps usually take one to three years.

The next phase involves new product design and development. The CAE tools should be applied to a totally new and unique product design where new concepts have the potential of providing strategic product quality and market share advantages.

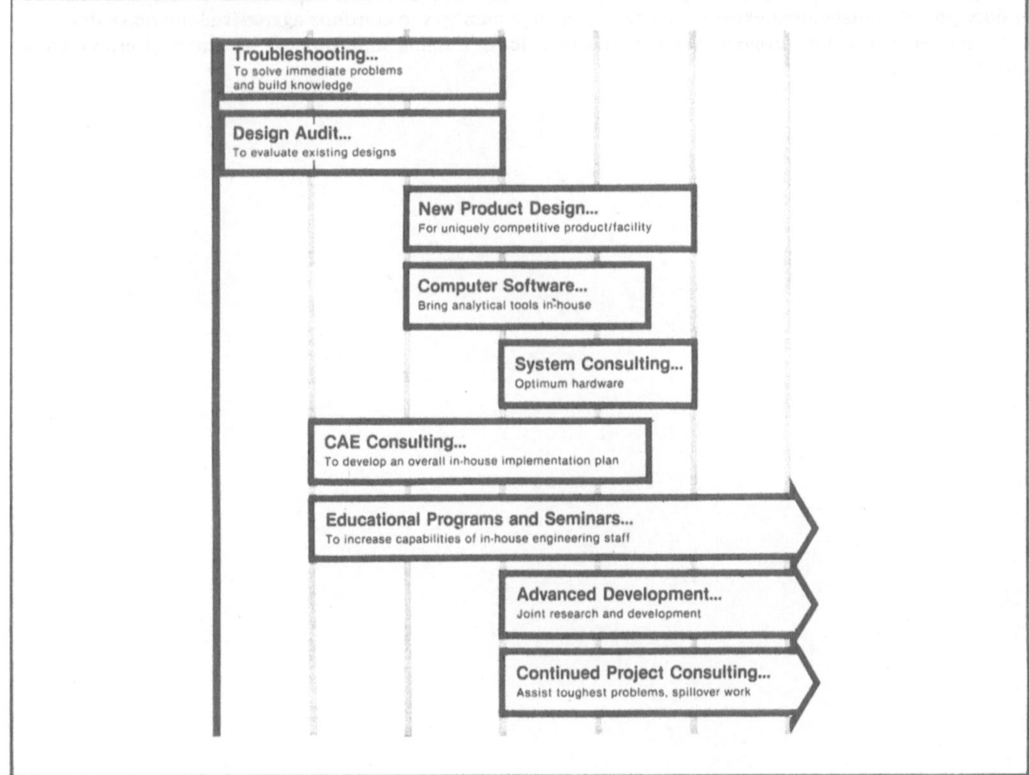

Figure 18. Recommended CAE Implementation

Computer software that has performed efficiently should be brought in-house, when economically justified. An optimum hardware system properly balanced between number crunching, interactive access, and application requirements, along with a similar integrated and distributed data base management system should be configured for in-house usage and expected long-range expansion requirement. The total elapsed time at this point can range from two to five years, depending on the particular industry and pressures from the marketplace.

Simultaneous to the above tasks, outside CAE consultants are recommended to help guide and develop an overall CAE implementation plan. Educational programs and seminars in all aspects of CAE implementation are essential for all levels within an organization, i.e., management, engineering specialists, and operational personnel. Once CAE tools are implemented and the in-house organization is structured to suit the particular CAE implementation philosophy, the outside consultant's role can be reduced to solving difficult problems and helping out during periods of peak load.

It is necessary to organize a central group to maintain and assure commonality of methods and facilities within various departments. This group, however, should develop CAE capabilities and applications software only when it has been shown to be absolutely essential and unavailable from a reputable supplier. Applications software and facilities must be maintained at state-of-the-art levels, and only an outside company receiving revenues from hundreds of varied clients can justify the extreme high cost and talent required to maintain ongoing development, maintenance, documentation, distribution and support of high-performance CAE applications hardware and software. To be effective, CAE capabilities which are used by numerous departments and functions within an overall corporate (division) system must maintain the highest levels of stability, quality and documentation. The central group should ensure that selected vendors provide outstanding experienced talent in large numbers to continue aggressive long-range development and enhancement programs and to provide local training and support of their offerings on a worldwide basis.

CONCLUSIONS

A new philosophy for mechanical product design and development has been presented. This new CAE approach is computer-based and not only encompasses both CAD and CAM activities, but also goes much beyond. It automates the entire product development process from conceptual design to release to manufacturing. The increased pressures for better quality, profitability and competitive edge in the marketplace demand that this new CAE approach be adopted to meet the challenge. Many real examples have shown significant gains in product quality and design cycle time reduction.

Without question, CAE implementation is the "challenge of the eighties" for most engineering and manufacturing professionals. Implementation of CAE philosophies into product development and manufacturing activities is industry's "best bet" to achieve substantial productivity gains and improve the quality of working life.

ACKNOWLEDGEMENTS

This paper would not have been completed without Mr. James P. Karlen's help on the robotics example and Mr. Geoffrey Nay's assistance in running examples and providing expertise in the areas of geometric modeling. Expert assistance was provided by Mr. Peter A. Marks and many others and is truly appreciated. Also, finally, the typing of several iterations of this manuscript in a very short time was possible due to extended efforts of Patricia L. Welker and Pamela G. Hough.

REFERENCES

1. "New Technologies and Training on Metal Working," published by National Center for Productivity (US), 1978.

2. Thomas P. Kurlak, "Computer Aided Design and Manufacturing Industry CAD/CAM – Review and Outlook," Merrill Lynch Institutional Report, September, 1979.

3. A.L. Klosterman and J.R. Lemon, "Building Block Approach to Structural Dynamics," ASME Publication, VIBR 30, 1969.

Programmierhilfen für die Eingabe, Verwaltung
und Ausgabe von Daten in CAD-Programmen
Th. v. Verschuer
Fachgebiet elektronisches Rechnen im
konstruktiven Ingenieurbau, TU München

In CAD-Programmen nehmen Eingabe, Verwaltung und Ausgabe von Daten
breiten Raum ein. Die gängigen Programmiersprachen unterstützen diese
Aufgaben nur mäßig. Es werden vier FORTRAN-Programmsysteme vorgestellt,
die dem Programmierer die Entwicklung dieser Teile erleichtern.

CADINT Eingabeverarbeitung
Dieses am RIB Stuttgart entwickelte Unterprogrammsystem wird verbreitet
als Eingabemodul für CAD-Programme eingesetzt. Es setzt für das aufru-
fende Programm eine formatfreie, kennwortgesteuerte Eingabe um (1).

DYNCO Datenverwaltungssystem
Dieses Unterprogrammsystem verwaltet Hintergrunddaten in einer CAD-Pro-
grammkette. Art und Umfang der Daten können problemabhängig und maschi-
nenunabhängig gehandhabt werden (2)(3).

CADOUT Erstellen von Druckausgabe
Dieses Unterprogrammsystem verarbeitet auf Datei bereitgestellte Daten
zu Tabellen für die Druckausgabe. Formate werden in einer Formatdefini-
tionssprache spezifiziert. Zur Laufzeit kann auf das Druckbild noch
Einfluß genommen werden (4).

PLOTSET Erstellen von graphischer Ausgabe
Dieses Programmsystem stellt 2-D-Systeme aus dem Bereich des konstruktiven Ingenieurbaus dar. Es enthält Module zur Erzeugung von DIN-ge-
rechten Zeichnungen mit Legende und automatischer Ermittlung von geeigneten Maßstäben für Struktur und Ergebnisse (5).

(1) M. Ahn, K.H. Bökeler, W. Haas, "Eingabekonventionen für CAD-Pro-
    gramme", CAD-Bericht KfK-CAD 39, Juli 1977

(2) C. Katz, Th. v. Verschuer, H. Werner, "Data Handling in a Design
    Supporting Program Chain", Proceedings CAFEM-5, Berlin 1979

(3) Th. v. Verschuer, "DYNCO - Benutzerhandbuch", "DYNCO - DV-Handbuch"
    TU München, 1979

(4) Th. v. Verschuer, "CADOUT - Benutzerhandbuch", TU München, 1980

(5) C. Katz, K. Axhausen, Th. v. Verschuer, H. Werner, "SET - Berechnun-
    gen im konstruktiven Ingenieubau; Benutzerhandbuch", TU München '80

Lecture Notes in Computer Science

Vol. 40: Optimization Techniques. Modeling and Optimization in the Service of Man. Part 1. Proceedings, 7th IFIP Conference, Nice, September 1975. Edited by J. Cea. XIV, 854 pages. 1976.

Vol. 41: Optimization Techniques. Modeling and Optimization in the Service of Man. Part 2. Proceedings, 7th IFIP Conference, Nice, September 1975. Edited by J. Cea. XIV, 852 pages. 1976.

Vol. 42: J. E. Donahue: Complementary Definitions of Programming Language Semantics. VIII, 172 pages. 1976.

Vol. 43: E. Specker, V. Strassen: Komplexität von Entscheidungsproblemen. Ein Seminar. VI, 217 Seiten. 1976.

Vol. 44: ECI Conference 1976. Proceedings of the 1st Conference of the European Cooperation in Informatics, Amsterdam, August 1976. Edited by K. Samelson. VIII, 322 pages. 1976.

Vol. 45: Mathematical Foundations of Computer Science 1976. Proceedings, 5th Symposium, Gdańsk, September 1976. Edited by A. Mazurkiewicz. XII, 606 pages. 1976.

Vol. 46: Language Hierarchies and Interfaces. International Summer School. Edited by F. L. Bauer and K. Samelson. X, 428 pages. 1976.

Vol. 47: Methods of Algorithmic Language Implementation. Edited by A. Ershov and C. H. A. Koster. VIII, 351 pages. 1977.

Vol. 48: Theoretical Computer Science, Darmstadt, March 1977. Edited by H. Tzschach, H. Waldschmidt and H.-G. Walter on behalf of GI. VII, 418 pages. 1977.

Vol. 49: Interactive Systems. Proceedings 1976. Edited by A. Blaser and C. Hackl. VI, 380 pages. 1976.

Vol. 50: A. C. Hartmann, A Concurrent Pascal Compiler for Minicomputers. VI, 119 pages. 1977.

Vol. 51: B. S. Garbow, Matrix Eigensystem Routines – Eispack Guide Extension. VIII, 343 pages. 1977.

Vol. 52: Automata, Languages and Programming. Fourth Colloquium, University of Turku, July 1977. Edited by A. Salomaa and M. Steinby. X, 569 pages. 1977.

Vol. 53: Mathematical Foundations of Computer Science. Proceedings 1977. Edited by J. Gruska. XII, 608 pages. 1977.

Vol. 54: Design and Implementation of Programming Languages. Proceedings 1976. Edited by J. H. Williams and D. A. Fisher. X, 496 pages. 1977.

Vol. 55: A. Gerbier, Mes premières constructions de programmes. XII, 256 pages. 1977.

Vol. 56: Fundamentals of Computation Theory. Proceedings 1977. Edited by M. Karpiński. XII, 542 pages. 1977.

Vol. 57: Portability of Numerical Software. Proceedings 1976. Edited by W. Cowell. VIII, 539 pages. 1977.

Vol. 58: M. J. O'Donnel, Computing in Systems Described by Equations. XIV, 111 pages. 1977.

Vol. 59: E. Hill, Jr., A Comparative Study of Very Large Data Bases. X, 140 pages. 1978.

Vol. 60: Operating Systems, An Advanced Course. Edited by R. Bayer, R. M. Graham, and G. Seegmüller. X, 593 pages. 1978.

Vol. 61: The Vienna Development Method: The Meta-Language. Edited by D. Bjørner and C. B. Jones. XVIII, 382 pages. 1978.

Vol. 62: Automata, Languages and Programming. Proceedings 1978. Edited by G. Ausiello and C. Böhm. VIII, 508 pages. 1978.

Vol. 63: Natural Language Communication with Computers. Edited by Leonard Bolc. VI, 292 pages. 1978.

Vol. 64: Mathematical Foundations of Computer Science. Proceedings 1978. Edited by J. Winkowski. X, 551 pages. 1978.

Vol. 65: Information Systems Methodology. Proceedings 1978. Edited by G. Bracchi and P. C. Lockemann. XII, 696 pages. 1978.

Vol. 66: N. D. Jones and S. S. Muchnick, TEMPO: A Unified Treatment of Binding Time and Parameter Passing Concepts in Programming Languages. IX, 118 pages. 1978.

Vol. 67: Theoretical Computer Science, 4th GI Conference, Aachen. March 1979. Edited by K. Weihrauch. VII, 324 pages. 1979.

Vol. 68: D. Harel. First-Order Dynamic Logic. X, 133 pages. 1979.

Vol. 69: Program Construction. International Summer School. Edited by F. L. Bauer and M. Broy. VII, 651 pages. 1979.

Vol. 70: Semantics of Concurrent Computation. Proceedings 1979. Edited by G. Kahn. VI, 368 pages. 1979.

Vol. 71: Automata. Languages and Programming. Proceedings 1979. Edited by H. A. Maurer. IX, 684 pages. 1979.

Vol. 72: Symbolic and Algebraic Computation. Proceedings 1979. Edited by E. W. Ng. XV, 557 pages. 1979.

Vol. 73: Graph-Grammars and Their Application to Computer Science and Biology. Proceedings 1978. Edited by V. Claus, H. Ehring and G. Rozenberg. VII, 477 pages. 1979.

Vol. 74: Mathematical Foundations of Computer Science. Proceedings 1979. Edited by J. Bečvář. IX, 580 pages. 1979.

Vol. 75: Mathematical Studies of Information Processing. Proceedings 1978. Edited by E. K. Blum, M. Paul and S. Takasu. VIII, 629 pages. 1979.

Vol. 76: Codes for Boundary-Value Problems in Ordinary Differential Equations. Proceedings 1978. Edited by B. Childs et al. VIII, 388 pages. 1979.

Vol. 77: G. V. Bochmann, Architecture of Distributed Computer Systems. VIII, 238 pages. 1979.

Vol. 78: M. Gordon, R. Milner and C. Wadsworth, Edinburgh LCF. VIII, 159 pages. 1979.

Vol. 79: Language Design and Programming Methodology. Proceedings, 1979. Edited by J. Tobias. IX, 255 pages. 1980.

Vol. 80: Pictorial Information Systems. Edited by S. K. Chang and K. S. Fu. IX, 445 pages. 1980.

Vol. 81: Data Base Techniques for Pictorial Applications. Proceedings, 1979. Edited by A. Blaser. XI, 599 pages. 1980.

Vol. 82: J. G. Sanderson, A Relational Theory of Computing. VI, 147 pages. 1980.

Vol. 83: International Symposium Programming. Proceedings, 1980. Edited by B. Robinet. VII, 341 pages. 1980.

Vol. 84: Net Theory and Applications. Proceedings, 1979. Edited by W. Brauer. XIII, 537 Seiten. 1980.

Vol. 85: Automata, Languages and Programming. Proceedings, 1980. Edited by J. de Bakker and J. van Leeuwen. VIII, 671 pages. 1980.

Vol. 86: Abstract Software Specifications. Proceedings, 1979. Edited by D. Bjørner. XIII, 567 pages. 1980.

Vol. 87: 5th Conference on Automated Deduction. Proceedings, 1980. Edited by W. Bibel and R. Kowalski. VII, 385 pages. 1980.

Vol. 88: Mathematical Foundations of Computer Science 1980. Proceedings, 1980. Edited by P. Dembiński. VIII, 723 pages. 1980.

Vol. 89: Computer Aided Design – Modelling, Systems Engineering, CAD-Systems. Proceedings, 1980. Edited by J. Encarnacao. XIV, 461 pages. 1980.

Vol. 90: D. M. Sandford, Using Sophisticated Models in Resolution Theorem Proving. XI, 239 pages. 1980.

Vol. 91: D. Wood, Grammar and L Forms: An Introduction. IX, 314 pages. 1980.

Vol. 92: R. Milner, A Calcvulus of Communication Systems. VI, 171 pages. 1980.

Vol. 93: A. Nijholt, Contett-Free Grammars: Covers, Normal Forms, and Parsing. VII, 253 pages. 1980.

Vol. 94: Semantics-Directed Compiler Generation. Proceedings, 1980. Edited by N. D. Jones. V, 489 pages. 1980.